南史

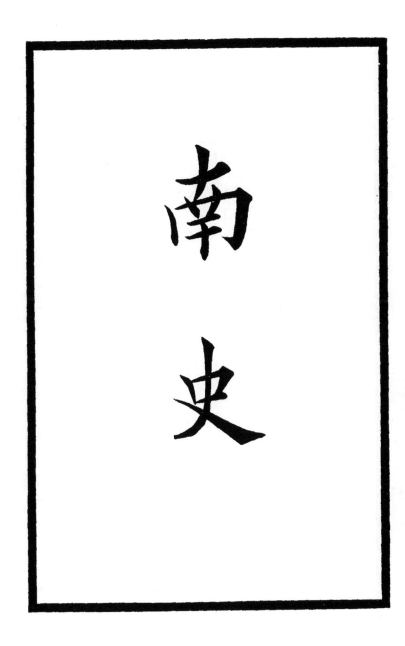

四部備要

史部

中華書局據武英殿本校刊

桐鄉陸費逵總勘
杭縣高時顯
杭縣吳汝霖輯校
杭縣丁輔之監造

南史卷十八

唐　李延壽　撰

列傳第八

趙倫之 子伯符　蕭思話 子惠開　惠明　惠明子眎素　惠明弟惠基　惠基子洽　惠基弟惠休　惠休弟子介　介子允　引　惠開從子琛　臧燾 玄孫嚴　嚴族叔未甄　未甄子盾　厥　燾弟熹　熹子質

趙倫之字幼成下邳僮人宋孝穆皇后之弟也幼孤貧事母以孝稱宋武帝起兵以軍功封閬中縣五等侯累遷雍州刺史武帝北伐倫之遣順陽太守傅弘之扶風太守沈田子出嶢柳大破姚泓於藍田及武帝受命以佐命功封霄城縣侯少帝即位徵拜護軍元嘉三年拜領軍將軍倫之雖外戚貴寵而居身儉素性野拙澀於人間世事多所不解久居方伯公私富貴入爲護軍資力不稱以爲見貶光祿大夫范泰好戲笑謂曰司徒公缺必用汝老奴我不言汝資地所任要是外戚高秩次第所至耳倫之大喜每載酒肴詣泰五年卒謚元侯子伯符嗣

伯符字潤遠少好弓馬爲寧遠將軍總領義徒以居宮城北每火起及有劫盜輒身貫甲冑助郡縣赴討武帝甚嘉之文帝卽位累遷徐兗二州刺史爲政苛暴吏人畏懼如與虎狼居而劫盜遠迸無敢入境元嘉十八年徵爲領軍將軍先是外監不隸領軍宜相統攝者自有別詔至此始統領焉後爲丹陽尹在都嚴酷曹局不復堪命或委叛被錄投水而死典筆吏取筆失旨頓與五十鞭子倩尚文帝第四女海鹽公主甚愛重倩嘗因言戲以手擊主事上聞文帝怒離婚伯符慚懼發病卒諡曰肅傳國至孫勗齊受禪國除

蕭思話南蘭陵人宋孝懿皇后弟子也父源之字君流歷徐兗二州刺史永初元年卒贈前將軍思話十歲許時未知書好騎屋棟打細腰鼓侵暴鄰曲莫不患毒之自此折節數年中遂有令譽頗工隸書善彈琴能騎射後襲爵封陽縣侯元嘉中爲青州刺史亡命司馬朗之兄弟聚黨謀爲亂思話遣北海太守蕭汪之討斬之八年魏軍大至乃棄鎭奔平昌魏軍定不至由是徵繫尙方初在青州常所用銅斗覆在藥廚下忽於斗下得二死雀思話歎曰斗覆而雙雀殞

其不祥乎既而被繫及梁州刺史甄法護在任失和氐帥楊難當因此寇漢中乃自徒中起思話爲梁南秦二州刺史平漢中悉收侵地置戍葭萌水思話還鎭南鄭法護中山無極人也過江寓居南郡弟法崇自少府爲益州刺史法護委鎭之罪爲府所收於獄賜死文帝以法崇受任一方命言法護病卒文帝使思話上定漢中本末下之史官十四年遷臨川王義慶平西長史南蠻校尉文帝賜以弓琴手敕曰前得此琴言是舊物今以相借并往桑弓一張理材乃快良材美器宜在盡用之地丈人眞無所與讓也嘗從文帝登鍾山北嶺中道有盤石清泉上使於石上彈琴因賜以銀鍾酒謂曰相賞有松石閒意歷寧蠻校尉雍州刺史監四州軍事徵爲吏部尙書思話以去州無復事力倩府軍身九人文帝戲之曰丈人終不爲田父於閭里何憂無人使邪未拜遷護軍將軍是時魏攻懸瓠文帝將大舉北侵朝士僉同思話固諫不從魏軍退卽代孝武爲徐兗二州刺史監四州軍事後爲圍碻磝城不拔退師歷下爲江夏王義恭所奏免官元凶弒立以爲徐兗二州刺史卽起義以應孝武孝武卽位徵爲尙書

左僕射固辭改爲中書令丹陽尹散騎常侍時都下多劫掠二旬中十七發引
咎陳遜不許後拜郢州刺史加都督卒贈征西將軍開府儀同三司謚曰穆侯
思話外戚令望早見任待歷十二州杖節監督者九焉所至雖無皎皎清節亦
無穢黷之累愛才好士人多歸之
長子惠開少有風氣涉獵文史家雖貴戚而居服簡素初爲祕書郎意趣與人
多不同比肩或三年不共語外祖光祿大夫沛郡劉成戒之曰汝恩戚家子無
多異以取天下之疾轉太子舍人與汝南周朗同官友善以偏奇相尚孝建元
年爲黃門侍郎與侍中何偃爭推積射將軍徐冲之事偃任遇甚隆怒使門下
推彈惠開乃上表解職由此忤旨別敕有司以屬疾多免之思話素恭謹與惠
開不同每加嫌責及見惠開自解表歎曰兒不幸與周朗周旋理應如此杖之
二百尋除中庶子丁父艱居喪有孝性家素事佛凡爲父起四寺南岡下名曰
禪岡寺曲阿舊鄉宅名曰禪鄉寺京口墓亭名曰禪亭寺所封封陽縣名曰禪
封寺謂國僚曰封秩鮮而兄弟甚多若全關一人則在我所讓若人人等分又

事可悲恥寺衆既立自宜悉供僧衆襲封封陽縣侯爲新安王子鸞冠軍長史
惠開妹當適桂陽王休範女又當適孝武子發遣之資應須二千萬乃以爲豫
章內史聽其肆意聚納由是在郡著貪暴之名再遷御史中丞孝武與劉秀之
詔曰今以蕭惠開爲憲司冀當稱職但一往眼額已自殊有所震及在職百僚
憚之後拜益州刺史路經江陵時吉翰子在荊州共惠開有舊爲設女樂樂人
有美者惠開就求不得又欲以四女妓易之不許惠開怒收吉斬之即納其妓
啓云吉爲劉義宣所遇交結不逞向臣訕毀朝政輒已戮之孝武稱快惠開素
有大志至蜀欲廣樹經略善於敘述聞其言者皆以爲大功可立才疏意廣竟
無成功嚴用威刑蜀人號曰臥虎明識過人嘗三千沙門一閱其名退無所失
明帝即位晉安王子勛反惠開乃集將佐謂曰吾荷世祖之眷當投袂萬里推
奉九江蜀人素怨惠開嚴及是所遣兵皆不得前晉原郡及諸郡悉應並來圍
城城內東兵不過二千凡蜀人惠開疑之悉皆遣出子勛尋敗蜀人並欲屠城
以望厚賞明帝以蜀土險遠赦其誅責遣其弟惠基使蜀宣旨而蜀人志在屠

城不使王命速達遏留惠基惠基破其渠帥然後得前惠開奉旨歸順城圍得
解明帝又遣惠開宗人寶首水路慰勞益州寶首欲以平蜀爲功更獎說蜀人
處處蜂起惠開乃啓陳情事遣宋寧太守蕭惠訓州別駕費欣業分兵並進大
破之禽寶首送之惠開至都明帝問其故侍衞左右莫不悚然側目惠開舉動
自若從容答曰臣唯知逆順不識天命又云非臣不亂非臣不平初惠開府錄
事參軍劉希微負蜀人責將百萬爲責主所制未得俱還惠開與希微共事不
厚而廐中凡有馬六十疋悉以乞希微償責其意趣不常如是惠開還資二千
餘萬悉散施道俗一無所留後除桂陽王休範征北長史南東海太守其年會
稽太守蔡興宗之郡惠開自京口請假還都相逢於曲阿惠開先與興宗名位
略同又經情款自以負釁摧屈慮興宗不能詣己戒勒部下蔡會稽部伍若問
慎不得答惠開素嚴部下莫敢違興宗見惠開舟力甚盛遣人訪訊事力二三
百人皆低頭直去無一人答者尋除少府加給事中惠開素剛至是益不得志
曰大丈夫入管喉舌出莅方伯乃復低頭入中邪寺內所住齋前嚮種花草甚

美惠開悉剗除別種白楊每謂人曰人生不得行胸懷雖壽百歲猶爲夭也發病嘔血吐物如肝肺者卒子睿嗣齊受禪國除惠開與諸弟並不睦惠基使至益州遂不相見與同産弟惠明亦致嫌隙云

惠明其次弟也亦有時譽泰始初爲吳興太守郡界有卞山山下有項羽廟相承云羽多居郡聽事前後太守不敢上惠明謂綱紀曰孔季恭嘗爲此郡未聞有災遂盛設筵榻接賓數日見一人長丈餘張弓挾矢向惠明旣而不見因發背旬日而卒

子眎素梁天監中位丹陽尹丞初拜日武帝賜錢八萬眎素一朝散之親友遷司徒左西屬南徐州中從事性靜退少嗜慾好學能清言榮利不關於中喜怒不形於色在人間及居職並任情通率不自矜尚天然簡素及在京口便有終焉之志後爲中書侍郎在位少時求爲諸暨令到縣十餘日挂衣冠於縣門而去獨居屏事非親戚不得至其離門妻卽齊太尉王儉女久與別居遂無子卒親故迹其事行諡曰貞文先生

惠明弟惠基幼以外戚見宋江夏王義恭歎其詳審以女結婚歷中書黃門郎惠基善隸書及奕棋齊高帝與之情好相得桂陽王休範妃惠基姊也高帝謂之曰卿家桂陽遂復作賊高帝頓新亭壘以惠基爲軍副惠基弟惠朗親爲休範攻戰惠基在城內了不自疑後爲長兼侍中袁粲劉彥節起兵之夕高帝以彥節是惠基妹夫惠基時直在省遣王敬則觀其指趣見惠基安靜不與彥節相知由是益加恩信仕齊爲都官尚書掌吏部永明中爲侍中領驍騎將軍尚書令王儉朝宗貴望惠基同在禮閣非公事不私覿焉遷太常加給事中自宋大明以來聲伎所尚多鄭衞而雅樂正聲鮮有好者惠基解音律尤好魏三祖曲及相和歌每奏輒賞悅不能已當時能棋人琅邪王抗第一品吳郡褚思莊會稽夏赤松第二品赤松思速善於大行思莊戲遲巧於鬬棋宋文帝時羊玄保爲會稽帝遣思莊入東與玄保戲因置局圖還於帝前覆之齊高帝使思莊與王抗交賭自食時至日暮一局始竟上倦遣還省至五更方決抗睡於局後寢思莊達旦不寐時或云思莊所以品第致高緣其用思深久人不能及抗思

莊並至給事中永明中敕使抗品棋竟陵王子良使惠基掌其事初思話先於
曲阿起宅有閑曠之致惠基常謂所親曰須婚嫁畢當歸老舊廬立身退素朝
廷稱爲善士卒贈金紫光祿大夫
子洽字宏稱幼敏悟年七歲誦楚辭略上口及長好學博涉善屬文仕梁位南
徐州中從事近畿重鎭職吏數千人前後居者皆致巨富洽清身率職饋遺一
無所受妻子不免飢寒累遷臨海太守爲政清平不尚威猛人俗便之後拜司
徒左長史敕撰當塗堰碑辭甚贍麗卒於官文集二十卷行於世
惠基弟惠休齊永明四年爲廣州刺史罷任獻奉傾資上敕中書舍人茹法亮
曰可問蕭惠休故當不復私邪吾欲分受之也後封建安縣子永元元年從吳
興太守徵爲尚書右僕射吳興郡項羽神舊酷烈人云惠休事神謹故得美遷
于時朝士多見殺二年惠休還至平望帝令服藥而卒贈金紫光祿大夫惠休
弟惠朗同桂陽賊齊高帝赦之後爲西陽王征虜長史行南兗州事坐法免官
惠朗弟惠蒨仕齊左戶尚書子介

介字茂鏡少頴悟有器識梁大同中武陵王紀爲揚州刺史以介爲府長史在職以清白稱武帝謂何敬容曰蕭介甚貧可以處一郡復曰始興郡頻無良守可以介爲之由是出爲始興太守及至甚著威德徵爲少府卿尋加散騎常侍會侍中闕選司舉王筠等四人並不稱旨帝曰我門中久無此職宜用蕭介爲之應對左右多所匡正帝甚重之遷都官尚書每軍國大事必先訪介帝謂朱异曰端右材也中大同二年辭疾致仕帝優詔不許終不肯起乃遣謁者僕射魏祥就拜光祿大夫太清中侯景於渦陽敗走入壽陽帝敕助防韋黯納之介聞而上表致諫極言不可帝省表歎息卒不能用介性高簡少交游唯與族兄琛從兄眎素及洽從弟淑等文酒賞會時人以比謝氏烏衣之游初武帝總延後進二十餘人置酒賦詩臧盾以詩不成罰酒一斗盾飲盡顏色不變言笑自若介染翰便成文無加點帝兩美之曰臧盾之飲蕭介之文卽席之美也年七十三卒於家

第三子允字叔佐少知名風神凝遠通達有識鑒容止醞藉仕梁位太子洗馬

侯景攻陷臺城百僚奔散允獨整衣冠坐于宮坊景軍敬焉弗之逼也尋出居
京口時寇賊縱橫百姓波駭允獨不行人問其故允曰性命自有常分豈可逃
而免乎方今百姓爭欲奮臂而論大功何事於一書生哉莊周所謂畏景避迹
吾弗爲也乃閉門靜處併日而食卒免於患陳永定中侯安都爲南徐州刺史
躬造其廬以申長幼之敬宣帝卽位爲黃門侍郎晉安王爲南豫州以爲長史
時王尙少未親人務故委允行府事入爲光祿卿允性敦重未嘗以榮利干懷
及晉安出鎭湘州又苦攜允允少與蔡景歷善子徵修父黨之敬聞允將行乃
詣允曰公年德並高國之元老從容坐鎭旦夕自爲列曹何爲方辛苦蕃外答
曰已許晉安豈可忘信其恬榮勢如此至德中鄱陽王出鎭會稽允又爲長史
帶會稽郡丞行經延陵季子廟設蘋藻之薦託異代之交爲詩以敘意辭理清
典後主嘗問蔡徵允之爲人徵曰其清虛玄遠殆不可測至於文章可得而言
因誦允詩以對後主嗟賞久之尋拜光祿大夫及隋師濟江允遷于關右時南
士至長安者例皆授官允與尙書僕射謝伷辭以老疾隋文帝義之並厚賜帛

尋卒年八十四
弟引字叔休方正有器度性聰敏博學善屬文仕梁位西昌侯儀同府主簿侯景之亂梁元帝爲荆州刺史朝士多歸之引曰諸王力爭禍患方始今日逃難未是擇君之秋吾家再世爲始興郡遺愛在人政可南行以存家門耳乃與弟彤及宗親等百餘人南奔嶺表時始興人歐陽頠爲衡州刺史乃往依焉頠遷廣州病死子紇領其衆引疑紇異圖因事規正由是情禮漸疎及紇反時都下士人岑之敬公孫挺等並惶駭唯引怡然謂之敬等曰管幼安袁曜卿亦但安坐耳君子正身以明道直己以行義亦何憂乎及章昭達平番禺引始北還拜尙書金部侍郎引善書爲當時所重宣帝嘗披奏事指引署名曰此字筆趣翩翩似鳥之欲飛引謝曰此乃陛下假其毛羽耳帝又謂引曰我每有所忿見卿輒意解何也引曰此自陛下不遷怒臣何預此恩引性抗直不事權貴宣帝每欲遷用輒爲用事者所裁及呂梁覆師戎儲空匱轉引爲庫部侍郎掌知營造引在職一年而器械充足歷中書黃門吏部侍郎廣州刺史馬靖甚得嶺表人

心而甲兵精練每年深入俚洞數有戰功朝野頗生異議宣帝以引悉嶺外物情且遣引觀靖審其舉措諷令送質及至靖即悟旨遣兒弟爲質後主即位爲中庶子建康令時殿內隊主吳璡及宦者李善度蔡脫兒等多所請屬引一皆不許引始族子密時爲黃門郎諫引曰李蔡之權在位皆憚亦宜少爲身計引曰吾之立身自有本末亦安能爲李蔡致屈就令不平不過免職耳吳璡竟作飛書李蔡證之坐免官卒於家子德言最知名引弟彤位太子中庶子南康王長史

琛字彥瑜惠開從子也祖僧珍宋廷尉卿父惠訓齊末爲巴東相梁武帝起兵齊和帝於荊州即位惠訓與巴西太守魯休烈並以郡相抗惠訓使子璝據上明建康城平始歸降武帝宥之以爲太中大夫卒官琛少明悟有才辯數歲時從伯惠開見而奇之撫其背曰必興吾宗起家齊太學博士時王儉當朝琛年少未爲儉所識負其才氣候儉宴于樂游苑乃著虎皮靴策桃枝杖直造儉坐儉與語大悅儉時爲丹陽尹辟爲主簿永明九年魏始通好琛再銜命北使還

爲通直散騎侍郎時魏遣李彪來使齊武帝讌之琛於御筵舉酒勸彪彪不受曰公庭無私禮不容受勸琛荅曰詩所謂雨我公田遂及我私坐者皆悅服彪乃受琛酒累遷尚書左丞時齊明帝用法嚴峻尚書郎坐杖罰者皆即科行琛乃密啓曰郎有杖起自後漢爾時郎官位卑親主文案與令史不異故郎三十五人令史二十人是以古人多恥爲此職自魏晉以來郎官稍重今方參用高華吏部又近於通貴不應官高昔品而罰遵曩科所以從來彈舉雖在空文而許以推遷或逢赦恩或入春令便得息停宋元嘉大明中經有被罰者別由犯忤主心非關常準自泰始建元以來未經施行事廢已久人情未習自奉敕之後已行倉部郎江重欣杖督五十皆無不人懷慚懼兼有子弟成長彌復難爲儀適其應行罰可特賜輸贖使與令史有異以彰優緩之澤帝納之自是應受罰者依舊不行東昏初嗣立時議無廟見文琛議據周頌烈文閔予皆爲即位朝廟之典於是從之梁武在西邸與琛有舊梁臺建以爲御史中丞天監九年累遷平西長史江夏太守始琛爲宣城太守有北僧南度唯齎一瓠蘆中有漢

書序傳僧云三輔舊書相傳以爲班固真本琛固求得之其書多有異今者而紙墨亦古文字多如龍舉之例非隸非篆琛甚祕之及是以書餉鄱陽王範獻于東宮後爲吳興太守郡有項羽廟土人名爲憤王甚有靈驗遂於郡廳事安牀幕爲神坐公私請禱前後二千石皆於廳拜祠以軛下牛充祭而避居他室琛至者屢登廳事閒室中有叱聲琛厲色曰生不能與漢祖爭中原死據此廳事何也因遷之於廟又禁殺牛解祀以脯代肉琛頻莅大郡不事產業有闕則取不以爲嫌歷左戶度支二尚書侍中帝每朝讌接琛以舊恩嘗犯武帝偏諱帝斂容琛從容曰名不偏諱陛下不應諱順上曰各有家風琛曰其如禮何又經預御筵醉伏上以棗投琛琛乃取栗擲上正中面御史中丞在坐帝動色曰此中有人不得如此豈有說邪琛即答曰陛下投臣以赤心臣敢不報以戰栗上笑悅上每呼琛爲宗老琛亦奉陳昔恩以早簉中陽夙忝同閈雖迷與運猶荷洪慈上答曰雖云早契闊乃自非同志勿談興運初且道狂奴異琛常言少壯三好音律書酒年長以來二事都廢唯書籍不衰而琛性通脫常自解籠事

畢餘錢必陶然致醉位特進金紫光祿大夫卒遺令諸子與妻同墳異藏祭以
蔬菜葬止車十乘事存率素乘輿臨哭甚哀諡曰平子琛所撰漢書文府齊梁
拾遺幷諸文集數十萬言子遊位少府卿遊子密字士幾幼聰敏博學有文詞
位黃門郎太子中庶子散騎常侍

臧燾字德仁東莞莒人宋武敬皇后兄也少好學善三禮貧約自立操行爲鄉
里所稱晉太元中衞將軍謝安始立國學徐兗二州刺史謝玄舉燾爲助教晉
孝武帝追崇庶祖母宣太后議者或謂宜配食中宗燾議曰陽秋之義母以子
貴故仲子成風咸稱夫人經言考仲子宮若配食惠廟則宮無緣別築前漢孝
文孝昭太后並繫子爲號祭於寢園不配於高祖孝武之廟後漢和帝之母曰
恭懷皇后安帝祖母曰敬隱皇后順帝之母曰恭愍皇后雖不繫子爲號亦祭
於陵寢不配章安二帝此則二漢雖有太后皇后之異至於並不配食義同陽
秋唯光武追廢呂后故以薄后配高廟又衞后既廢霍光追尊李夫人爲皇后
配武帝廟此非母以子貴之例直以高武二廟無配故耳又漢世立寢於陵自

是晉制所異謂宜遠準陽秋考宮之義近慕二漢不配之典尊號既正則罔極
之情申別建寢廟則嚴禰之義顯繫子爲稱兼明母貴之所由一舉而允三義
固哲王之高致也議者從之頃之去官以父母老家貧與弟熹俱棄人事躬耕
自業約己養親者十餘年父母喪亡居喪六年以毀瘠著稱宋武帝義旗建參
右將軍何無忌軍事隨府轉鎮南參軍武帝鎮京口參帝中軍軍事入補尚書
度支郎改掌祠部襲封高陵亭侯時太廟鴟尾災壽謂著作郎徐廣曰昔孔子
在齊聞魯廟災曰必桓僖也今征西京兆四府君宜在毀落而猶列廟饗此其
徵乎乃上議曰臣聞國之大事在祀與戎將營宮室宗廟爲首古先哲王莫不
致肅恭之誠心盡崇嚴乎祖考然後能流淳化於四海通幽感於神明固宜詳
廢興於古典修情禮以求中者也禮天子七廟三昭三穆與太祖而七自考廟
以至祖考五廟皆月祭之遠廟爲祧有二祧享嘗乃止去祧爲壇去壇爲墠有
禱然後祭之此宗廟之次親疏之序也鄭玄以爲祧者文王武王之廟王肅以
爲五世六世之祖尋去祧之言則祧非文武之廟矣文武周之祖宗何云去祧

爲壇乎明遠廟爲祧者無服之祖也又遠廟則有享嘗之降去祧則有壇墠之殊明世遠者其義彌疏也若祧是文武之廟宜同月祭於太祖雖推后稷以配天由功德之所始非尊崇之義每有差降也又禮有以多爲貴者故傳稱德厚者流光德薄者流卑又言自上以下降殺以兩禮也此則尊卑等級之典上下殊異之文而云天子諸侯俱祭五廟何哉又王祭嫡殤下及來孫而上祀之禮不過高祖推隆恩於下流替誠敬於尊廟亦非聖人制禮之意也是以泰始建廟從王氏議以禮父爲士子爲天子諸侯祭以天子諸侯其尸服以士服故上及征西以備六世之數宣皇雖爲太祖尙在子孫之位至於殷祭之日未申東向之禮所謂子雖齊聖不先父食者矣今京兆以上既遷太祖始得居正議者以昭穆未足欲屈太祖於卑坐臣以爲非禮典之旨也所謂與太祖而七自是昭穆既足太廟在六世之外非爲須滿七廟乃得居太祖也議者又以四府君神主宜永同於殷祫臣又以爲不然傳所謂毀廟之主陳乎太祖謂太祖以下先君之主也故白虎通云禘祫祭遷廟者以其繼君之體持其統而不絕也豈

如四府君在太祖之前非繼統之主無靈命之瑞非王業之基昔以世近而及
今則情禮已遠而當長饗殷祫永虛太祖之位求之禮籍未見其可昔永和之
初大議斯禮于時虞喜范宣竝以洪儒碩學咸謂四府君神主無緣永存於百
世或欲瘞之兩階或欲藏之石室或欲爲之改築雖所執小異而大歸是同若
宣皇既居羣廟之上而四主禘祫不已則大晉殷祭長無太祖之位矣夫理貴
有中不必過厚禮與世遷豈可順而不斷故臣子之情雖篤而靈厲之謚彌彰
追遠之懷雖切而遷毀之禮爲用豈不有心於加厚顧禮制不可踰耳石室則
藏於廟北改築則未知所處虞主所以依神神移則有瘞埋之禮四主若饗祀
宜廢亦神之所不依也準傍事例宜同虞主之瘞埋然經典難詳羣言錯繆非
臣淺識所能折中時學者多從囂議竟未施行宋武帝受命拜太常雖外戚貴
顯而彌自沖約茅屋蔬飡不改其舊所得奉祿與親戚共之永初三年致事拜
光祿大夫加金章紫綬卒少帝贈左光祿大夫長子邃宜都太守邃子凝之學
涉有當世才與司空徐湛之爲異常交年少時與傅僧祐俱以通家子始爲文

帝所引見時上與何尙之論鑄錢事凝之便于其語次上因回與語僧祐引凝之衣令止凝之大言曰明主難再遇便應政盡所懷上與往復十餘反凝之辭韻詮序上甚賞焉後爲尙書左丞以徐湛之黨爲元凶所殺凝之子寅字士若事在沈攸之傳寅弟稜後軍參軍稜子嚴

嚴字彥威幼有孝性居父憂以毀聞孤貧勤學行止書卷不離手從叔未甄爲江夏郡攜嚴之官於途作屯游賦又作七算辭並典麗性孤介未嘗造請梁僕射徐勉欲識之嚴終不詣累遷湘東王宣惠輕車府參軍兼記室嚴於學多所諳記尤精漢書諷誦略皆上口王嘗自執四部書目試之嚴自甲至丁卷中各對一事幷作者姓名遂無遺失王遷荆州隨府轉西中郎安西錄事參軍歷義陽武寧郡守郡界蠻左前郡守常選武人以兵鎭之嚴獨以數門生單車入境羣蠻悅服後卒於鎭南諮議參軍文集十卷

嚴族叔未甄壽曾孫也父潭左戶尙書未甄有才幹少爲外兄汝南周顒所知仕梁爲太尉長史丁所生母憂三年廬于墓側歷廷尉卿江夏太守卒子眉

盾字宣卿幼從徵士琅邪諸葛璩受五經璩學徒常有數十百人盾處其間無所狎比璩曰此生王佐才也爲尚書中兵郎美風姿善容止每趣奏梁武帝甚悅焉入兼中書通事舍人盾有孝性嘗隨父宿直廷尉府母劉氏在宅夜暴亡盾左手中指忽痛不得寢及旦宅信果報凶問其感通如此服未終父卒居喪五年不出廬戶形骸枯悴家人不識武帝累敕抑譬後累遷御史中丞性公強甚稱職中大通五年帝幸同泰寺開講設四部大會衆數萬人南越所獻馴象忽於衆中狂逸衆皆駭散唯盾與散騎侍郎裴之禮嶷然自若帝甚嘉焉大同二年爲中領軍領軍管天下兵要監局事多盾爲人敏贍有風力長於撥繁職事甚理先是吳平侯蕭景居此職著聲至是盾復繼之後卒於領軍將軍謚曰忠

盾弟厥字獻卿亦以幹局稱爲晉安太守郡居山海常結聚逋逃前二千石討捕不能止厥下車宣化凶黨皆襁負而出自是居人復業然政嚴百姓謂之臧彪前後再兼中書通事舍人卒於兼司農卿厥前後居職所掌之局大事及蘭

臺廷尉所不能決者悉以付厥辯斷精明咸得其理卒後有撾登聞鼓訴求付
清直舍人帝曰臧厥旣亡此事便無所付其見知如此子操尚書三公郎
熹字義和壽之弟也與壽並好經學隆安初兵起熹乃習騎射志立功名嘗與
溧陽令阮崇獵遇猛獸突圍獵徒並散熹射之應弦而倒從宋武入京城進至
建鄴桓玄走武帝便使熹入宮收圖書器物封府庫有金飾樂器武帝問熹卿
欲此乎熹正色曰主上幽逼播越非所將軍首建大義劬勞王室雖復不肖實
無情於樂帝笑曰聊以戲耳以建義功封始興縣五等侯參武帝車騎中軍軍
事武帝將征廣固議者多不同熹贊成其行武帝遣朱齡石統大衆伐蜀命熹
奇兵出中水領建平巴東二郡太守蜀主譙縱遣大將譙撫之屯牛脾又遣譙
小苟重兵塞打鼻熹至牛脾撫之敗走追斬之成都平熹遇疾卒於蜀追贈光
祿勳
子質字含文少好鷹犬善蒱博意錢之戲長六尺七寸出面露口頽頂拳髮初
爲世子中軍參軍嘗詣護軍趙倫之倫之名位已重不相接質憤然起曰大丈

夫各以老嫗作門戶何至以此中相輕倫之慚謝質拂衣而去後爲江夏王義恭撫軍參軍以輕薄無檢爲文帝所嫌徙給事中會稽長公主每爲之言乃出爲建平太守甚得蠻楚心歷竟陵內史巴東建平三郡太守吏人便之質年始出三十屢居名郡涉獵文史尺牘便敏有氣幹好言兵文帝謂可大任以爲徐兗二州刺史加都督在鎮奢淩爵命無章爲有司所糾遇赦與范曄徐湛之等厚善曄謀反量質必與之同會事發復爲義興太守二十七年還南譙王義宣司空司馬南平內史未之職會魏太武帝圍汝南城主陳憲固守告急文帝遣質輕往壽陽與安蠻司馬劉康祖等救憲後太武率大衆數十萬劫彭城以質爲輔國將軍北救始至盱眙太武已過淮二十八年正月太武自廣陵北返悉力攻盱眙就質求酒質封溲便與之太武怒甚築長圍一夜便合質報太武書云爾不聞童謠言邪虜馬飲江水拂狸死卯年冥期使然非復人事寡人受命相滅期之白登師行未遠爾自送死豈容復令爾饗有桑乾哉假令寡人不能殺爾爾由我而死爾若有幸得爲亂兵所殺爾若不幸則生相鎖縛載以一驢

直送都市爾識智及衆豈能勝苻堅邪頃年展爾陸梁者是爾未飲江太歲未卯故耳時魏地童謠曰軺車北來如穿雉不意虜馬飲江水虜主北歸石濟死虜欲渡江天不徙故答書引之太武大怒乃作鐵牀於上施鐵鑱破城得質當坐之此上質又與魏軍書寫臺格購斬太武封萬戸侯賜布絹各萬疋魏以鉤車鉤垣樓城內繫絙數百人叫呼引之車不能退質夜以木桶盛人縣出城外截鉤獲之明日又以衝車攻城土堅密每頹落不過數斗魏軍乃肉薄登城墜而復升莫有退者殺傷萬計死者與城平如此三旬死者過半太武乃解圍而歸上嘉質功以爲寧蠻校尉雍州刺史監四州諸軍事明年文帝又北侵使質率見力向潼關質頓兵不肯時發又顧戀嬖妾棄軍營壘單馬還城散用臺庫見錢六七百萬爲有司所糾上不問元凶弒立以質爲丹陽尹質家遣門生師顗報質具言文帝崩問質使告司空義宣及孝武帝而自率衆五千馳下討逆自陽口進江陵見義宣時質諸子在都聞質舉義並逃亡義宣始得質報卽日舉兵馳信報孝武板進質號征北將軍孝武卽位加質車騎將軍開府儀同

三司都督江州諸軍事使質自白下步上薛安都程天祚等亦自南掖門入與質同會太極殿庭生禽元凶仍使質留守朝堂封始興郡公之鎭舫千餘乘部伍前後百餘里六平乘並施龍子幡時孝武自攬威權而質以少主遇之刑政慶賞不復諮稟朝廷自謂人才足爲一世英傑始聞國禍便有異圖以義宣凡闇易制欲外相推奉以成其志及至江陵便致拜稱名質於義宣雖爲兄弟而年近大十歲義宣驚曰君何意拜弟質曰事中宜然時義宣已推崇孝武故其計不行每慮事泄及至新亭又拜江夏王義恭義恭愕然問質所以質曰天下屯危禮異常日前在荆州亦拜司空會義宣有憾於孝武質因此密信說誘陳朝廷得失又謂震主之威不可持久質女爲義宣子採妻謂質無復異同納其說且義宣腹心將佐蔡超竺超人等咸有富貴情願又勸義宣義宣時未受丞相質子敦爲黃門侍郎奉詔敦勸道經尋陽質令敦具更譬說義宣義宣意乃定馳報豫州刺史魯爽期孝建元年秋同舉爽失旨即起兵遣人至都報弟瑜席卷奔叛瑜弟弘爲質府佐孝武馳使報質誅弘於是執臺使狼狽舉兵馳報

義宣孝武遣撫軍將軍柳元景統豫州刺史王玄謨等屯梁山洲兩岸築偃月壘水陸待之元景檄書宣告而義宣亦相次係至江夏王義恭書曰昔桓玄借兵於仲堪有似今日義宣由此與質相疑質進計曰今以萬人取南州則梁山中絕萬人綴玄謨必不敢輕動質浮舟外江直向石頭此上略也義宣將從之義宣客顏樂之說義宣曰質若復拔東城則大功盡歸之矣宜遣麾下自行義宣遣腹心劉諶之就質陳軍城南玄謨留羸弱守城悉精兵出戰薛安都騎軍前出垣護之督諸將繼之乃大潰質求義宣欲計事密已走矣質不知所爲亦走至尋陽焚府舍載妓妾入南湖摘蓮啖之追兵至以荷覆頭沉於水出鼻軍士鄭俱兒望見射之中心兵刃亂至腹胃纏縈水草隊主裘應斬質傳首建鄴錄尚書江夏王義恭等奏依漢王莽事漆其頭藏於武庫詔可

論曰趙倫之蕭思話俱以外戚之親並接風雲之會言親則在趙爲密論望則於蕭爲重古人云人能弘道蓋此之謂乎惠開親禮雖篤弟隙尤著方寸之內孝友異情嶮於山川有驗於此臧氏文義之美傳于累代含文以致誅滅好亂

之所致乎

南史卷十八

南史卷十八考證

蕭惠開傳今以蕭惠開爲憲司冀當稱職但一往眼額已自殊有所震○眼宋書作服

蕭惠明傳郡界有卞山山下有項羽廟○本卷中凡三見項羽事此其一也顧炎武謂惠明因發背旬日而卒與齊書李安民爲吳興太守不祀神以牛而牛死安民尋卒略相類

蕭惠基弟惠休傳吳興郡項羽神舊酷烈○又一項羽神事顧炎武謂下文云惠休事神謹故得美遷略與本書蕭猷爲吳興郡守所禱必從相類

蕭琛傳負其才氣侯儉宴于樂游○樂游下梁書有苑字

後爲吳興太守郡有項羽廟○又一項羽神事顧炎武謂下文遷之於廟禁祀以牛略與宋書孔季恭居聽事竟無害相類

臧燾傳武帝鎮京口參帝軍中軍事○參帝監本誤參軍今從閣本

臧盾傳美風姿善容止每趣奏梁武帝甚悅焉○趣一本作趨

南史卷十八考證

南史卷十九

唐　李延壽　撰

列傳第九

謝晦 兄瞻 弟皭 從叔澹　謝裕 子恂 玄孫微 裕弟純 述 述孫朓

謝方明 子惠連　謝靈運 孫超宗 曾孫幾卿

謝晦字宣明陳郡陽夏人晉太常裒之玄孫也裒子奕據安萬鐵並著名前史據子朗字長度位東陽太守朗子重字景重位會稽王道子驃騎長史重生絢瞻晦皭遯絢位至宋文帝鎮軍長史早卒晦初為孟昶建威府中兵參軍昶死帝問劉穆之昶府誰堪入府穆之舉晦即命為太尉參軍武帝嘗訊獄其旦刑獄參軍有疾以晦代之晦車中一覽訊牒隨問酬對無失帝奇之即日署刑獄賊曹累遷太尉主簿從征司馬休之時徐逵之戰死帝將自登岸諸將諫不從晦持帝帝曰我斬卿晦曰天下可無晦不可無公晦死何有會胡藩登岸賊退乃止晦美風姿善言笑眉目分明鬢髮如墨涉獵文義博贍多通時人以方楊

德祖微將不及晦聞猶以爲恨帝深加愛賞從征關洛內外要任悉委之帝於
彭城大會命紙筆賦詩晦恐帝有失起諫帝卽代作曰先蕩臨淄穢却清河洛
塵華陽有逸驥桃林無伏輪於是羣臣並作時謝琨風華爲江左第一嘗與晦
俱在武帝前帝目之曰一時頓有兩玉人耳劉穆之遣使陳事晦往往異同穆
之怒曰公復有還時不及帝欲以晦爲從事中郎穆之堅執不與故終穆之世
不遷及穆之喪問至帝哭之甚慟曰喪我賢友晦時正直喜甚自入閤參審其
日教出轉晦從事中郎宋臺建爲右衞將軍加侍中武帝聞咸陽淪沒欲復北
伐晦諫以士馬疲怠乃止於是登城北望慨然不悅乃命羣僚誦詩晦詠王粲
詩曰南登霸陵岸回首望長安悟彼下泉人喟然傷心肝帝流涕不自勝及帝
受命於石頭登壇備法駕入宮晦領游軍爲警加中領軍封武昌縣公永初二
年坐行璽封鎮西司馬南郡太守王華而誤封北海太守球板免晦侍中尋轉
領軍將軍加散騎常侍依晉中軍羊祜故事入直殿省總統宿衞及帝不豫給
班劍二十人與徐羨之傅亮檀道濟並侍醫藥少帝卽位加中書令與徐傅輔

政及少帝廢徐羨之以晦領護南蠻校尉荆州刺史加都督欲令居外爲援慮文帝至或別用人故遽有此授精兵舊將悉以配之文帝卽位晦慮不得去甚憂惶及發新亭顧石頭城喜曰今得脫矣進封建平郡公固讓又給鼓吹一部至江陵深結侍中王華冀以免禍二女當配彭城王義康新野侯義賓元嘉二年遣妻及長子世休送女還都先是景平中魏師攻取河南至是欲誅羨之等幷討晦聲言北行又言拜京陵裝舟艦傅亮與晦書言薄伐河朔事猶未已朝野之慮憂懼者多又言當遣外監萬幼宗往時朝廷處分異常其謀頗泄三年正月晦弟黃門侍郎皭馳使告晦晦猶謂不然呼諮議參軍何承天示以亮書曰計幼宗一二日必至傅公慮我好事故先遣此書承天曰外間所聞咸謂西討已定幼宗豈有止理晦尚謂虛使承天豫立答詔啓草北行宜須明年江夏內史程道慧得尋陽人書言其事已審使執晦晦問計於承天對曰蒙將軍殊顧常思報德事變至矣何敢隱情然明日戒嚴動用軍法區區所懷懼不得盡晦懼曰卿豈欲我自裁哉承天曰尚未至此其在境外晦曰荆州用武之地兵

糧易給聊且決戰走復何晚吾不愛死負先帝之顧如何又謂承天曰幼宗尚
未至若後二三日無消息便是不復來邪承天曰程說其事已判豈容復疑晦
欲焚南蠻兵籍率見力決戰士人多勸發兵晦問諸將戰士三千足守城乎南
蠻司馬周超曰非徒守城若有外寇亦可立勳司馬庾登之請解司馬南郡以
授之晦卽命超爲司馬轉登之爲長史文帝誅羨之等及晦子世休收繫世子
平兄子紹等晦知訖先舉羨之亮哀次發子弟凶問既而自出射堂集得精兵
三萬人乃奉表言臣等若志欲專權不顧國典便當輔翼幼主孤背天日豈得
㳂流數十虛館三月奉迎鑾駕以遵下武故廬陵王於滎陽之世屢被猜嫌積
怨犯上自貽非命不有所廢將何以興耿弇不以賊遺君父臣亦何負於宋室
邪又言羨之亮無罪見誅王弘兄弟輕躁昧進王華猜忌忍害帝時已戒嚴尚
書符荊州暴其罪狀晦率衆二萬發自江陵舟艦列自江津至于破冢旗旌相
照歎曰恨不得以此爲勤王之師移檄建鄴言王弘曇首王華等罪又上表陳
情初晦與徐傅謀爲自全計晦據上流檀鎭廣陵各有強兵足制朝廷羨之亮

於中知權可得持久及帝將行召檀道濟委之以衆晦始謂道濟不全及聞其來大衆皆潰晦得小船還江陵初雍州刺史劉粹遣弟竟陵太守道濟與臺軍主沈敞之襲江陵至沙橋周超大破之俄而晦至江陵無佗唯愧周超而已超其夜詣到彥之降晦乃攜弟遯兄子世基等七騎北走遯肥不能騎馬晦每待不得速至安陸延頭晦故吏戍主光順之檻送建鄴於路作悲人道以自哀周超既降到彥之以參府事劉粹遣告彥之沙橋之事敗由周超彥之乃執與晦等並伏誅世基絢之子也有才氣臨死爲連句詩曰偉哉橫海鱗壯矣垂天翼一旦失風水飜爲螻蟻食晦續之曰功遂侔昔人保退無智力既涉太行險斯路信難陟晦女爲彭城王義康妃聰明有才貌被髮徒跣與晦訣曰阿父大丈夫當橫屍戰場奈何狼籍都市言訖叫絕行人爲之落淚晦死時年三十七庾登之殷道鸞何承天自晦下並見原

瞻字宣遠一曰名檐字通遠晦次兄也六歲能屬文爲紫石英贊果然詩爲當時才士歎異與從叔琨族弟靈運俱有盛名嘗作喜霽詩靈運寫之琨詠之王

弘在坐以爲三絕瞻幼孤叔母劉撫養有恩兄弟事之同於至親劉弟柳爲吳郡將姊俱行瞻不能違遠自楚臺祕書郎解職隨從故爲柳建威長史後爲宋武帝相國從事中郎晦時爲宋臺右衛權遇已重於彭城還都迎家賓客輻湊時瞻在家驚駭謂晦曰吾家以素退爲業汝遂勢傾朝野此豈門戶福邪乃籬隔門庭曰吾不忍見此後因宴集靈運問晦潘陸與賈充優劣晦曰安仁諂於權門士衡邀競無已並不能保身自求多福公閭勳名佐世不得爲並靈運曰安仁士衡才爲一時之冠方之公閭本自遼絕瞻斂容曰若處貴而能遺權斯則是非不得而生傾危無因而至君子以明哲保身其在此乎常以裁止晦如此及還彭城言於武帝曰臣本素士父祖位不過二千石弟年始三十志用凡近位任顯密福過災生特乞降黜以保衰門前後屢陳帝欲以瞻爲吳興郡又自陳請乃爲豫章太守晦或以朝廷密事語瞻瞻輒向親舊說以爲戲笑以絕其言晦遂建佐命功瞻愈憂懼永初二年在郡遇疾不療幸於不永晦聞疾奔波瞻見之曰汝爲國大臣又總戎重萬里遠出必生疑謗時果有詐告晦反者

瞻疾篤還都帝以晦禁旅不得出宿使瞻居於晉南郡公主壻羊賁故第在領軍府東門瞻曰吾有先人弊廬何爲於此臨終遺晦書曰吾得歸骨山足亦何所多恨弟思自勉爲國爲家卒時年三十五瞻文章之美與從叔琨族弟靈運相抗靈運父瑍無才能爲祕書郎早卒而靈運好臧否人物琨患之欲加裁折未有其方謂瞻曰非汝莫能乃與晦瞻弘微等共游戲使瞻與靈運共車靈運登車便商較人物瞻謂曰祕書早亡談者亦互有同異靈運默然言論自此衰止

瞻弟嚼字宣鏡年數歲所生母郭氏疾嚼晨昏溫清勤容戚顏未嘗暫改恐僕役營疾懈倦躬自執勞母爲疾畏驚而微賤過甚一家尊卑感嚼至性咸納屨行屏氣語如此者十餘年位黃門侍郎從坐伏誅

澹字景恆晦從叔也祖安晉太傅父瑤琅邪王友澹任達仗氣不營當世與順陽范泰爲雲霞之交歷位尙書宋武帝將受禪有司議使侍中劉叡進璽帝曰此選當須人望乃使澹攝澹嘗侍帝宴酣飲大言無所屈鄭鮮之欲按之帝以

爲澹方外士不宜規矩繩之然意不說不以任寄後復侍飲醉謂帝曰陛下用羣臣但須委屈順者乃見貴汲黯之徒無用也帝大笑景平中累遷光祿大夫從子晦爲荊州將之鎮詣澹別晦色自矜澹問晦年答曰三十五澹笑曰昔荀中郎年二十九爲北府都督卿比之已爲老矣晦色甚愧元嘉中位侍中特進金紫光祿大夫卒初澹從弟混與劉毅昵澹常以爲憂漸疎混每謂弟璞從子瞻曰益壽此性終當破家混尋見誅朝廷以澹先言故不及禍璞字景山幼孝友祖安深賞愛之位光祿勳

謝裕字景仁朗弟允之子而晦從父也名與宋武帝諱同故以字行允字令度位宣城內史景仁幼爲從祖安所知始爲前軍行參軍會稽王世子元顯嬖人張法順權傾一時內外無不造門唯景仁不至年三十而方爲著作佐郎桓玄誅元顯見景仁謂四坐曰司馬庶人父子云何不敗遂令謝景仁三十而方佐著作郎玄建楚臺以補黃門侍郎及篡位領驍騎將軍景仁博聞強識善敘前言往行玄每與言不倦玄出行殷仲文卞範之之徒皆騎馬散從而使景仁陪

輦宋武帝爲桓修撫軍中兵參軍嘗詣景仁諮事景仁與語說因留帝食食未辦而景仁爲玄所召玄性促俄頃間騎詔續至帝屢求去景仁不許曰主上見待要應有方我欲與客食豈不得待竟安坐飽食然後應召帝甚感之及平建鄴景仁與百僚同見武帝目之曰此名公孫也歷位武帝鎮軍司馬復爲車騎司馬義熙五年帝將伐慕容超朝議皆謂不可劉毅時鎮姑孰固止帝以爲苻堅侵境謝太傅猶不自行宰相遠出傾動根本景仁獨曰公建桓文之烈應天人之心雖業高振古而德刑未樹宜推亡固存廣振威略平定之後養銳息徒然後觀兵洛汭修復園寢豈有縱敵貽患者哉帝從之及北伐大司馬琅邪王天子母弟屬當儲副帝深以根本爲憂轉景仁大司馬左司馬專總府任又還吏部尚書時從兄混爲尚書左僕射依制不得相監帝啓依僕射王彪之尚書王劭前例不解職坐選吏部令史邢安泰爲都令史平原太守二官共除安泰以令史職拜謁陵廟爲御史中丞鄭鮮之所糾白衣領職十一年爲左僕射景仁性矜嚴整潔居宇淨麗每唾輒唾左右人衣事畢卽聽一日澣濯每欲唾左

右爭來受之武帝雅相知重申以昏姻廬陵王義真妃景仁女也十二年卒贈
金紫光祿大夫葬日武帝親臨甚慟
子恂字泰温位鄱陽太守恂子孺子少與族兄莊齊名多藝能尤善聲律車騎
將軍王彧孺子姑之子也嘗與孺子宴桐臺孺子吹笙彧自起舞旣而歎曰今
日真使人飄飄有伊洛閒意爲新安王主簿出爲廬江郡辭宋孝武謂有司曰
謝孺子不可屈爲小郡乃以爲司徒主簿後以家貧求西陽太守卒官子璟少
與從叔朓俱知名齊竟陵王子良開西邸招文學璟亦預焉位中書郎梁天監
中爲左戸尚書再遷侍中固辭年老求金紫帝不悅未敘會卒
子徵字玄度美風采好學善屬文位兼中書舍人與河東裴子野沛國劉顯同
官友善時魏中山王元略還北梁武帝餞於武德殿賦詩三十韻限三刻成徵
二刻便就文甚美帝再覽焉又爲臨汝侯猷製放生文亦見賞於世後除尚書
左丞及昭明太子薨帝立晉安王綱爲皇太子將出詔唯召尚書右僕射何敬
容宣惠將軍孔休源及徵三人與議徵時年位尚輕而任遇已重後卒於北中

郎豫章王長史南蘭陵太守文集二十卷
純字景懋景仁弟也劉毅鎮江陵以爲衞軍長史南平相及王鎮惡襲毅毅時
病佐史聞兵至馳還入府左右引車欲還外解純叱之曰我人吏也逃欲安之
及入毅兵敗衆散純爲人所殺純弟彪字景彪位司徒右長史彪弟述字景先
小字道兒少有至行隨純在江陵純遇害述奉純喪還都至西塞遇暴風純喪
舫流漂不知所在述乘小船尋求經純妻庾舫過庾遣人謂曰小郎去必無及
寧可存亡俱盡邪述號泣答曰若安全至岸尚須營理如其已致意外述亦無
心獨存因冒浪而進見純喪幾沒述號叫呼天幸而獲免咸以爲精誠所致武
帝聞而嘉之及臨豫州諷中正以爲迎主簿甚被器遇景仁愛彪而憎述嘗設
饌請宋武帝希命彪豫坐而帝召述述知非景仁夙意又慮帝命之請急不從
帝馳遣呼述須至乃餐其見重如此及景仁疾述盡心視湯藥飲食必嘗而後
進衣不解帶不盥櫛者累旬景仁深感愧焉友愛遂篤及景仁卒哀號過禮景
仁肥壯買材數具皆不合用述哀惶親選迺獲焉爲太尉參軍從征司馬休之

封吉陽縣五等侯元嘉二年拜中書侍郎後爲彭城王義康驃騎長史領南郡太守義康入相述又爲司徒左長史轉左衛將軍莅官清約私無宅舍義康遇之甚厚尙書僕射殷景仁領軍將軍劉湛並與述爲異常之交述美風姿善舉止湛每謂人曰我見謝道兒未嘗足雍州刺史張邵以黷貨將致大辟述表陳邵先朝舊勳宜蒙優貸文帝手詔酬納焉述語子綜曰主上矜邵夙誠自將曲恕吾所啓謬會故特見納若此跡宣布則爲侵奪主恩使綜對前焚之帝後謂邵曰卿之獲免謝述力焉述有心虛疾性理時或乖謬卒於吳興太守喪還未至都數十里殷景仁劉湛同乘迎赴望船流涕及劉湛誅義康外鎮將行歎曰謝述唯勸吾退劉湛唯勸吾進述亡而湛存吾所以得罪也文帝亦曰謝述若存義康必不至此三子綜約緯綜有才藝善隸書爲太子中舍人與范曄謀反伏誅約亦死緯尙宋文帝第五女長城公主素爲綜約所憎免死徙廣州孝建中還都方雅有父風位正員郎子朓

朓字玄暉少好學有美名文章清麗爲齊隨王子隆鎮西功曹轉文學子隆在

荆州好辭賦朓尤被賞不捨日夕長史王秀之以朓年少相動欲以啓聞朓知之因事求還道中爲詩寄西府曰常恐鷹隼擊時菊委嚴霜寄言罻羅者寥廓已高翔是也仍除新安王中軍記室朓牋辭子隆曰朓聞橫汙之水思朝宗而每竭駑蹇之乘希沃若而中疲何則皐壤搖落對之惆悵岐路東西或以嗚唈況乃服義徒擁歸志莫從邈若墜雨飄似秋蔕朓實庸流行能無算屬天地休明山川受納褒采一介搜揚小善故得捨耒場圃奉筆菟園東泛三江西浮七澤契闊戎旃從容讌語長裾日曳後乘載脂榮立府廷恩加顏色沐髮晞陽未測涯涘撫臆論報早誓肌骨不悟滄溟未運波臣自蕩渤澥方春旅翮先謝清切藩房寂寥舊蓽輕舟反泝弔影獨留白雲在天龍門不見去德滋永思德滋深唯待青江可望候歸艎於春渚朱邸方開效蓬心於秋實如其簪屨或存衽席無改雖復身塡溝壑猶望妻子知歸攬涕告辭悲來橫集時荆州信去倚待朓執筆便成文無點易以本官兼尚書殿中郎隆昌初敕朓接北使朓自以口訥啓讓見許明帝輔政以爲驃騎諮議領記室掌霸府文筆又掌中書詔誥轉

中書郎出爲晉安王鎮北諮議南東海太守行南徐州事啓王敬則反謀上甚賞之遷尚書吏部郎朓上表三讓中書疑朓官未及讓以問國子祭酒沈約約曰宋元嘉中范曄讓吏部朱修之讓黄門蔡興宗讓中書並三表詔答近代小官不讓遂成恆俗恐有乖讓意王藍田劉安西並貴重初自不讓今豈可慕此不讓邪孫興公孔顗並讓記室今豈可三署皆讓邪謝吏部今授超階讓別有意豈關官之大小撝謙之美本出人情若大官必讓便與詣闕章表不異例既如此謂都非疑朓讓優答不許朓善草隸長五言詩沈約常云二百年來無此詩也敬皇后遷祔山陵朓撰哀策文齊世莫有及者東昏失德江祏欲立江夏王寶玄末更回惑與弟祀密謂朓曰江夏年少脫不堪不可復行廢立始安年長入纂不乖物望非以此要富貴只求安國家爾遙光又遣親人劉渢致意於朓朓自以受恩明帝不肯答少日遙光以朓兼知衞尉事朓懼見引即以祏等謀告左興盛又說劉暄曰始安一旦南面則劉渢劉宴居卿今地但以卿爲反覆人爾暄陽驚馳告始安王及江祏始安欲出朓爲東陽郡祏固執不與先是

朓常輕祏爲人祏常詰朓朓因言有一詩呼左右取旣而便停祏問其故云定復不急祏以爲輕己後祏及弟祀劉渢劉宴俱候朓朓謂祏曰可謂帶二江之雙流以嘲弄之祏轉不堪至是構而害之詔暴其過惡收付廷尉又使御史中丞范岫奏收朓下獄死時年三十六臨終謂門賓曰寄語沈公君方爲三代史亦不得見沒初朓告王敬則反敬則女爲朓妻常懷刀欲報朓朓不敢相見及當拜吏部謙挹尤甚尙書郞范縝嘲之曰卿人才無慚小選但恨不可刑於寡妻朓有愧色及臨誅歎曰天道其不可昧乎我雖不殺王公王公因我而死朓好獎人才會稽孔顗粗有才筆未爲時知孔珪嘗令草讓表以示朓朓嗟吟良久手自折簡寫之謂珪曰士子聲名未立應共獎成無惜齒牙餘論其好善如此朓及殷叡素與梁武以文章相得帝以大女永與公主適叡子鈞第二女永世公主適朓子謨及帝爲雍州二女並暫隨母向州及武帝卽位二主始隨內還武帝意薄謨又以門單欲更適張弘策子策卒又以與王志子諲而謨不堪歎恨爲書狀如詩贈主主以呈帝甚蒙矜歎而婦終不得還尋用謨爲信安縣

稍遷王府諮議時以爲沈約早與朓善爲制此書云
謝方明裕從祖弟也祖鐵字鐵石位永嘉太守父沖字秀度中書郎家在會稽
病歸爲孫恩所殺贈散騎常侍方明隨伯父吳興太守邈在郡孫恩寇會稽東
土諸郡響應吳興人胡桀郜驃破東遷縣方明勸邈避之不從賊至被害方明
逃免初邈舅子長樂馮嗣之及北方學士馮翊仇玄達俱投邈禮待甚簡二人
並恨遂與恩通謀劉牢之謝琰等討恩恩走臨海嗣之等不得同去方更聚合
方明體素羸弱而勇決過人結邈門生討嗣之等悉禽手刃之時亂後吉凶禮
廢方明合門遇禍資產無遺而營舉凶功盡力數月葬送並畢平世備禮無以
加也頃之孫恩重陷會稽謝琰見害因購方明甚急方明於上虞載母妹奔東
陽由黃蘖嶠出鄱陽附載還都寄居國子學流離險厄屯苦備經而貞履之操
在約無改桓玄剋建鄴丹陽尹卞範之勢傾朝野欲以女嫁方明方明終不回
桓玄聞而賞之即除著作佐郎後從兄景仁舉爲宋武中軍主簿方明知無不
爲帝謂曰愧未有瓜衍之賞且當與卿共豫章國祿屢加賞賜方明嚴恪善自

居遇雖暗室未嘗有惰容從兄混有重名唯歲節朝拜而已丹陽尹劉穆之權重當時朝野輻湊其不至者唯混方明郗僧施蔡廓四人而已穆之甚恨及混等誅後方明廓來往造穆之穆之大悅白武帝曰謝方明可謂名家駒及蔡廓直置並台鼎人無論復有才用頃之轉從事中郎仍爲右將軍道憐長史武帝令府中衆事皆諮決之府轉爲中軍長史尋加晉陵太守復爲驃騎長史南郡相委任如初嘗年終江陵縣獄囚事無輕重悉放歸家使過正三日還到罪重者二十餘人綱紀以下莫不疑懼時晉陵郡送故主簿弘季咸徐壽之並隨在西固諫以爲昔人雖有其事或是記籍過言且當今人情僞薄不可以古義相許方明不納一時遣之囚及父兄並驚喜涕泣以爲就死無恨至期有重罪一人醉不能歸違二日乃反餘一囚十日不來五官朱千期請見欲自討之方明知爲囚事使左右謝五官不須入囚自當反囚逡巡墟里不能自歸鄉村責讓率領將送竟無逃者遠近歎服焉宋武帝受命位侍中丹陽尹有能名轉會稽太守江東人戶殷盛風俗峻刻彊弱相陵姦吏蜂起符書一下文攝相續方明

深達政體不拘文法闊略苛細務在統領貴族豪士莫敢犯禁除比伍之坐判久繫之獄前後征伐每兵運不充悉倩士庶事寧皆使還本而守宰不明與奪乖謬人事不至必被抑塞方明簡汰精當各順所宜東土稱詠之性尤愛惜未嘗有所是非承代前人不易其政必宜改者則漸變使無迹可尋卒官

子惠連年十歲能屬文族兄靈運加賞之云每有篇章對惠連輒得佳語嘗於永嘉西堂思詩竟日不就忽夢見惠連即得池塘生春草大以爲工嘗云此語有神功非吾語也本州辟主簿不就惠連先愛幸會稽郡吏杜德靈及居父憂贈以五言詩十餘首乘流遵歸路諸篇是也坐廢不豫榮位尚書僕射殷景仁愛其才言次白文帝言臣小兒時便見此文而論者云是惠連其實非也文帝曰若此便應通之元嘉七年方爲司徒彭城王義康法曹行參軍義康修東府城城塹中得古冢爲之改葬使惠連爲祭文留信待成其文甚美又爲雪賦以高麗見奇靈運見其新文每曰張華重生不能易也文章並行於世年三十七卒既早亡輕薄多尤累故官不顯無子惠連弟惠宣位臨川太守

謝靈運安西將軍奕之曾孫而方明從子也祖玄晉車騎將軍父瑍生而不慧位祕書郎早亡靈運幼便穎悟玄甚異之謂親知曰我乃生瑍瑍兒何爲不及我靈運少好學博覽羣書文章之美與顏延之爲江左第一縱橫俊發過於延之深密則不如也從叔祖混特加愛之襲封康樂公以國公例除員外散騎侍郎不就爲琅邪王大司馬行參軍性豪侈車服鮮麗衣物多改舊形制世共宗之咸稱謝康樂也累遷祕書丞坐事免宋武帝在長安靈運爲世子中軍諮議黃門侍郎奉使慰勞武帝於彭城作撰征賦後爲相國從事中郎世子左衞率坐輒殺門生免官宋受命降公爵爲侯又爲太子左衞率靈運多愆禮度朝廷唯以文義處之不以應實相許自謂才能宜參權要既不見知常懷憤惋廬陵王義眞少好文籍與靈運情款異常少帝卽位權在大臣靈運搆扇異同非毀執政司徒徐羡之等患之出爲永嘉太守郡有名山水靈運素所愛好出守既不得志遂肆意遊遨徧歷諸縣動踰旬朔理人聽訟不復關懷所至輒爲詩詠以致其意在郡一周稱疾去職從弟晦曜弘微等並與書止之不從靈運父祖

並葬始寧縣幷有故宅及墅遂移籍會稽修營舊業傍山帶江盡幽居之美與
隱士王弘之孔淳之等放蕩爲娛有終焉之志每有一首詩至都下貴賤莫不
競寫宿昔間士庶皆徧名動都下作山居賦幷自注以言其事文帝誅徐羨之
等徵爲祕書監再召不起使光祿大夫范泰與書敦獎乃出使整祕閣書遺闕
又令撰晉書粗立條流書竟不就尋遷侍中賞遇甚厚靈運詩書皆兼獨絶每
文竟手自寫之文帝稱爲二寶既自以名輩應參時政至是唯以文義見接每
侍上宴談賞而已王曇首王華殷景仁等名位素不踰之並見任遇意既不平
多稱疾不朝直穿池植援種竹樹果驅課公役無復期度出郭游行或一百六
七十里經旬不歸既無表聞又不請急上不欲傷大臣諷旨令自解靈運表陳
疾賜假東歸將行上書勸伐河北而游娛宴集以夜續晝復爲御史中丞傅隆
奏免官是歲元嘉五年也靈運既東與族弟惠連東海何長瑜潁川荀雍太山
羊璿之以文章賞會共爲山澤之游時人謂之四友惠連幼有奇才不爲父方
明所知靈運去永嘉還始寧時方明爲會稽靈運造方明遇惠連大相知賞靈

運性無所推唯重惠連與爲刎頸交時何長瑜教惠連讀書亦在郡內靈運又以爲絕倫謂方明曰阿連才悟如此而尊作常兒遇之長瑜當今仲宣而飴以下客之食尊既不能禮賢宜以長瑜還靈運載之而去荀雍字道雍官至員外散騎郎璿之字曜璠爲臨川內史被司空竟陵王誕所遇誕敗坐誅長瑜才亞惠連雍璿不及也臨川王義慶招集文士長瑜自國侍郎至平西記室參軍嘗於江陵寄書與宗人何勗以韻語序義慶州府僚佐云陸展染白髮欲以媚側室青青不解久星星行復出如此者五六句而輕薄少年遂演之凡人士並爲題目皆加劇言苦句其文流行義慶大怒白文帝除廣州所統曾城令及義慶薨朝士並詣第敘哀何勗謂袁淑曰長瑜便可還也淑曰國新喪未宜以流人爲念廬陵王紹鎮尋陽以長瑜爲南中郎行參軍掌書記之任行至板橋遇暴風溺死靈運因祖父之資生業甚厚奴僮既衆義故門生數百鑿山浚湖功役無已尋山陟嶺必造幽峻巖嶂數十重莫不備盡登躡常着木屐上山則去其前齒下山去其後齒嘗自始寧南山伐木開徑直至臨海從者數百臨海太守

王琇驚駭謂爲山賊末知靈運乃安又要琇更進琇不肯靈運贈琇詩曰邦君
難地嶮旅客易山行在會稽亦多從衆驚動縣邑太守孟顗事佛精懇而爲靈
運所輕嘗謂顗曰得道應須慧業丈人生天當在靈運前成佛必在靈運後顗
深恨此言又與王弘之諸人出千秋亭飲酒倮身大呼顗深不堪遣信相聞靈
運大怒曰身自大呼何關癡人事會稽東郭有回踵湖靈運求決以爲田文帝
令州郡履行此湖去郭近水物所出百姓惜之顗堅執不與靈運既不得回踵
又求始寧休崲湖爲田顗又固執靈運謂顗非存利人政慮決湖多害生命言
論傷之與顗遂隙因靈運橫恣表其異志發兵自防露板上言靈運馳詣闕上
表自陳本末文帝知其見誣不罪也不欲復使東歸以爲臨川內史在郡游放
不異永嘉爲有司所糾司徒遣使隨州從事鄭望生收靈運靈運興兵叛逸遂
有逆志爲詩曰韓亡子房奮秦帝魯連恥本自江海人忠義感君子追討禽之
送廷尉廷尉論正斬刑上愛其才欲免官而已彭城王義康堅執謂不宜恕詔
以謝玄勳參微管宜宥及後嗣降死徙廣州後秦郡府將宋齊受使至涂口行

達桃墟村見有七人下路聚語疑非常人還告郡縣遣兵隨齊掩討禽之其一人姓趙名欽云同村薛道雙先與靈運共事道雙因同村成國報欽云靈運犯事徙廣州給錢令買弓箭刀楯等物使道雙要合鄉里健兒於三江口篡之若得者如意後功勞是同遂合部黨要謝不得及還饑饉緣路爲劫有司奏收之文帝詔於廣州棄市臨死作詩曰龔勝無餘生李業有終盡嵇公理既迫霍生命亦殞所稱龔勝李業猶前詩子房魯連之意也時元嘉十年年四十九所著文章傳於世孟顗字彥重平昌安丘人衞將軍昶弟也昶顗並美風姿時人謂之雙珠昶貴盛顗不就辟昶死後顗歷侍中僕射太子詹事散騎常侍左光祿大夫嘗就徐羨之因敘關洛中事顗歎劉穆之終後便無繼者王弘亦在甚不平曰昔魏朝酷重張郃謂不可一日無之及郃死何關與廢顗不悅衆賓笑而釋之後卒於會稽太守靈運子鳳坐靈運徙嶺南早卒

鳳子超宗隨父鳳嶺南元嘉末得還與慧休道人來往好學有文辭盛得名譽選補新安王子鸞國常侍王母殷淑儀卒超宗作誄奏之帝大嗟賞謂謝莊曰

超宗殊有鳳毛靈運復出時右衛將軍劉道隆在御坐出候超宗曰聞君有異物可見乎超宗曰懸罄之室復有異物邪道隆武人無識正觸其父名曰旦侍宴至尊說君有鳳毛超宗徒跣還内道隆謂檢覓毛至闇待不得乃去泰始中爲尚書殿中郎三年都令史駱宰議榮秀孝格五問並得爲上四三爲中二爲下一不第超宗議不同詔從宰議齊高帝爲領軍愛其才衛將軍袁粲聞之謂高帝曰超宗開亮善可與語取爲長史臨淮太守粲誅高帝以超宗爲義與太守昇明二年坐公事免詣東府門自通其日風寒高帝謂四坐曰此客至使人不衣自暖矣超宗既坐飲酒數杯辭氣橫出高帝對之甚歡及齊受禪爲黃門郎有司奏撰郊廟歌上敕司徒褚彥回侍中謝朏散騎侍郎孔珪太學博士王咺之總明學士劉融何法圖何曇秀作者凡十人超宗辭獨見用爲人恃才使酒多所陵忽在直省常醉上召見語及北方事超宗曰虜動來二十年矣佛出亦無如之何以失儀出爲南郡王中軍司馬人問曰承有朝命定是何府超宗怨望答曰不知是司馬爲是司驢既是驢府政應爲司驢爲有司奏以怨望免

禁錮十年後司徒褚彥回因送湘州刺史王僧虔閣道壞墜水僕射王儉驚跣
下車超宗拊掌笑曰落水三公墜車僕射彥回出水霑溼狼藉超宗先在僧虔
舫抗聲曰有天道焉天所不容地所不受投畀河伯河伯不受彥回大怒曰寒
士不遜超宗曰不能賣袁劉得富貴焉免寒士前後言誚稍布朝野武帝卽位
使掌國史除竟陵王征北諮議領記室愈不得志超宗爲子娶張敬兒女爲婦
帝甚疑之及敬兒誅超宗謂丹陽尹李安人曰往年殺韓信今年殺彭越君欲
何計安人具啓之上積懷超宗輕慢使兼中丞袁彖奏超宗請付廷尉武帝雖
可其奏以彖言辭依違使左丞王逡之奏彖輕文略奏撓法容非請免彖所居
官詔彖匿情欺國愛朋罔主免官禁錮十年超宗下廷尉一宿髮白皓首詔徙
越巂行至豫章上敕豫章內史虞悰賜盡勿傷其形骸明年超宗門生王永先
又告超宗子才卿死罪二十餘條上疑其妄以才卿付廷尉辯以不實見原永
先於獄盡之
才卿弟幾卿清辯時號神童超宗徙越巂詔家人不得相隨幾卿年八歲別父

於新亭不勝其慟遂投於江超宗命估客數人入水救之良久涌出得就岸瀝耳目口鼻出水數斗十餘日乃裁能言居父憂哀毀過禮年十二召補國子生齊文慧太子自臨策試謂王儉曰幾卿本長玄理今可以經義訪之儉承旨發問幾卿辯釋無滯文慧大稱賞焉儉謂人曰謝超宗爲不死矣及長博學有文采仕齊爲太尉晉安王主簿梁天監中自尚書三公郎爲治書侍御史舊郎官轉爲此職者世謂之南奔幾卿頗失志多陳疾臺事略不復理累遷尚書左丞幾卿詳悉故實僕射徐勉每有凝滯多詢訪之然性通脫會意便行不拘朝憲嘗預樂遊苑宴不得醉而還因詣道邊酒壚停車褰幔與車前三騶對飲時觀者如堵幾卿處之自若後以在省署夜著犢鼻褌與門生登閣道飲酒酣呼爲有司糾奏坐免普通六年詔西昌侯藻督衆軍北侵幾卿啓求行擢爲藻軍師長史將行與僕射徐勉別勉云淮肥之役前謝已著奇功未知今謝何如幾卿應聲曰已見今徐勝於前徐後謝何必愧於前謝勉默然軍至渦陽退敗幾卿坐免官居白楊石井宅朝中交好者載酒從之客恆滿坐時左丞庾仲容亦免

歸二人意相得並肆情誕縱或乘露車歷游郊野醉則執鐸挽歌不屑物議湘東王繹在荊鎮與書慰勉之後爲太子率更令放達不事容儀性不容非與物多忤有乖己者輒肆意罵之退無所言遷左丞僕射省嘗議集公卿幾卿外還宿醉未醒取枕高臥傍若無人又嘗於閣省裸袒酣飲及醉小遺下霑令史爲南司所彈幾卿亦不介意轉左光祿長史卒文集行於世幾卿雖不持檢操然於家門篤睦兄才卿早卒子藻幼孤幾卿撫養甚至及藻成立歷清官皆幾卿獎訓之力也

論曰謝晦以佐命之功當顧托之重殷憂在日黜昏啓聖於社稷之計蓋爲大矣但廬陵之殞事非主命昌門之覆有乖臣道博陸所愼理異於斯加以身處上流兵權總己將欲以外制內豈人主所久堪乎向令徐傅不亡道濟居外四權制命力足相侔劉氏之危則有逾累卵以此論罰豈曰妄誅宣遠所爲寒心可謂睹其萌矣然謝氏自晉以降雅道相傳景恆景仁以德素傳美景懋景先以節義流譽方明行己之度玄暉藻績之奇各擅一時可謂德門者矣靈運才

名江左獨振而猖獗不已自致覆亡人各有能茲言乃信惜乎

南史卷十九

南史卷十九考證

謝瞻傳瞻文章之美與從叔琨族弟靈運相抗○琨一本作混應從之

謝純弟述傳述號泣答曰若安全至岸尙須營理○監本脫尙字今從各本增

謝方明傳承代前人不易其政必宜改者則漸變○政監本訛正今從梁書

謝超宗傳常醉上召見語及北方事○語監本訛詔今改正

以失儀出爲南郡王中軍司馬○失監本訛朱今從閣本

南史卷十九考證

唐　李　延　壽　撰

列傳第十

謝弘微 子莊孫朏曾孫譓玄孫哲朏弟顥顥弟瀹瀹子覽覽弟舉舉子嘏舉兄子僑

謝密字弘微晉西中郎萬之曾孫尚書左僕射景仁從子也祖韶車騎司馬父思武昌太守弘微年十歲繼從叔峻名犯所繼內諱故以字行童幼時精神端審時然後言所繼叔父混名知人見而異之謂思曰此兒深中夙敏方成佳器有子如此足矣峻司空琰子也於弘微本服緦親戚中表素不相識率意承接皆合禮衷義熙初襲爵建昌縣侯弘微家素貧儉而所繼豐泰唯受數千卷書國吏數人而已遺財祿秩一不關預混聞而驚歎謂國郎中令漆凱之曰建昌國祿本應與北舍共之國侯既不厝意今可依常分送弘微重混言乃少有所受北舍弘微本家也混風格高峻少所交納唯與族子靈運瞻晦曜以文義賞會常共宴處居在烏衣巷故謂之烏衣之游混詩所言昔爲烏衣游戚戚皆親

姓者也其外雖復高流時譽莫敢造門瞻等才辭辯富弘微每以約言服之混
特所敬貴號曰微子謂瞻等曰汝諸人雖才義豐辯未必皆愜衆心至於領會
機賞言約理要故當與我共推微子常言阿遠剛躁負氣阿客博而無檢曜仗
才而持操不篤晦自知而納善不周設復功濟三才終亦以此爲恨至如微子
吾無閒然又言微子異不傷物同不害正若年造六十必至公輔嘗因酣讌之
餘爲韻語以奬勸靈運瞻等曰康樂誕通度實有名家韻若加繩染功剖瑩乃
瓊瑾宣明體遠識穎達且沉雋若能去方執穆穆三才順阿多標獨解弱冠纂
華胤質勝誠無文其尙又能峻通遠懷清悟采采摽蘭訊直轡鮮不躓抑用解
偏吝微子基微尙無倦由慕藺勿輕一簣少進往必千仞數子勉之哉風流由
爾振如不犯所知此外無所慎靈運瞻等並有誡厲之言唯弘微獨盡褒美曜
弘微兄多其小字通遠卽瞻字客兒靈運小名也晉世名家身有國封者起家
多拜員外散騎侍郎弘微亦拜員外散騎侍郎琅邪王大司馬參軍義熙八年
混以劉毅黨見誅混妻晉陵公主改適琅邪王練公主雖執意不行而詔與謝

氏離絶公主以混家事委之弘微混仍世宰相一門兩封田業十餘處僮役千人唯有二女年並數歲弘微經紀生業事若在公一錢尺帛出入皆有文簿宋武受命晉陵公主降封東鄉君以混得罪前代東鄉君節義可嘉聽還謝氏自混亡至是九年而室宇修整倉廩充盈門徒不異平日田疇墾闢有加於舊東鄉君歎曰僕射生平重此一子可謂知人僕射為不亡矣中外姻親道俗義舊見東鄉之歸者入門莫不歎息或為流涕感弘微之義也性嚴正舉止必修禮度事繼親之黨恭謹過常伯叔二母歸宗兩姑晨夕瞻奉盡其誠敬內外或傳語通訊輒正其衣冠婢僕之前不妄言笑由是尊卑大小敬之若神時有蔡湛之者及見謝安兄弟謂人曰弘微貌類中郎而性似文靖文帝初封宜都王鎮江陵以琅邪王球為友弘微為文學母憂去職居喪以孝稱服闋蔬素踰時文帝即位為黃門侍郎與王華王曇首殷景仁劉湛等號曰五臣遷尚書吏部郎參機密尋轉右衛將軍諸故吏臣佐並委弘微選擬居身清約器服不華而飲食滋味盡其豐美兄曜歷御史中丞彭城王義康驃騎長史卒官弘微哀戚過

禮服雖除猶不噉魚肉沙門釋慧琳嘗與之食見其猶蔬素謂曰檀越素旣多疾卽吉猶未復膳若以無益傷生豈所望於得理弘微曰衣冠之變禮不可踰在心之哀實未能已遂廢食歔欷不自勝弘微少孤事兄如父友睦之至舉世莫及口不言人短見兄曜好藏否人物每聞之常亂以他語歷位中庶子加侍中志在素宦畏忌權寵固讓不拜乃聽解中庶子每獻替及陳事必手書焚草人莫之知上以弘微能膳羞每就求食弘微與親舊經營及進之後親人問上所御弘微不答別以餘語酬之時人比之漢世孔光及東鄉君薨遺財千萬園宅十餘所又會稽吳興琅邪諸處太傅安司空琰時事業奴僮猶數百人公私咸謂室內資財宜歸二女田宅僮僕應屬弘微弘微一不取自以私祿營葬混女夫殷叡素好摴蒱聞弘微不取財物乃濫奪其妻妹及伯母兩姑之分以還戲責內人皆化弘微之讓一無所爭弘微舅子領軍將軍劉湛謂弘微曰天下事宜有裁衷卿此不問何以居官弘微笑而不答或有譏以謝氏累世財產充殷君一朝戲責譬棄物江海以爲廉耳弘微曰親戚爭財爲鄙之甚今內人尙

能無言豈可導之使爭今分多共少不至有乏身死之後豈復見關東鄉君葬混墓開弘微牽疾臨赴病遂甚元嘉十年卒年四十二文帝歎惜甚至謂謝景仁曰謝弘微王曇首年踰四十名位未盡其才此朕之責也弘微性寬博無喜愠末年嘗與友人棋友人西南棋有死勢復一客曰西南風急或有覆舟者友悟乃救之弘微大怒投局於地識者知其暮年之事果以此歲終時有一長鬼寄司馬文宣家言被遣殺弘微弘微疾每劇輒豫告文宣及弘微死與文宣分別而去弘微臨終語左右曰有二封書須劉領軍至可於前燒之慎勿開也書是文帝手敕上甚痛惜之使二衞千人營畢葬事追贈太常弘微與瑯邪王惠王球並以簡淡稱人謂沈約曰王惠何如約曰令明簡次問王球約曰倩玉淡又次問弘微約曰簡而不失淡而不流古之所謂名臣弘微當之其見美如此

子莊

莊字希逸七歲能屬文及長韶令美容儀宋文帝見而異之謂尚書僕射殷景仁領軍將軍劉湛曰藍田生玉豈虛也哉爲隨王誕後軍諮議領記室分左氏

經傳隨國立篇製木方丈圖山川土地各有分理離之則州郡殊別合之則寓內爲一元嘉二十七年魏攻彭城遣尙書李孝伯與鎭軍長史張暢語孝伯訪問莊及王微其名聲遠布如此二十九年除太子中庶子時南平王鑠獻赤鸚鵡普詔羣臣爲賦太子左衞率袁淑文冠當時作賦畢示莊及見莊賦歎曰江東無我卿當獨秀我若無卿亦一時之傑遂隱其賦元凶弑立轉司徒左長史孝武入討密送檄書與莊令加改正宣布之莊遣腹心門生具慶奉啓事密詣孝武陳誠及帝踐阼除侍中時魏求通互市上詔羣臣博議莊議以爲拒而觀釁有足表強驃騎竟陵王誕當爲荆州徵丞相荆州刺史南郡王義宣入輔義宣固辭不入而誕便剋日下船莊以丞相既無入志而驃騎發便有期如似欲相逼切帝乃申誕發日義宣竟亦不下孝建元年遷左將軍莊有口辯孝武嘗問顏延之曰謝希逸月賦何如答曰美則美矣但莊始知隔千里兮共明月帝召莊以延之答語語之莊應聲曰延之作秋胡詩始知生爲久離別沒爲長不歸帝撫掌竟日又王玄謨問莊何者爲雙聲何者爲疊韻答曰玄護爲雙聲磝

碣爲疊韻其捷速若此初孝武嘗賜莊寶劍莊以與豫州刺史魯爽後爽叛帝因宴問劍所在答曰昔以與魯爽別竊爲陛下杜郵之賜上甚悅當時以爲知言于時搜才路狹莊表陳求賢之義曰臣聞功傾魏后非特照車之珍德柔秦客豈徒祕璧之貴隆陂所漸成敗之由何嘗不與資得才替因失士故楚書以善人爲寶虞典以則哲爲難而進選之軌既曠中代登造之律未聞當今必欲豐本康務庇人濟俗匪更沿遷奚取九成夫才生於時古今豈貳士出於世屯泰焉殊升歷中陽英賢起於徐沛受籙白水茂異出於荊宛寧二都智之所產七隩愚之所育實遇與不遇用與不用耳今大道光亨萬務俟德而九服之曠九流之艱提鈞懸衡委之選部一人之鑒易限天下之才難源以易限之鑒鏡難源之才使國罔遺賢野無滯器其可得乎昔公叔登臣管仲升盜趙文非私親疏嗣祁奚豈諂讎比子茹茅以彙作範前經舉爾所知式昭往牒且自古任薦弘明賞罰成子舉三哲而身致魏輔應侯任二士而己捐秦相臼季稱冀缺而疇以田采張勃進陳湯而坐之褫爵此則先事之盛準亦後王之彝鑒臣謂

宜普命大臣各舉所知以付尚書依分銓用若任得其才舉主延賞有不稱職
宜及其坐重者免黜輕者左遷被舉之身加以禁錮年數多少隨愆議制若犯
大辟則任者刑論又政平訟理莫先親人親人之要實歸守宰故黃霸莅潁川
累稔杜畿居河東歷載或就加恩秩或入崇暉寵今莅人之職宜遵六年之限
進得章明庸惰退得民不勤擾如此則上靡棄能下無浮謬考績之風載泰薪
槱之歌克昌初文帝世限年三十而仕郡縣六周乃選代刺史或十年餘至是
皆易之仕者不拘長少莅人以三周爲滿宋之善政於是乎衰是年拜吏部尚
書莊素多疾不願居選部與大司馬江夏王義恭牋自陳兩脅癖疢殆與生俱
一月發動不減兩三每痛來逼心氣餘如綖利患數年遂成痼疾岌岌惙惙常
如行尸眼患五月來便不復得夜坐恆閉帷避風晝夜惛懵爲此不復得朝謁
諸王慶弔親舊今之所止唯在小閤下官微命於天下至輕在己不能不重家
世無年亡高祖四十曾祖三十三亡祖四十七下官新歲便四十五加以疾患
如此當復幾時入年當申前請以死自固願侍坐言次賜垂接助三年坐疾多

免官大明元年起爲都官尚書上時親覽朝政慮權移臣下以吏部尚書選舉所由欲輕其勢力二年詔吏部尚書依部分置幷詳省閑曹又別詔大宰江夏王義恭曰吏部尚書由來與錄共選良以一人之識不辦洽通兼與奪威權不宜專一故也於是置吏部尚書二人省五兵尚書莊及度支尚書顧顗之並補選職遷左衞將軍加給事中時河南獻舞馬詔羣臣爲賦莊所上甚美又使莊作舞馬歌令樂府歌之五年又爲侍中領前軍將軍時孝武出行夜還敕開門莊居守以棨信或虛須墨詔乃開上後因宴從容曰卿欲効郅君章邪對曰臣聞蒐巡有度郊祀有節盤於游田著之前誡陛下今蒙犯塵露晨往宵還容致不逞之徒妄生矯詐臣是以伏須神筆六年又爲吏部尚書領國子博士坐選公車令張奇免官事在顏師伯傳後除吳郡太守前廢帝卽位以爲金紫光祿大夫初孝武寵姬殷貴妃薨莊爲誄言贊軌堯門引漢昭帝母趙婕妤堯母門事廢帝在東宮銜之至是遣人詰莊曰卿昔作殷貴妃誄知有東宮不將誅之孫奉伯說帝曰死是人之所同政復一往之苦不足爲困莊少長富貴且繫之

尙方使知天下苦劇然後殺之未晚帝曰卿言有理繫於左尙方明帝定亂得
出使爲赦詔莊夜出署門方坐命酒酌之已微醉傳詔立待詔成其文甚工後
爲尋陽王師加中書令散騎常侍尋加金紫光祿大夫給親信二十人卒贈右
光祿大夫諡憲子所著文章四百餘首行於世五子颺朏顥蒞瀹世謂莊名子
以風月景山水颺位晉平太守女爲順帝皇后追贈金紫光祿大夫
朏字敬沖幼聰慧莊器之常置左右十歲能屬文莊游土山使朏命篇攬筆便
就瑯邪王景文謂莊曰賢子足稱神童復爲後來特達莊撫朏背曰真吾家千
金宋孝武帝游姑孰敕莊攜朏從駕詔爲洞井讚於坐奏之帝曰雖小奇童也
仕宋爲衞將軍袁粲長史粲性簡峻時人方之李膺朏謁退粲曰謝令不死矣
宋明帝嘗敕朏與謝鳳子超宗從鳳莊門入二人俱至超宗曰君命不可以不
往乃趨而入朏曰君處臣以禮進退不入時人兩稱之以比王尊王陽後爲臨
川內史以賄見劾袁粲寢其事齊高帝爲驃騎將軍輔政選朏爲長史高帝方
圖禪代欲以朏佐命遷左長史每夕置酒獨與朏論魏晉故事言石苞不早勸

晉文死方慟哭方之馮異非知機也朏曰昔魏臣有勸魏武帝卽位魏武曰有用我者其周文王乎晉文世事魏氏將必終身北面假使魏早依唐虞故事亦當三讓彌高帝不悅更引王儉爲左長史以朏爲侍中領祕書監及齊受禪朏當日在直百僚陪位侍中當解璽朏佯不知曰有何公事傳詔云解璽授齊王朏曰齊自應有侍中乃引枕臥傳詔懼乃使稱疾欲取兼人朏曰我無疾何所道遂朝服出東掖門乃得車仍還宅是日遂以王儉爲侍中解璽既而武帝請誅朏高帝曰殺之則成其名正應容之度外又以家貧乞郡辭旨抑揚詔免官禁錮五年永明中爲義興太守在郡不省雜事悉付綱紀曰吾不能作主者吏但能作太守耳歷都官尚書中書令侍中領新安王師求出仍爲吳興太守明帝謀入嗣位引朝廷舊臣朏內圖止足且實避事弟瀹時爲吏部尚書朏至郡致瀹數斛酒遺書曰可力飲此勿豫人事朏居郡每不理常務聚斂衆頗譏之亦不屑也建武四年徵爲侍中中書令不應遣諸子還都獨與母留築室郡之西郭明帝詔加優禮旌其素概賜牀帳褥席奉以卿祿時國子祭酒廬江何胤

亦抗表還會稽永元中詔徵胐胤並不屈時東昏皆命追遣會梁武帝起兵及
建鄴平徵胐胤並補軍諮祭酒皆不至及即位詔徵胐爲侍中左光祿大夫開
府儀同三司胤散騎常侍特進右光祿大夫又並不屈仍遣領軍司馬王果敦
譬胐胐謀於何胤胤欲獨高其節紿曰與王之世安可久處明年六月胐輕出
詣闕自陳帝笑曰子陵遂能屈志詔以爲侍中司徒尚書令胐辭脚疾不堪拜
謁乃角巾自輿詣雲龍門謝詔見於華林園乘小車就席明旦乘輿出幸胐宅
宴語盡歡胐固陳本志不許又固請自還迎母許之臨發輿駕臨幸賦詩餞別
王人送迎相望於道到都敕材官起府於舊宅武帝臨軒遣謁者於府拜授詔
停諸公事及朔望朝謁三年元會詔胐乘小輿升殿胐素憚煩及居台鉉兼掌
內臺職事多不覽以此頗失衆望其年母憂尋有詔攝職如故五年改授中書
監司徒衞將軍固讓不受遣謁者敦授留府門及暮至於經春夏八月乃拜受
焉是冬薨車駕出臨哭謚曰靖孝武初胐爲吳興以雞卵賦人收雞數千及遁
節不全爲清談所少著書及文章行於世子謖位司徒右長史坐殺牛廢黜爲

東陽內史及還五官送錢一萬止留一百答曰數多劉寵更以爲愧

次子諶不妄交接門無雜賓有時獨醉曰入吾室者但有清風對吾飲者唯當

明月位右光祿大夫子哲字穎豫美風儀舉止醞籍襟情豁朗爲士君子所重

仕梁至廣陵太守侯景之亂因寓居焉仕陳歷吏部尚書中書令侍中司徒左

長史卒諡康子

顥字仁悠朏弟也少簡靜宋末爲豫章太守至石頭遂白服登烽火樓坐免官

詣齊高帝自占謝言辭清麗容儀端雅左右爲之傾目宥而不問齊永明初高

選文學以顥爲竟陵王友歷吏部郎有簡秀之目卒於北中郎長史

顥弟瀹字儀潔年七歲王景文見而異之言於宋孝武召見於人衆中瀹舉止

閑詳應對合旨帝悅詔尚公主景和敗事寢僕射褚彥回以女妻之厚爲資送

性甚敏贍嘗與劉悛飲推讓久之悛曰謝莊兒不可云不能飲瀹曰苟得其人

自可流湎千日悛甚慚無言仕齊累遷中書侍郎衞軍王儉引爲長史雅相禮

遇後拜吏部尚書明帝廢鬱林領兵入殿左右驚走報瀹瀹與客圍棋每下子

輒云其當有意竟局乃還齋臥竟不問外事明帝卽位瀹又屬疾不知公事蕭諶以兵臨起之瀹曰天下事公卿處之足矣且死者命也何足以此懼人後宴會功臣上酒尙書令王晏等興席瀹獨不起曰陛下受命應天王晏以爲己力獻觴遂不見報上大笑解之坐罷晏呼瀹共載欲相撫悅瀹又正色曰君巢窟在何處晏初得班劍瀹謂曰身家太傅裁得六人若何事頓得二十晏甚憚之謂江祏曰彼上人者難爲訓對加領右軍將軍兄朏在吳興論啓公事稽晚瀹輒代朏爲啓上知非朏手迹被問見原永泰元年卒於太子詹事贈金紫光祿大夫諡簡子初朏爲吳興瀹於征虜渚送別朏指瀹口曰此中唯宜飲酒瀹建武之朝專以長酣爲事與劉瑱沈昭略交飲各至數斗齊武帝問王儉當今誰能爲五言儉曰朏得父膏腴江淹有意上起禪靈寺敕瀹撰碑文瀹子覽

覽字景滌選尙齊錢唐公主拜駙馬都尉梁武平建鄴朝士王亮王瑩等數人揖自餘皆拜覽時年二十餘爲太子舍人亦長揖而已意氣閑雅視瞻聰明武帝目送良久謂徐勉曰覺此生芳蘭竟體想謝莊政當如此自此仍被賞味天

監元年爲中書侍郎掌吏部事頃之即真嘗侍坐受敕與侍中王暕爲詩答贈
其文甚工乃使重作復合旨帝賜詩云雙文既後進二少實名家豈伊爾棟隆
信乃俱國華爲侍中頗樂酒因宴席與散騎常侍蕭琛辭相詆毀爲有司所奏
武帝以覽年少不直出爲中權長史後拜吏部尚書出爲吳興太守中書舍人
黃睦之家居烏程子弟專橫前太守皆折節事之覽未到郡睦之弟迎覽覽逐
去其船杖吏爲通者自是睦之家杜門不出郡境多劫爲東道患覽下車肅然
初齊明帝及覽父籥東海徐孝嗣並爲吳興號爲名守覽皆過之覽昔在新安
頗聚斂至是遂稱廉潔時人方之王述卒於官贈中書令
覽弟舉字言揚幼好學與覽齊名年十四嘗贈沈約詩爲約所賞弱冠丁父憂
幾致毀滅服闋爲太常博士與兄覽俱預元會江淹一見並相欽挹曰所謂馭
二龍於長塗者也爲太子家令掌管記深爲昭明太子賞接祕書監任昉出爲
新安郡別舉詩云詎念耋嗟人方深老夫託其屬意如此梁武嘗訪舉於覽覽
曰識藝過臣甚遠唯飲酒不及於臣帝大悅尋除安成郡守母往於郡喪辭不

赴歷位左戶尚書遷掌吏部尚書舉祖莊父藻兄覽並經此職前代少比舉尤長玄理及釋氏義爲晉陵郡時常與義學僧遞講經論徵士何胤自虎丘山出赴之其盛如此先是北度人盧廣有儒術爲國子博士於學發講僕射徐勉以下畢至舉造坐屢折廣辭理遒邁廣深歎服仍以所執麈尾斑竹杖滑石書格薦之以況重席焉加侍中遷尚書右僕射大同二年出爲吳郡太守先是何敬容居郡有美績世稱爲何吳郡及舉爲政聲跡略相比會要何徵君講中論何難以巾褐入南門乃從東困進致詩往復爲虎丘山賦題于寺入爲侍中太子詹事翊左將軍舉父藻齊時終此官累表乞改敕不許後遷尚書僕射侍中將軍如故舉雖屢居端揆未嘗肯預時政保身固寵不能有所發明因疾陳解敕輒賜假并敕處方加給上藥其恩遇如此侯景來降帝詢訪朝臣舉及朝士皆請拒之帝從朱异言納之以爲景能立功趙魏舉等不敢復言太清二年遷尚書令卒於內臺上曰舉非止歷官已多亦人倫儀表久著公望悵恨未授之可贈侍中衛將軍開府儀同三司舉宅內山齋捨以爲寺泉石之美殆若自然臨

川始興諸王常所游踐邵陵王綸於婁湖立園廣讌酒後好聚衆賓冠手自裂破投之唾壺皆莫敢言舉嘗預宴王欲取舉幘舉正色曰裂冠毀冕下官弗敢聞命拂衣而退王屢召不返甚有慚色舉托情玄勝尤長佛理注淨名經常自講說有文集二十卷子嘏

嘏字含茂風神清雅頗善屬文仕梁爲太子中庶子建安太守侯景之亂之廣州依蕭勃勃敗在周迪門後依陳寶應寶應平方詣闕歷侍中中書令都官尚書卒謚曰光子有文集行於世子儼位侍中御史中丞太常卿侑位尚書僕射

舉兄子僑字國美父玄大仕梁侍中僑素貴嘗一朝無食其子啓欲以班史質錢答曰寧餓死豈可以此充食乎太清元年卒集十卷長子禕僑弟札字世高亦博涉文史位湘東王諮議先僑卒

論曰易云積善之家必有餘慶弘微立履所蹈人倫播美其世濟不隕蓋有憑焉敬沖出入三代驟經遷革遁俗之志無聞貞固之道居官之方未免貨財之累因偃成敬偃仰當年古人云處士全盜虛聲斯之謂矣

南史卷二十

南史卷二十考證

謝密傳弘微與瑯邪王慧王球○慧宋書作惠

謝莊傳藍田生玉豈虛也哉○生一本作出

晝夜惛憒爲此不復得朝謁諸王○謁監本訛修今從宋書

謝朏傳及還五官送錢一萬止留一百○官監本訛宫今從閣本

南史卷二十考證

唐　李延壽　撰

列傳第十一

王弘子錫　錫弟僧達　曾孫融　弘弟子微　微兄遠　遠子僧祐　僧祐子籍　弘從孫瞻　弘玄孫冲　冲子瑒　瑜

王弘字休元瑯邪臨沂人也曾祖導晉丞相祖洽中領軍父珣司徒弘少好學以清悟知名弱冠爲會稽王道子驃騎主簿珣頗好積聚財物布在人間及薨弘悉燔券書一不收責其餘舊業悉委諸弟時內外多難在喪者皆不得終其哀唯弘徵召一無所就桓玄剋建業收道子付廷尉臣吏莫敢瞻送弘時尙居喪獨道側拜辭攀車涕泣論者稱焉宋武帝召補鎭軍諮議參軍以功封華容縣五等侯累遷太尉左長史從北征前鋒已平洛陽而未遣九錫弘銜使還都諷朝廷時劉穆之掌留任而旨乃從北來穆之愧懼發病遂卒宋國建爲尙書僕射掌選領彭城太守奏彈世子左衞率謝靈運爲軍人桂興淫其嬖妾靈運殺興棄屍洪流御史中丞王准之曾不彈舉武帝答曰端右肅正風軌誠副所

期自今以爲永制於是免靈運官後遷江州刺史省賦簡役百姓安之永初元年以佐命功封華容縣公三年入朝進號衞將軍開府儀同三司帝因宴集曰我布衣始望不至此傅亮之徒並撰辭欲盛稱功德弘率爾對曰此所謂天命求之不可得推之不可去時稱其簡舉少帝景平二年徐羨之等謀廢立召弘入朝文帝即位以定策安社稷進位司空封建安郡公固辭見許進號車騎大將軍開府刺史如故徐羨之等以廢弑罪將及誅弘以非首謀且弟曇首又爲上所親委事將發密使報弘羨之既誅遷侍中司徒揚州刺史錄尚書事給班劒三十人上西征謝晦與彭城王義恭居守入住中書下省引隊仗出入司徒府權置參軍元嘉五年春大旱弘引咎遜位先是彭城王義康爲荆州刺史鎮江陵平陸令河南成粲與弘書誡以盈滿兼陳彭城王宜入知朝政竟陵衡陽宜出據列藩弘由是固自陳請乃還爲衞將軍開府儀同三司六年弘又上表陳彭城王宜入輔幷求解州義康由是代弘爲司徒與之分錄弘又辭分錄弘博練政體留心庶事斟酌時宜每存優允與八座丞郎疏曰同伍犯法無人士

不罪之科然每至詰謫輒有請訴若常垂恩宥則法廢不行依事糾責則物以
爲苦恐宜更爲其制時議多不同弘以爲謂之人士便無庶人之坐署爲庶人
輒受人士之罰不其頗歟謂人士可不受同伍之謫取罪其奴客庸何傷邪無
奴客可令輸贖有修身閭閻與羣小實隔又或無奴僮爲衆所明者官長二千
石便親臨列上依事遣判又主守偷五疋常偷四十疋並加大辟議者咸以爲
重弘以爲小吏無知臨財易昧或由疏慢事蹈重科宜進主守偷十疋常偷五
十疋死四十疋降以補兵至於官長以上荷蒙榮祿冒利五疋乃已爲弘士人
至此何容復加哀矜且此輩人士可殺不可謫謂宜奏聞決之聖旨文帝從弘
議弘又上言舊制人年十三半役十六全役今四方無事應存消息請以十五
至十六爲半丁十七爲全丁從之及弟曇首亡文帝嗟悼不已見弘流涕歔欷
弘斂容而已既而彭城王義康言於帝曰曇首既爲家寶又爲國器弘情不稱
何也帝曰賢者意不可度其見體亮如此九年進位太保領中書監餘如故其
年薨贈太保中書監給節加羽葆鼓吹增班劍爲六十人謚曰文昭公配食武

帝廟庭弘既人望所宗造次必存禮法凡動止施爲及書翰儀體後人皆依放
之謂爲王太保家法雖歷藩輔而不營財利薨亡之後家無餘業而輕率少威
儀客有疑其諱者弘曰家諱與蘇子高同性褊隘人有忤意輒加詈辱少嘗摴
蒱公城子野舍及後當權有人就弘求縣此人嘗以摴戲得罪弘詰之曰君得
錢會戲何用祿爲答曰不審公城子野何所在弘默然自領選及當朝總錄將
加榮爵於人者每先呵責譴辱之然後施行若美相盼接語欣懽者必無所諧
人問其故答曰王爵既加於人又相撫勞便成與主分功此所謂姦以事君者
也若求者絕官敘之分既無以爲惠又不微借顏色卽大成怨府亦鄙薄所不
任問者悅伏子錫嗣

錫字寡光位太子左衞率江夏內史高自位遇太尉江夏王義恭當朝錫箕踞
大坐殆無推敬卒子僧亮嗣齊受禪降爵爲侯僧亮弟僧衍位侍中僧衍弟僧
達

僧達幼聰敏弘爲揚州時僧達六七歲遇有通訟者竊覽其辭謂爲有理及大

訟者亦進弘意其小留左右僧達爲申理闇誦不失一句兄錫質訥乏風采文
帝聞僧達早慧召見德陽殿應對閑敏上甚知之妻以臨川王義慶女少好學
善屬文爲太子舍人坐屬疾而於揚列橋觀鬬鴨爲有司所糾原不問性好鷹
犬與閭里少年相馳逐又躬自屠牛義慶聞之令周旋沙門慧觀造而觀之僧
達陳書滿席與論文義慧觀酬答不暇深相稱美訴家貧求郡文帝欲以爲秦
郡吏部郎庾仲文曰王弘子既不宜作秦郡僧達亦不堪莅人乃止遷太子洗
馬母憂去職與兄錫不協錫罷臨海郡還送故及奉祿百萬以上僧達一夕令
奴輩取無餘服闋爲宣城太守性好游獵而山郡無事僧達肆意馳騁或五日
三日方歸受辭辯訟多在獵所人或逢不識問府君所在僧達且曰在近其後
徙義與及元凶弑立孝武發尋陽沈慶之謂人曰王僧達必來赴義人問其所
以慶之曰虜馬飲江王出赴難見其在先帝前議論開張執意明決以此言之
其必至也僧達尋至孝武卽以爲長史及卽位爲尚書右僕射僧達自負才地
三年閒便望宰相嘗荅詔曰亡父亡祖司徒司空其自負若此後爲護軍將軍

不得志乃求徐州上不許固陳乃以爲吳郡太守時朞歲五遷彌不得意吳郭西臺寺多富沙門僧達求須不稱意乃遣主簿顧曠率門義劫寺內沙門竺法瑤得數百萬荊江夏反叛加僧達置佐領兵臺符聽置千人而輒立三十隊隊八十人立宅於吳多役功力坐免官後孝武獨召見傲然了不陳遜唯張目而視及出帝歎曰王僧達非狂如何乃戴面向天子後顏師伯詣之僧達慨然曰大丈夫寧當玉碎安可以沒沒求活師伯不答逡巡便退初僧達爲太子洗馬在東宮愛念軍人朱靈寶及出爲宣城靈寶已長僧達詐列死亡寄宣城左永之籍注以爲子改名元序啓文帝以爲武陵國典衞令又以補竟陵國典書令建平國中軍將軍孝建元年事發又加禁錮表謝言不能因依左右傾意權貴上愈怒僧達族子確少美姿容僧達與之私款確叔父休爲永嘉太守當將確之郡僧達欲逼留之確知其意避不往僧達潛於所住屋後作大阬欲誘確來別殺埋之從弟僧虔知其謀禁呵乃止御史中丞劉瑀奏請收案上不許二年除太常意尤不悅頃之上表解職文旨抑揚侍中何偃以其言不遜啓付南臺

又坐免官先是何尚之致仕復膺朝命於宅設八關齋大集朝士自行香次至僧達曰願郎且放鷹犬勿復游獵僧達答曰家養一老狗放無處去已復還尚之失色大明中以歸順功封寧陵縣五等侯累遷中書令黃門郎路瓊之太后兄慶之孫也宅與僧達門並嘗盛車服詣僧達僧達將獵已改服瓊之就坐僧達了不與語謂曰身昔門下騶人路慶之者是君何親遂焚瓊之所坐牀太后怒泣涕於帝曰我尚在而人陵之我死後乞食矣帝曰瓊之年少無事詣王僧達門見辱乃其宜耳僧達貴公子豈可以此加罪乎太后又謂帝曰我終不與王僧達俱生先是南彭城蕃縣人高闍沙門釋曇標道方等共相誑惑自言有鬼神龍鳳之瑞常聞簫鼓音與秣陵人藍宕期等謀爲亂又結殿中將軍苗允食等起兵攻宮門事發凡黨與死者數十人僧達屢經犯忤以爲終無悛心因高闍事陷之收付廷尉於獄賜死時年三十六帝亦以爲恨謂江夏王義恭曰王僧達遂不免死追思太保餘烈使人慨然於是詔太保華容文昭公門爵國姻一不貶絶時有蘇寶者名寶生本寒門有文義之美官至南臺侍御史江寧

令坐知高闇謀反不即聞啓亦伏誅僧達子道琰徙新安元徽中爲廬陵內史
未至郡卒子融
融字元長少而神明警慧母臨川太守謝惠宣女性敦敏教融書學博涉有文
才從叔儉謂人曰此兒至四十名位自然及祖舉秀才累遷太子舍人以父官
不通弱年便欲紹興家業啓齊武帝求自試遷祕書丞從叔儉初有儀同之授
贈儉詩及書儉甚奇之笑謂人曰穰侯印詎便可解歷丹陽丞中書郎永明末
武帝欲北侵使毛惠秀畫漢武北伐圖融因此上疏開張北侵之議圖成上置
琅邪城射堂壁上游幸輒觀焉九年芳林園禊宴使融爲曲水詩序當時稱之
上以融才辯使兼主客接魏使房景高宋弁弁見融年少問主客年幾融曰五
十之年久踰其半景高又云在北聞主客曲水詩序勝延年實願一見融乃示
之後曰宋弁於瑤池堂謂融曰昔觀相如封禪以知漢武之德今覽王生詩序
用見齊主之盛融曰皇家盛明豈直比蹤漢武更慚鄙製無以遠匹相如上以
魏所送馬不稱使融問之曰秦西冀北實多駿驥而魏之良馬乃駑不若將旦

亘信譽有時而爽駉駉之牧遂不能嗣宋弁曰當是不習地土融曰周穆馬迹
徧於天下若騏騮之性因地而遷則造父之策有時而躓弁曰王主客何爲勤
勤於千里融曰卿國既異其優劣聊復相訪若千里斯至聖上當駕鼓車弁曰
向意既須必不能駕鼓車也融曰買死馬之骨亦以郭隗之故弁不能答融躁
於名利自恃人地三十內望爲公輔初爲司徒法曹詣王僧祐因遇沈昭略未
相識昭略屢顧盼謂主人曰是何年少融殊不平謂曰僕出於扶桑入於暘谷
照耀天下誰云不知而卿此問昭略云不知許事且食蛤蜊融曰物以羣分方
以類聚君長東隅居然應嗜此族其高自標置如此及爲中書郎嘗撫案歎曰
爲爾寂寂鄧禹笑人行遇朱雀桁開路人塡塞乃捶車壁曰車中乃可無七尺
車前豈可乏八騶及魏軍動竟陵王子良於東府募人板融寧朔將軍軍主融
文辭捷速有所造作援筆可待子良特相友好晚節大習騎馬招集江西傖楚
數百人並有幹用融特爲謀主武帝病篤暫絕子良在殿內太孫未入融戎服
絳衫於中書省閤口斷東宮仗不得進欲矯詔立子良詔草已立上重蘇朝事

委西昌侯鸞梁武謂范雲曰左手據天下圖右手刎其喉愚夫不爲主上大漸
國家自有故事道路籍籍將有非常之舉卿聞之乎雲不敢答俄而帝崩融乃
處分以子良兵禁諸門西昌侯聞急馳到雲龍門不得進乃曰有敕召我仍排
而入奉太孫登殿命左右扶出子良指麾音響如鍾殿內無不從命融知不遂
乃釋服還省歎曰公誤我鬱林深怨融即位十餘日收下廷尉獄使中丞孔珪
倚爲奏曰融姿性剛險立身浮競動迹驚羣抗言異類近塞外微塵苦求將領
遂招納不逞扇誘荒傖狡弄威聲專行權利反覆脣齒之間傾動頰舌之內威
福自己無所忌憚誹謗朝政歷毀王公謂己才流無所推下事暴遠近使融依
源據答融辭曰囚實頑蔽觸行多愆但夙忝門素得奉教君子爰自總髮迄將
立年州閭鄉黨見許愚脊過蒙大行皇帝獎育之恩又荷文皇帝識擢之重司
徒公賜預士林安陸王曲垂盼接前後陳伐虜之計亦仰簡先朝今段犬羊乍
擾令因草撰符詔及司徒宣敕招募同例非一實以戎事不小不敢承教續蒙
軍號賜使招集銜敕而行非敢虛扇且張弄威聲應有形迹專行權利又無贓

賄反覆唇齒之間未審悉與誰言傾動頰舌之內不容都無主此自上甘露頌及銀甕啓三日詩序接虜使語辭竭思稱揚得非誹謗因才分本劣謬被策用悚怍之情夙宵兢惕自循自省並愧流言伏惟明皇臨宇普天蒙澤戊寅赦恩輕重必宥百日曠期始蒙旬日一介罪身獨嬰憲劾融被收朋友部曲參問北寺相繼於道請救於子良子良不敢救西昌侯故爭不得詔於獄賜死時年二十七臨死歎曰我若不爲百歲老母當吐一言融意欲指斥帝在東宮時過失也先是太學生會稽魏準以才學爲融所賞既欲奉子良而準鼓成其事太學生虞義丘國賓竊相謂曰竟陵才弱王中書無斷敗在眼中矣及融誅召準入舍人省詰問遂懼而死舉體皆青時人以準膽破融文集行於世

徽字景玄弘弟光祿大夫孺之子也少好學善屬文工書兼解音律及醫方卜筮陰陽數術之事宋文帝賜以名著初爲始興王友父憂去職徽素無宦情服闋除南平王鑠右軍諮議參軍仍爲中書侍郎時兄遠免官歷年徽歎曰我兄無事而屏廢我何得而叨忝踰分文帝即以遠爲光祿勳徽爲文好古言頗抑

揚袁淑見之謂爲訴屈吏部尚書江湛舉微爲吏部郎微確乎不拔時論者或云微之見舉廬江何偃亦豫其議偃慮爲微所咎與之書自陳微報書深言塵外之適其從弟僧綽宣文帝旨使就職因留之宿微妙解天文知當有大故獨與僧綽仰視謂曰此上不欺人非智者其孰能免之遂辭不就尋有元凶之變微常住門屋一間尋書玩古遂足不履地終日端坐牀席皆生塵埃唯當坐處獨淨弟僧謙亦有才譽爲太子舍人遇疾微躬自處療而僧謙服藥失度遂卒深自咎恨發病不復自療哀痛僧謙不能已以書告靈僧謙卒後四旬而微終遺令薄葬不設轜旐鼓挽之屬施五尺牀爲靈二宿便毀以常所彈琴置牀上何長史偃來以琴與之無子家人遵之所著文集傳於世贈祕書監微兄遠字景舒位光祿勳時人謂遠如屏風屈曲從俗能蔽風露言能不乖物理也

遠子僧祐字胤宗幼聰悟叔父微撫其首曰兒神明意用當不作率爾人雅爲從兄儉所重每鳴笳列騶到其門候之僧祐輒稱疾不前儉曰此吾之所望於若人也世皆推儉之愛名德而重僧祐之不趨勢也未弱冠頻經憂居喪至孝

服闋髮落略盡殆不立冠帽舉秀才爲驃騎法曹嬴瘠不堪受命雅好博古善老莊不尚繁華工草隸書鼓琴亭然獨立不交當世沛國劉瓛聞風而悅上書薦之爲著作佐郎遷司空祭酒謝病不與公卿游齊高帝謂王儉曰卿從可謂朝隱答曰臣從非敢妄同高人直是愛閑多病耳經贈儉詩云汝家在市門我家在南郭汝家饒賓侶我家多鳥雀儉時聲高一代賓客填門僧祐不爲之屈時人嘉之稍遷晉安王文學而陳郡袁利爲友詩人以爲妙選齊武帝數閱武僧祐獻講武賦王儉借觀不與竟陵王子良聞其工琴於坐取琴進之不從命永明末爲太子中舍人在直屬疾不待對人輒去中丞沈約彈之云肆情運氣不顧朝典揚眉闊步直轡高驅坐贖論時何點王思遠之徒請交並不降意自天子至於侯伯未嘗與一人游卒於黃門郎子籍

籍字文海仕齊爲餘杭令政化如神善於擿伏自下莫能欺也性頗不儉俄然爲百姓所訟又爲錢塘縣下車布政咸謂數十年來未之有也籍好學有才氣爲詩慕謝靈運至其合也殆無愧色時人咸謂康樂之有王籍如仲尼之有丘

明老聃之有嚴周梁天監中爲輕車湘東王諮議參軍隨府會稽郡至若邪溪
賦詩云蟬噪林逾靜鳥鳴山更幽劉孺見之擊節不能已已以公事免及爲中
散大夫彌忽忽不樂乃至徒行市道不擇交游有時途中見相識輒以笠傘覆
面後爲作唐侯相小邑寡事彌不樂不理縣事人有訟者鞭而遣之未幾而卒
籍又甚工草書筆勢遒放蓋孔琳之流亞也湘東王集其文爲十卷云
瞻字思範弘從孫也祖柳字休季位光祿大夫東亭侯父猷字世倫位侍中光
祿大夫瞻年六歲從師時有伎經門過同業皆出觀瞻獨不視習業如初從父
僧遠聞而異之謂其父猷曰大宗不衰寄之此子年十二居父憂以孝聞服闋
襲封東亭侯後頗好逸游爲閭里患以輕薄稱及長折節修士操涉獵書記善
碁工射歷位驃騎將軍王晏長史晏誅出爲晉陵太守潔己爲政妻子不免飢
寒時號廉平王敬則作亂瞻赴都敬則經晉陵郡人多附之敬則敗臺軍討賊
黨瞻言愚人易動不足窮法齊明帝從之所全萬數遷御史中丞梁臺建爲侍
中吏部尚書性率亮居選部所舉多行其意頗嗜酒每飲或彌日而精神朗贍

不廢簿領深武每稱贍有三術射棊酒也卒謚康侯子長玄早卒弘四弟虞柳

璘曇首虞字林仲位廷尉卿虞子深字景度有美名位新安太守柳璘事列於

前曇首別卷

沖字長深弘玄孫也祖僧衍位侍中父茂璋字胤光仕梁位給事黃門侍郎沖

母梁武帝妹新安公主卒於齊世武帝深鍾愛沖賜爵東安亭侯累遷侍中南

郡太守習於法令政號平理雖無赫赫之譽久而見思曉音樂習歌儛善與人

交貴游之中聲名籍甚侯景之亂元帝承制沖求解南郡讓王僧辯幷獻女伎

十人以助軍賞侯景平授丹陽尹魏平江陵敬帝爲太宰承制以沖爲左長史

紹泰中累遷光祿大夫尚書左僕射開府儀同三司給扶陳武帝受禪領太子

少傅加特進左光祿大夫領丹陽尹參撰律令帝以沖前代舊臣特申長幼之

敬文帝卽位益加尊重嘗從幸司空徐度宅宴筵之上賜以几光大元年薨年

七十六贈司空謚曰元簡沖有子三十人並致通官第十二子瑒

瑒字子璵沉靜有器局美風儀梁元帝時位太子中庶子陳武帝入輔以爲司

徒左長史文帝卽位累遷太子中庶子散騎常侍侍中父沖嘗爲瑒辭領中庶
子文帝顧沖曰所以久留瑒於承華正欲使太子微有瑒風法耳宣帝卽位歷
中書令吏部尙書瑒性寬和務淸靜無所抑揚遷尙書左僕射加侍中參選事
瑒居家篤睦每歲時饋遺徧及近親敦誘諸弟稟其規訓卒贈特進謚曰光子
瑒弟瑜字子珪亦知名美容儀年三十官至侍中永定元年使齊以陳郡袁憲
爲副齊以王琳故因之齊文宣每行載死囚以從齊人呼曰供御囚每佗怒則
召殺之瑜及憲並危殆者數矣齊僕射楊遵彥每救護之天嘉二年還朝復爲
侍中卒謚曰貞子
論曰語云不有君子其能國乎晉自中原沸騰介居江左以一隅之地抗衡上
國年移三百蓋有憑焉其初諺云王與馬共天下蓋王氏人倫之盛實始是矣
及夫休元弟兄並舉棟梁之任下逮世嗣無虧文雅之風其所以簪纓不替豈
徒然也僧達猖狂成性元長躁競不止闕

南史卷二十一考證

列傳第十一王弘子錫錫弟僧達○弟監本訛子今改正

王錫傳錫箕踞大坐殆無推敬卒子僧亮嗣○此子字承弘而言或因此不查宋書而遂以爲錫子因稱僧達爲孫弁疑僧達傳兄錫爲訛誤矣

王僧達傳寄宣城左丞之籍注以爲子○之籍監本作籍之今改從宋書

王瞻傳爲侍中吏部尚書性率亮居選部所舉多行其意○居選部所舉多行其意句監本誤居選所舉其意多行今改從梁書

南史卷二十一考證

南史卷二十二

唐　李　延　壽　撰

列傳第十二

王曇首 子僧綽　孫儉　曾孫騫　騫子規　騫弟暕 暕子承　訓　僧綽弟僧虔　僧虔子慈　慈子泰

慈弟志　志弟子筠 志弟彬　寂

王曇首太保弘之弟也幼有素尚兄弟分財曇首唯取圖書而已辟琅邪王大司馬屬從府公修復洛陽園陵與從弟球俱詣宋武帝帝曰並膏粱世德乃能屈志戎旅曇首答曰既從神武自使懦夫立志時謝晦在坐曰仁者果有勇帝悅及至彭城大會戲馬臺賦詩曇首文先成帝問弘曰卿弟何如卿答曰若但如下官門戶何寄帝大笑曇首有智局喜慍不見於色閨門內雍雍如也手不執金玉婦女亦不得以爲飾玩自非祿賜一毫不受於人爲文帝鎮西長史武帝謂文帝曰曇首輔相才也汝可每事諮之及文帝被迎入奉大統議者皆致疑曇首與到彥之從兄華並勸上行上猶未許曇首固諫幷言天人符應上乃

下率府州文武嚴兵自衞臺所遣百官衆力不得近部伍中兵參軍朱容子抱刀在平乘戶外不解帶者累旬及即位謂曇首曰非宋昌獨見無以致此以曇首爲侍中領驍騎將軍容子爲右軍將軍誅徐羨之等及平謝晦皆曇首及華力也元嘉四年車駕出北堂使三更竟開廣莫門南臺云應須白獸幡銀字棨不肯開尙書左丞羊玄保奏免御史中丞傅隆旨下曇首曰既無異敕又闕幡棨雖稱上旨不異單刺元嘉元年二年雖有再開門例此乃前事之違今之守舊未爲非禮其不請白獸幡銀字棨致開門不時由尙書相承之失亦合糾正上特無問更立科條遷太子詹事侍中如故自謝晦平後上欲封曇首等會讌集舉酒勸之因拊御牀曰此坐非卿兄弟無復今日出詔以示之曇首曰豈可因國之災以爲身幸陛下雖欲私臣當如直史何封事遂寢時弘錄尙書事又爲揚州刺史曇首爲上所親委任兼兩宮彭城王義康與弘並錄意常怏怏又欲得揚州以曇首居中分其權任愈不悅曇首固乞吳郡文帝曰豈有欲建大廈而遺其棟梁賢兄比屢稱疾固辭州任將來若相申許此處非卿而誰時弘

久疾屢遜位不許義康謂賓客曰王公久疾不起神州詎合臥臨曇首勸弘減府兵力之半以配義康乃悅七年卒時年三十七文帝臨慟歎曰王詹事所疾不救國之衰也中書舍人周赳侍側曰王家欲衰賢者先殞上曰直是我家衰耳贈光祿大夫九年以預誅徐羨之等謀追封豫寧縣侯諡曰文孝武即位配饗文帝廟庭子僧綽嗣

僧綽幼有大成之度衆便以國器許之好學練悉朝典年十三文帝引見拜便流涕哽咽上亦悲不自勝襲封豫寧縣侯尚文帝長女東陽獻公主初爲江夏王義恭司徒參軍累遷尚書吏部郎參掌大選究識流品任舉咸盡其分僧綽深沉有局度不以才能高人父曇首與王華並被任遇華子新建侯嗣才劣位遇亦輕僧綽嘗謂中書侍郎蔡興宗曰弟名位與新建齊弟超至今日蓋姻戚所致也還侍中時年二十九始興王濬嘗問其年僧綽自嫌早達逡巡良久乃答其謙退若此元嘉末文帝頗以後事爲念大相付託朝政大小皆參焉從兄微清介士也懼其太盛勸令損抑僧綽乃求吳郡及廣州並不許會巫蠱事洩

上先召僧綽具言之及將廢立使尋求前朝舊典劭於東宮夜饗將士僧綽密以啓聞上又令撰漢魏以來廢諸王故事送與江湛徐湛之欲立隨王誕江湛欲立南平王鑠文帝欲立建平王宏議久不決誕妃卽湛之女鑠妃湛妹也僧綽曰建立之事仰由聖懷臣謂惟宜速斷幾事難密不可使難生慮表取笑千載上曰卿可謂能斷大事此事不可不殷勤且庶人始亡人將謂我無復慈愛之道僧綽曰恐千載之後言陛下惟能裁弟不能裁兒上默然江湛出閤謂僧綽曰卿向言將不傷直邪僧綽曰弟亦恨君不直及劭弒逆江湛在尙書上省聞變曰不用王僧綽言至此劭立轉僧綽吏部尙書及檢文帝巾箱及湛家書疏得僧綽所啓饗士幷廢諸王事乃收害焉因此陷北第諸侯王以爲與僧綽有異志孝武卽位追贈金紫光祿大夫諡曰愍侯初太社西空地本吳時丁奉宅孫皓流徙其家江左初爲周顗蘇峻宅後爲袁悅宅又爲章武王司馬秀宅皆以凶終及給臧燾亦頻遇禍故世稱凶地僧綽嘗謂宅無吉凶請以爲第始造未及居而敗子儉

儉字仲寶生而僧綽遇害爲叔父僧虔所養四歲襲爵豫寧縣侯拜受茅土流涕嗚咽幼篤學手不釋卷賓客或相稱美僧虔曰我不患此兒無名政恐名太盛耳乃手書崔子玉座右銘以貽之丹陽尹袁粲聞其名及見之曰宰相之門也栝柏豫章雖小已有棟梁氣矣終當任人家國事言之宋明帝選尙陽羨公主拜駙馬都尉帝以儉嫡母武康主同太初巫蠱事不可以爲婦姑欲開冢離葬儉因人自陳密以死請故事不行年十八解褐祕書郎太子舍人超遷祕書丞依七略撰七志四十卷表獻之又撰定元徽四部書目母憂服闋爲司徒右長史晉令公府長史著朝服宋大明以來著朱衣儉上言宜復舊制時議不許及蒼梧暴虐儉告袁粲求外出引晉新安主婿王獻之任吳興爲例補義興太守昇明二年爲長史兼侍中以父終此職固讓先是齊高帝爲相欲引時賢參讚大業時謝朏爲長史帝夜召朏却人與語久之朏無言唯有二小兒捉燭帝慮朏難之仍取燭遣兒朏又無言帝乃呼左右儉素知帝雄異後請間言於帝曰功高不賞古來非一以公今日位地欲北面居人臣可乎帝正色裁之而神

采內和儉因又曰儉蒙公殊眄所以吐所難吐何賜拒之深宋以景和元徽之淫虐非公豈復寧濟但人情澆薄不能持久公若小復推遷則人望去矣豈唯大業永淪七尺豈可得保帝笑曰卿言不無理儉又曰公今名位故是經常宰相宜禮絕羣后微示變革當先令褚公知之儉請銜命帝曰我當自往經少日帝自造彥回款言移晷乃謂曰我夢應得官彥回曰今授始爾恐一二年間未容便移且吉夢未必便在旦夕帝還告儉儉曰褚是未達理虞整時爲中書舍人甚閑辭翰儉乃自報整使作詔及高帝爲太尉引儉爲右長史尋轉左專見任用大典將行禮儀詔策皆出於儉褚彥回唯爲詔又使儉參懷定之齊臺建遷尚書左僕射領吏部時年二十八多所引進時客有姓譚者詣儉求官儉謂曰齊桓滅譚那得有君答曰譚子奔莒所以有僕儉賞其善據卒得職焉高帝嘗從容謂儉曰我今日當以青溪爲鴻溝對曰天應人順庶無楚漢之事時朝儀草創衣服制則未有定準儉議曰漢景六年梁王入朝中郎謁者金貂出入殿門左思魏都賦云藹藹列侍金貂齊光此藩國侍臣有貂之明文晉百官表

云太尉參軍四人朝服武冠此又宰府之明文又疑百僚敬齊公之禮儉又曰
晉王受命勸進云沖等眷眷稱名則應盡禮而世子禮秩未定儉又曰春秋曹
世子來朝待以上公之禮下其君一等今齊公九命禮冠列藩世子亦宜異數
並從之世子鎮石頭城仍以爲世子宮儉又曰魯有靈光殿漢之前例也聽事
爲崇光殿外齋爲宣德殿以散騎常侍張緒爲世子詹事車服悉依東宮制度
高帝踐阼與儉議佐命功臣從容謂曰卿謀謨之功莫與爲二卿止二千戶意
以爲少趙充國猶能自舉西零之任況卿與我情期異常儉曰昔宋祖創業佐
命諸公開國不過二千以臣比之唯覺超越上笑曰張良辭侯何以過此建元
元年改封南昌縣公時都下舛雜且多姦盜上欲立符伍家家以相檢括儉諫
曰京師翼翼四方是湊必也持符於事既煩理成不曠謝安所謂不爾何以爲
京師乃止是歲有司奏定郊殷之禮儉以爲宜以今年十月殷祭宗廟自此以
後五年再殷祭二年正月上辛有事南郊郎以其日還祭明堂又用次辛饗祀
北郊而並無配從之明年轉左僕射領選如故初宋明帝紫極殿珠簾綺柱飾

以金玉江左所未有高帝欲以其材起宣陽門儉與褚彥回及叔父僧虔連名
表諫上手詔酬納宋世宮門外六門城設竹籬是年初有發白虎樽言白門三
重門竹籬穿不完上感其言改立都牆儉又諫上答曰吾欲後世無以加也朝
廷初基制度草創儉問無不決上每曰詩云惟岳降神生甫及申今天爲我生
儉也其年固請解選見許帝幸樂遊宴集謂儉曰卿好音樂孰與朕同儉曰沐
浴唐風事兼比屋亦旣在齊不知肉味帝稱善後幸華林宴集使各效伎藝褚
彥回彈琵琶王僧虔柳世隆彈琴沈文季歌子夜來張敬兒舞儉曰臣無所解
唯知誦書因跪上前誦相如封禪書上笑曰此盛德之事吾何以堪之後上使
陸澄誦孝經起自仲尼居儉曰澄所謂博而寡要臣請誦之乃誦君子之事上
章上曰善張子布更覺非奇也於是王敬則脫朝服袒以絳糾髻奮臂拍張叫
動左右上不悅曰豈聞三公如此答曰臣以拍張故得三公不可忘拍張時以
爲名答儉尋以本官領太子詹事加兵三百人時皇太子妃薨左衛將軍沈文
季經爲宮臣未詳服不儉議曰漢魏以來宮僚先備臣隸之節具體在三存旣

盡敬亡豈無服昔庾翼喪妻王允滕含猶謂府吏宜有小君之服況臣節之重
宜依舊君之妻齊衰三月而除上崩遺詔以儉爲侍中尚書令鎮軍每上朝令
史恆有三五十人隨上諮事辯析未嘗壅滯褚彥回時爲司徒錄尚書笑謂儉
曰觀令判斷甚樂儉曰所以得厝私懷實由稟明公不言之化武帝卽位給班
劍二十人進號衞將軍掌選時事有司以前代嗣位或仍前郊年或別爲郊始
晉宋以來未有畫一儉議曰晉明帝太寧三年南郊其年九月崩成帝卽位明
年改元亦郊簡文咸安二年南郊其年七月崩孝武卽位明年改元亦郊宋元
嘉三十年正月南郊二月崩孝武嗣位明年亦郊此二代明例差可依放今聖
明係業幽顯宅心言化則頻郊非嫌語事則元號初改禋燎登配孝敬兼遂謂
明年正月宜饗禮二郊虞祭明堂自茲以後依舊閒歲有司又以明年正月上
辛應南郊而立春在上辛後郊在立春前爲疑儉曰宋景平元年正月三日辛
丑南郊其月十一日立春元嘉十六年正月六日辛未南郊其月八日立春此
近世明例也並從之永明二年領丹陽尹三年領國子祭酒又領太子少傅舊

太子敬二傅同至是朝議接少傅以賓友禮宋時國學頹廢未暇修復宋明帝泰始六年置總明觀以集學士或謂之東觀置東觀祭酒一人總明訪舉郎二人儒玄文史四科科置學士十人其餘令史以下各有差是歲以國學旣立省總明觀於儉宅開學士館以總明四部書充之又詔儉以家爲府四年以本官領吏部先是宋孝武好文章天下悉以文采相尚莫以專經爲業儉弱年便留意三禮尤善春秋發言吐論造次必於儒教由是衣冠翕然並尚經學儒教於此大興何承天禮論三百卷儉抄爲八帙又別抄條目爲十三卷朝儀舊典晉末來施行故事撰次諳憶無遺漏者所以當朝理事斷決如流每博議引證先儒罕有其例八坐丞郎無能異者令史諮事賓客滿席儉應接銓序傍無留滯十日一還監試諸生巾卷在庭劍衞令史儀容甚盛作解散幘斜插簪朝野慕之相與放效儉常謂人曰江左風流宰相惟有謝安蓋自況也武帝深委仗之士流選用奏無不可五年儉卽本號開府儀同三司固讓六年重申前命先是詔儉三日一還朝尚書令史出諮事上以往來煩數詔儉還尚書下省月聽十

日出外儉啓求解選上不許七年乃上表固請見許改領中書監參掌選事其
年疾上親臨視薨年三十八詔衞軍文武及臺所給兵仗悉停侍葬又詔追贈
太尉加羽葆鼓吹增班劒爲六十人葬禮依太宰文簡公褚彥回故事謚文憲
公儉寡嗜慾唯以經國爲務車服塵素家無遺財手筆典裁爲當時所重少便
有宰臣之志賦詩云稷契匡虞夏伊呂翼商周及生子字曰玄成取仍世作相
之義撰古今喪服集記幷文集並行於世梁武帝受禪詔爲儉立碑降爵爲侯
儉弟遜宋昇明中爲丹陽丞告劉彥節事不蒙封賞建元初爲晉陵太守有怨
言儉慮爲禍因褚彥回啓聞中丞陸澄依事舉奏詔以儉竭誠佐命特降刑書
宥遜遠徙永嘉郡於道伏誅長子騫嗣
騫字思寂本字玄成與齊高帝偏諱同故改焉性凝簡慕樂廣爲人未嘗言人
之短諸女子姪皆嬪王侯主朔望來歸輜輧塡咽非所欲也敕歲中不過一稱
見嘗從容謂諸子曰吾家本素族自可依流平進不須苟求也歷黃門郎司徒
右長史不事產業有舊墅在鍾山八十餘頃與諸宅及故舊共佃之常謂人曰

我不如鄭公業有田四百頃而食常不周以此爲愧永元末召爲侍中不拜三年春枉矢晝見西方長十餘丈騫曰此除舊布新之象也及梁武起兵騫曰天時人事其在此乎梁武霸府建引爲大司馬諮議參軍遷侍中及帝受禪降封爲侯歷位度支尚書中書令武帝於鍾山西造大愛敬寺騫舊墅在寺側者卽王導賜田也帝遣主書宣旨就騫市之欲以施寺答云此田不賣若敕取所不敢言酬對又脫略帝怒遂付市評田價以直逼還之由是忤旨出爲吳興太守騫性侈於味而儉於服頗以多忌爲累又惰於接物雖主書宣敕或過時不見才望不及弟暕特以儉之嫡故不棄於時暕爲尚書左丞僕射當朝用事騫自中書令爲郡邑邑不樂在郡臥不視事徵復爲度支尚書加給事中領射聲校尉以母憂去職普通三年卒年四十九贈侍中金紫光祿大夫謚曰安子規規字威明八歲丁所生母憂居喪有至性齊太尉徐孝嗣每見必爲流涕稱曰孝童叔父暕亦深器重之常曰此兒吾家千里駒也年十二略通五經大義及長遂博涉有口辯爲本州迎主簿起家祕書郎累遷太子洗馬天監十二年改

造太極殿畢規獻新殿賦其辭甚工後爲晉安王綱雲麾諮議參軍久之爲新安太守父憂去職服闋襲封南昌縣侯除中書黃門侍郎敕與陳郡殷芸琅邪王錫范陽張緬同侍東宮俱爲昭明太子所禮湘東王繹時爲丹陽尹與朝士宴集屬規爲酒令規從容曰江左以來未有茲舉特進蕭琛金紫光祿大夫傅昭在坐並謂爲知言朱异嘗因酒卿規規責以無禮普通初陳慶之北侵陷洛陽百僚稱慶規退曰可弔也又何賀焉道家有云非爲功難成功難也昔桓溫得而復失宋武竟無成功我孤軍無援深入寇境將爲亂階俄見覆沒六年武帝於文德殿餞廣州刺史元景隆詔羣臣賦詩同用五十韻規援筆立奏其文又美武帝嘉焉卽日授侍中後爲晉安王長史王立爲太子仍爲散騎常侍太子中庶子侍東宮太子賜以所服貂蟬并降令書悅是舉也尋爲吳郡太守主書芮珍宗家在吳前守宰皆傾意附之至是珍宗假還規遇之甚薄珍宗還都密奏規不理郡事俄徵爲左戶尚書郡境千餘人詣闕請留表三奏不許求於郡樹碑許之規常以門宗貴盛恆思減退後爲太子中庶子領步兵校尉辭疾

不拜遂於鍾山宋熙寺築室居焉卒贈光祿大夫謚曰文皇太子出臨哭與湘東王繹令曰王威明風韻遒上神峯標映千里絕迹百尺無枝實俊人也一爾過隙永歸長夜金刀掩芒長淮絕涸去歲冬中已傷劉子今茲寒孟復悼王生俱往之傷信非虛說規集後漢衆家異同注續漢書二百卷文集二十卷子褒

魏剋江陵入長安

暕字思晦騫弟也年數歲而風神警拔有成人之度時父儉作宰相賓客盈門見暕曰公才公望復在此矣弱冠選尚淮南長公主拜駙馬都尉歷祕書丞齊明帝詔求選士始安王遙光薦暕及東海王僧孺除暕騎從事中郎天監中歷位侍中吏部尚書領國子祭酒門貴與物隔不能留心寒素頗稱刻薄後爲尚書左僕射領國子祭酒卒謚曰靖子承訓並通顯

承字安期初爲祕書郎累遷中書黃門侍郎兼國子博士時膏腴貴遊咸以文學相尚罕以經術爲業唯承獨好儒業遷長史兼侍中俄轉國子祭酒承祖儉父暕皆爲此職三世爲國師前代未之有久之出爲東陽太守政存寬惠吏人

悅之卒郡謚曰章承性簡貴有風格右衞朱异當朝用事每休下車馬塡門有魏郡申英者門寒才俊好危言高論以忤權右嘗指异門曰此中輻湊皆爲利往能不至者唯大小王東陽耳小東陽卽承弟稺也時唯承兄弟及褚翔不至异門世竝稱之

訓字懷範生而紫胞師媼云法當貴幼聰警有識量僧正惠超見而奇之謂門人羅智國曰四郎眉目疎朗舉動和韻此是興門戶者智國以白暕暕亦曰不墜基業其在文殊文殊訓小字也年十三暕亡憂毀家人莫識十六召見文德殿應對爽徹上目送之久謂朱异曰可謂相門有相初補國子生問說師袁昂昂曰久藉高名有勞虛想及覩容止若披雲霧俄而諸袁子弟來昂謂諸助教曰我兒出十數若有一子如此實無所恨射策除祕書郎累遷祕書丞嘗詩云旦奭匡世功蕭曹佐甿俗追祖儉之志也後拜侍中入見武帝帝問何敬容曰褚彥回年幾爲宰相敬容曰少過三十上曰今之王訓無謝彥回訓美容儀善進止文章爲後進領袖年二十六卒謚溫子

僧虔金紫光祿大夫僧綽弟也父曇首與兄弟集會子孫任其戲適僧達跳下地作彪子時僧虔累十二博棊既不墜落亦不重作僧綽採蠟燭珠爲鳳皇僧達奪取打壞亦復不惜伯父弘歎曰僧達俊爽當不減人然亡吾家者終此子也僧虔必至公僧綽當以名義見美或云僧虔採燭珠爲鳳皇弘稱其長者云僧虔弱冠雅善隸書宋文帝見其書素扇歎曰非唯跡逾子敬方當器雅過之爲太子舍人退默少交接與袁淑謝莊善淑每歎之曰卿文情鴻麗學解深拔而韜光潛實物莫之窺雖魏陽元之射王汝南之騎無以加焉遷司徒左西屬兄僧綽爲宋元凶所害親賓咸勸之逃僧虔泣曰吾兄奉國以忠貞撫我以慈愛今日之事苦不見及耳若同歸九泉猶羽化也孝武初出爲武陵太守攜諸子姪兄子儉中塗得病僧虔爲廢寢食同行客慰喻之僧虔曰昔馬援子姪之閒一情不異鄧攸於弟子更逾所生吾實懷其心誠未異古亡兄之胤不宜忽諸若此兒不救便當回舟謝職還爲中書郎再遷太子中庶子孝武欲擅書名僧虔不敢顯跡大明世常用拙筆書以此見容後爲御史中丞領驍騎將軍甲

族由來多不居憲臺王氏分枝居烏衣者位宦微減僧虔爲此官乃曰此是烏衣諸郎坐處我亦可試爲耳泰始中爲吳興太守始王獻之善書爲吳興郡及僧虔工書又爲郡論者稱之徙會稽太守中書舍人阮佃夫家在東請假歸客勸僧虔以佃夫要幸宜加禮接僧虔曰我立身有素豈能曲意此輩彼若見惡當拂衣去耳佃夫言於宋明帝使御史中丞孫夐奏僧虔坐免官尋以白衣領侍中元徽中爲吏部尚書尋加散騎常侍轉右僕射昇明二年爲尚書令嘗爲飛白書題尚書省壁曰圓行方止物之定質修之不已則溢高之不已則慄馳之不已則躓引之不已則迭是故去之宜疾當時嗟賞以比坐右銘兄子儉每覲見輒勗以前言往行忠貞止足之道雅好文史解音律以朝廷禮樂多違正典人間競造新聲時齊高帝輔政僧虔上表請正聲樂高帝乃使侍中蕭惠基調正清商音律齊受命轉侍中丹陽尹郡縣獄相承有上湯殺囚僧虔上言湯本救疾而實行冤暴若罪必入重自有正刑若去惡宜疾則應先啓豈有死生大命而潛制下邑上納其言而止文惠太子鎭雍州有盜發古冢者相傳云是

楚王冢大獲寶物玉屐玉屏風竹簡書青絲綸簡廣數分長二尺皮節如新有得十餘簡以示僧虔云是科斗書考工記周官所闕文也高帝素善書篤好不已與僧虔賭書畢謂曰誰爲第一對曰臣書第一陛下亦第一帝笑曰卿可謂善自爲謀或云帝問我書何如卿答曰臣正書第一草書第二陛下草書第二而正書第三臣無第三陛下無第一帝大笑曰卿善爲辭然天下有道丘不與易也帝示僧虔古迹十一卷就求能書人名僧虔得人間所有卷中所無者吳大皇帝景帝歸命侯書桓玄書及王丞相導領軍洽中書令珉張芝索靖衞伯儒張翼十一卷奏之又上羊欣所撰能書人名一卷遷湘州刺史侍中如故清簡不營財產百姓安之武帝卽位以風疾欲陳解還侍中左光祿大夫開府儀同三司僧虔少時羣從並會客有相之云僧虔年位最高仕當至公餘人莫及及此授僧虔謂兄子儉曰汝任重於朝行當有八命之禮我若復此授一門有二台司實所畏懼乃固辭上優而許之客問其故僧虔曰吾榮位已過無以報國豈容更受高爵方貽官謗邪儉既爲朝宰起長梁齋制度小過僧虔視之不

悅竟不入戶儉卽日毀之永明三年薨時年六十追贈司空侍中如故謚簡穆
僧虔頗解星文夜坐見豫章分野當有事故時僧虔子慈爲豫章內史慮有公
事少時而僧虔薨棄郡奔赴時有前將軍陳天福坐討唐寓之於錢唐掠奪百
姓財物棄市先是天福將行令家人豫作壽冢未至東又信催速就冢成而得
罪因以葬焉又宋世光祿大夫劉鎭之年三十許病篤已辦凶具旣而疾愈因
畜棺以爲壽九十餘乃亡此器方用因此而言天道未易知也僧虔論書云宋
文帝書自言可比王子敬時議者云天然勝羊欣功夫少於欣王平南廙右軍
叔過江右軍之前以爲最亡曾祖領軍右軍云弟書遂不減吾變古制今惟右
軍領軍不爾至今猶法鍾張亡從祖中書令書子敬云弟書如騎騾駸駸恆欲
度驊騮前庾征西翼書少時與右軍齊名右軍後進庾猶不分在荊州與都下
人書云小兒輩賤家雞皆學逸少書須吾下當比之張翼王右軍自書表晉穆
帝令翼寫題後答右軍當時不別久後方悟云小人幾欲亂真張芝索靖韋誕
鍾會二衞並得名前代無以辨其優劣唯見其筆力驚異耳張澄當時亦呼有

意郗愔章草亞於右軍郗嘉賓草亞於二王緊媚其父桓玄自謂右軍之流論者以比孔琳之謝安亦入能書錄亦自重爲子敬書嵇康詩羊欣書見重一時親受子敬行書尤善正乃不稱名孔琳之書天然縱放極有筆力規矩恐在羊欣後丘道護與羊欣俱面受子敬故當在欣後范曄與蕭思話同師羊欣後小叛既失故步爲復小有意耳蕭思話書羊欣之影風流趨好殆當不減筆力恨弱謝綜書其舅云緊生起是得賞也恨少媚好謝靈運書乃不倫遇其合時亦得入流賀道力書亞丘道護庾昕學右軍亦欲亂真矣僧虔嘗自書讓尚書令表辭制筆既雅迹又麗時人以比子敬崇賢吳郡顧寶先卓越多奇自以伎能僧虔乃作飛白以示之寶先曰下官今爲飛白屈矣僧虔著書賦儉爲注序甚工僧虔宋世嘗有書誡子曰知汝恨吾未許汝學欲自悔厲或以闔棺自欺或更擇美業且得有慨亦慰窮生但亟聞斯唱未覩其實吾未信汝非徒然也往年有意於史取三國志聚置牀頭百日許復徙業就玄汝曾未窺其題目未辨其指歸而終日自欺人人不受汝欺也由吾不學無以爲訓然重華無嚴父放

勗無令子亦各由己耳汝輩竊議亦當云阿越不學何忽自課汝見其一耳不全爾也設令吾學如馬鄭亦復甚勝復倍不如今亦必大減致之有由從身上來也汝今壯年自勤數倍許勝劣及吾耳吾在世雖乏德素要復推排人間十許年故是一舊物人或以比數汝耳即化之後若自無調度誰復知汝事者舍中亦有少負令譽弱冠越超清級者于時王家門中優者龍鳳劣猶虎豹失蔭之後豈龍虎之議況吾不能為汝蔭政應各自努力耳或有身經三公蔑爾無聞布衣寒素輕相屈體父子貴賤殊兄弟聲名異何也體盡讀數百卷書耳吾今悔無所及欲以前車誡爾後乘也汝年入立境方應從宦兼有室累何處復得下帷如王郎時邪各爾身己切豈復關吾邪鬼唯知愛深松茂栢寧知子弟毀譽事因汝有感故略敘胸懷子慈

慈字伯寶年八歲外祖宋太宰江夏王義恭迎之內齋施寶物恣所取慈取素琴石硯及孝子圖而已義恭善之袁淑見其幼時撫其背曰叔慈內潤也少與從弟儉共書學謝鳳子超宗嘗候僧虔仍往東齋詣慈慈正學書未即放筆超

宗曰卿書何如虔公慈曰慈書比大人如雞之比鳳超宗狼狽而退十歲時與

蔡興宗子約入寺禮佛正遇沙門懺約戲慈曰衆僧今日可謂虔虔慈應聲曰

卿如此何以興蔡氏之宗歷位吳郡太守大司馬長史侍中領步兵校尉司徒

左長史慈患腳齊武帝敕王晏慈有微疾不能騎聽乘車在仗後江左以來少

例也慈妻劉彥節女子觀尚武帝長女吳縣公主修婦禮姑未嘗交答江夏王

鋒爲南徐州王妃慈女也以慈爲東海太守行徐州府州事還爲冠軍將軍廬

陵王中軍長史未拜永明九年卒贈太常謚懿子泰

泰字仲通幼敏悟年數歲時祖母集諸孫姪散棗栗於牀羣兒競之泰獨不取

問其故對曰不取自當得賜由是中表異之少好學手所抄寫二千許卷及長

通和温雅家人不見喜愠之色姊夫齊江夏王鋒爲齊明帝所害外生蕭子友

並孤弱泰資給撫訓逾於子姪梁天監元年爲祕書丞自齊永元之末後宮火

延燒祕書圖書散亂殆盡泰表校定繕寫武帝從之歷中書侍郎掌吏部仍郎

真自過江吏部郎不復典大選令史以下小人求競者輻湊前後少能稱職泰

爲之不爲貴賤請屬易意天下稱平轉黃門侍郎每預朝宴刻燭賦詩文不加點帝深賞歎沈約常曰王有養炬謝有覽舉養泰小字炬筠小字也始革大理以泰爲廷尉卿再歷侍中後爲都官尚書泰能接人士故每願其居選官頃之爲吏部尚書衣冠屬望未及選舉仍疾改除散騎常侍左驍騎將軍未拜卒諡夷子廓

志字次道慈之弟也九歲居所生母憂哀容毀瘠爲中表所異弱冠選尚宋孝武女安固公主拜駙馬都尉褚彥回爲司徒引志爲主簿謂其父僧虔曰朝廷之恩本爲殊特所可光榮在屈賢子累遷宣城內史清謹有恩惠郡人張倪吳慶爭田經年不決志到官父老相謂曰王府君有德政吾鄉里乃有如此爭倪慶因相攜請罪所訟地遂成閑田後爲東陽太守郡獄有重囚十餘冬至日悉遣還家過節皆反唯一人失期志曰此自太守事主者勿憂明旦果至以婦孕吏人益歎服之爲吏部尚書在選以和理稱崔慧景平以例加右軍將軍封臨汝侯固讓改領右衛將軍及梁武軍至城內殺東昏百僚署名送首志歎曰冠

雖弊可加足乎因取庭樹葉挼服之僞悶不署名梁武覽牋無志署心嘉之弗以讓也霸府開爲驃騎大將軍長史梁臺建位散騎常侍中書令天監初爲丹陽尹爲政清靜都下有寡婦無子姑亡舉責以斂葬既而無以還之志愍其義以俸錢償焉時年饑每旦爲粥於郡門以賦百姓衆悉稱惠常懷止足謂諸子姪曰謝莊在宋孝武時位止中書令吾自視豈可過之三年爲散騎常侍中書令因多謝病簡通賓客九年遷爲散騎常侍金紫光祿大夫卒志善藁隸當時以爲楷法齊游擊將軍徐希秀亦號能書常謂志爲書聖志家居建康禁中里馬糞巷父僧虔門風寬恕志尤惇厚所歷不以罪咎劾人門下客嘗盜脫志車幰賣之志知而不問待之如初賓客遊其門者專蓋其過而稱其善兄弟子姪皆篤實謙和時人號馬糞諸王爲長者普通四年志改葬武帝厚賻贈之謚曰安有五子緝休諲操素志弟揖位太中大夫揖子筠

筠字元禮一字德柔幼而警悟七歲能屬文年十六爲芍藥賦其辭甚美及長清靜好學與從兄泰齊名沈約見筠以爲似外祖袁粲謂僕射張稷曰王郞非

唯額類袁公風韻都欲相似稷曰袁公見人輒矜嚴王郎見人必娛笑唯此一條不能酷似仕爲尙書殿中郎王氏過江以來未有居郎署或勸不就筠曰陸平原東南之秀王文度獨步江東吾得比蹤昔人何所多恨乃欣然就職沈約每見筠文咨嗟嘗謂曰昔蔡伯喈見王仲宣稱曰王公之孫吾家書籍悉當相與僕雖不敏請附斯言自謝朓諸賢零落平生意好殆絕不謂疲暮復逢於君約於郊居宅閣齋請筠爲草木十詠書之壁皆直寫文辭不加篇題約謂人曰此詩指物程形無假題署約製郊居賦構思積時猶未都畢示筠草筠讀至雌霓（五的反）連蜷約撫掌欣抃曰僕常恐人呼爲霓（五兮反）次至墜石磓星及冰懸埳而帶坻筠皆擊節稱贊約曰知音者希眞賞殆絕所以相要政在此數句耳筠又嘗爲詩呈約約卽報書歎詠以爲後進擅美筠又能用強韻每公宴並作辭必姸靡約嘗啓上言晚來名家無先筠者又於御筵謂王志曰賢弟子文章之美可謂後來獨步謝朓常見語云好詩圓美流轉如彈丸近見其數首方知此言爲實累遷太子洗馬中舍人並掌東宮管記昭明太子愛文學士常與筠及

劉孝綽陸倕到洽殷鈞等遊宴玄圃太子獨執筠袖撫孝綽肩曰所謂左把浮丘袖右拍洪崖肩其見重如此筠又與殷鈞以方雅見禮後爲中書郎奉敕製開善寺寶誌法師碑文辭甚麗逸又敕撰中書表奏三十卷及所上賦頌都爲一集後爲太子家令復掌管記普通元年以母憂去職筠有孝性毀瘠過禮大通二年爲司徒左長史三年昭明太子薨敕製哀策文復見嗟賞尋出爲臨海太守在郡侵刻還資有芒屩兩舫他物稱是爲有司奏不調累年後歷祕書監太府卿度支尚書司徒左長史及簡文即位爲太子詹事筠家累千金性儉嗇外服麤弊所乘牛嘗飼以青草及遇亂舊宅先爲賊焚乃寓居國子祭酒蕭子雲宅夜忽有盜攻懼墜井卒時年六十九家人十二口同遇害人棄屍積於空井中筠狀貌寢小長不滿六尺性弘厚不以藝能高人而少擅才名與劉孝綽見重當時其自序云余少好抄書老而彌篤雖遇見瞥觀皆即疏記後重省覽懽興彌深習與性成不覺筆倦自年十三四建武二年乙亥至梁大同六年四十載矣幼年讀五經皆七八十遍愛左氏春秋吟諷常爲口實廣略去取凡三

週五抄餘經及周官儀禮國語爾雅山海經本草並再抄子史諸集皆一遍未嘗倩人假手並躬自抄錄大小百餘卷不足傳之好事蓋以備遺忘而已又與諸兒書論家門集云史傳稱安平崔氏及汝南應氏並累葉有文才所以范蔚宗云崔氏雕龍然不過父子兩三世耳非有七葉之中名德重光爵位相繼人人有集如吾門者也沈少傳約常語人云吾少好百家之言身爲四代之史自開闢以來未有爵位蟬聯文才相繼如王氏之盛也汝等仰觀堂搆思各努力筠自撰其文章以一官爲一集自洗馬中書中庶吏部左佐臨海太府各十卷尙書三十卷凡一百卷行於世子祥仕陳位黃門侍郎揖弟彬

彬字思文好文章習篆隸與志齊名時人爲之語曰三眞六草爲天下寶齊武帝起舊宮彬獻賦文辭典麗尙齊高帝女臨海長公主拜駙馬都尉仕齊歷太子中庶子徙永嘉太守卜室於積穀山有終焉之志梁天監中歷吏部尙書祕書監卒謚惠彬立身清白推賢接士有士君子風彬弟寂

寂字子玄性迅動好文章讀范滂傳未嘗不歎挹王融敗後賓客多歸之齊建

武初欲獻中興頌兄志謂曰汝膏粱年少何患不達不鎭之以靜將恐貽譏寂乃止位祕書郞卒年二十一

論曰王曇首之才器王僧綽之忠直其世祿不替也豈徒然哉仲寶雅道自居早懷伊呂之志竟而逢時遇主自致宰輔之隆所謂衣冠禮樂盡在是矣齊有人焉於斯爲盛其餘文雅儒素各稟家風箕裘不墜亦云美矣

南史卷二十二

南史卷二十二考證

王僧綽傳陛下惟能裁弟不能裁兒○兒監本訛兄今改正

王儉傳年三十八○三監本訛四今从閣本

王慈傳衆僧今日可謂虔虔○僧監本訛生今改从閣本

南史卷二十二考證

南史卷二十三

唐　李延壽　撰

列傳第十三

王誕 兄子偃 偃子藻 藻弟子瑩 瑩從弟亮　王華 從弟琨　王惠 從弟球

王彧 子絢 絢弟續 續孫克 彧兄子蘊 奐 奐弟份 份孫銓 錫 僉 通 勱 質 固

王誕字茂世太保弘從祖兄也祖恬晉中軍將軍父混太常卿誕少有才藻晉孝武帝崩從叔尚書令珣爲哀策出本示誕曰猶恨少序節物誕攬筆便益之接其秋冬代變後云霜繁廣除風回高殿珣歎美因而用之襲爵雉鄉侯爲會稽王世子元顯後軍長史琅邪內史誕結事元顯嬖人張法順故見寵元顯納妾誕爲之親迎隨府轉驃騎長史內史如故元顯討桓玄欲悉誅諸桓誕救桓脩等由此得免脩誕甥也及玄得志將見誅脩爲陳請乃徙廣州盧循據廣州以誕爲其平南府長史甚賓禮之誕久客思歸乃說循曰下官與劉鎮軍情味不淺若得北歸必蒙任寄時廣州刺史吳隱之亦爲循所拘留誕又曰將軍今

留吳公公私非計孫伯符豈不欲留華子魚但以一境不容二君耳於是誕及
隱之俱得還誕爲宋武帝太尉長史盡心歸奉帝甚仗之盧循自蔡洲南走劉
毅固求追討誕密白帝曰公既平廣固復滅盧循則功蓋終古勳無與二如此
大威豈可使餘人分之毅與公同起布衣一時相推耳今既喪敗不宜復使立
功帝納其說後爲吳國內史母憂去職武帝伐劉毅起爲輔國將軍誕固辭以
墨絰從行時諸葛長人行太尉留府事心不自安武帝甚慮之毅既平誕求先
下帝曰長人似有自疑心卿詎宜便去誕曰長人知下官蒙公垂盼今輕身單
下必當以爲無虞可少安其意帝笑曰卿勇過賁育矣於是先還後卒追封作
唐縣五等侯子詡早卒誕兄嘏字偉世侍中左戶尚書始興公嘏子偃
偃字子游母晉孝武帝女鄱陽公主宋受禪封永成君偃尚宋武帝第二女吳
興長公主諱榮男常倮偃縛諸庭樹時天夜雪噤凍久之偃兄恢排閤詬主乃
免偃謙虛恭謹不以世事關懷位右光祿大夫贈開府儀同三司謚恭公
長子藻位東陽太守尚文帝第六女臨川長公主諱英媛公主性妬而藻別愛

左右人吳崇祖景和中主譏之於廢帝藻下獄死主與王氏離婚宋世諸主莫不嚴妬明帝每疾之湖熟令袁慆妻以妬賜死使近臣虞通之撰妬婦記左光祿大夫江湛孫斆當尚孝武帝女上乃使人爲斆作表讓婚曰伏承詔旨當以臨海公主降嬪榮出望表恩加典外顧審輶蔽伏用憂惶臣寒門悴族人凡質陋閭閻有對本隔天姻如臣素流家貧業寡年近將冠皆已有室荆釵布裙足得成禮每不自解無偶迄茲媒訪莫尋素族弗問自惟門慶屢降公主天恩所覃庸及醜末懷憂抱惕慮不獲免徵命所當果膺茲舉雖門泰宗榮於臣非倖仰緣聖貸冒陳愚實自晉氏以來配尚王姬者雖累經美胄亟有名才至如王敦懾氣桓溫斂威眞長佯愚以求免子敬灸足以違禍王偃無仲都之質而倮雪於北階何瑀闕龍工之姿而投軀於深井謝莊殆自害於矇叟殷沖幾不免於強鉏彼數人者非無才意而勢屈於崇貴事隔於聞覽吞悲茹氣無所逃訴制勒甚於僕隸防閑過於婢妾往來出入人理之常當待賓客朋從之義而令掃轍息駕無闚門之期廢筵抽席絕接對之理非唯交友離異乃亦兄弟疎闊

第令受酒肉之賜制以動靜監子待錢帛之私節其言笑姆妳爭媚相勸以嚴
尼媪競前相諂以急第令必凡庸下才監子皆葭莩愚豎議舉止則未閑是非
聽言語則謬於虛實姆妳敢恃耆舊唯贊妬忌尼媪自唱多知務檢口舌其間
又有應答問訊卜筮師母乃至殘餘飲食詰辯與誰衣被故弊必責頭領又出
入之宜繁省難衷或進不獲前或入不聽出不入則嫌於欲疎求出則疑有別
意召必以三晡爲期遣必以日出爲限夕不見晚魄朝不識曙星至於夜步月
而弄琴晝拱袂而披卷一生之內與此長乖又聲影裁聞則少婢奔迸裾袂向
席則醜老叢來左右整刷以疑寵見嫌賓客未冠以少容致斥禮有列媵象有
貫魚本無嫚嫡之嫌豈有輕婦之誚今義絕傍私虔恭正匹而每事必言無儀
適設辭輒云輕易我又竊聞諸主聚集唯論夫族緩不足爲急者法急則可爲
緩者師更相扇誘本其恆意不可貸借固實常辭或云野敗去或云人笑我雖
曰家事有甚王憲發口所言恆同科律王藻雖復彊佷頗經學涉戲笑之事遂
爲冤魂褚曖憂憤用致夭絕傷理害義難以具聞夫螽斯之德實致克昌專妬

之行有妨繁衍是以尚主之門往往絶嗣駙馬之身通離釁咎以臣凡弱何以克堪必將毁族淪門豈伊身責前後嬰此其人雖衆然皆患彰遐邇事隔天朝故吞言咽理無敢論訴臣幸屬聖明矜照由道弘物以典處親以公臣之鄙懷可得自盡如臣門分世荷殊榮足守前基便預提拂清官顯位或由才升一叨婚戚咸成恩假是以仰冒非宜披露丹實非唯止陳一己規全身願實乃廣申諸門受患之切伏願天慈照察特賜蠲停使燕雀微羣得保叢蔚蠢物憐生自已彌篤若恩詔難降披請不申便當刊膚剪髮投山竄海帝以此表遍示諸主以諷切之并爲戲笑元徽中臨川主表求還身王族守養弱嗣許之藻弟懋字昌業光祿大夫封南鄉侯懋子瑩

瑩字奉光選尚宋臨淮公主拜駙馬都尉累遷義興太守代謝超宗超宗去郡與瑩交惡還都就懋求書屬瑩求一吏曰丈人一旨如湯澆雪耳及至瑩答旨以公吏不可超宗往懋處對諸賓謂懋曰湯定不可澆雪懋面洞赤唯大耻愧懋後往超宗處設精白鮑美鮓䴵肶懋問那得佳味超宗詭言義興始見餉陽

驚曰丈人豈應不得邪懋大忿言於朝廷稱瑩供養不足坐失郡廢棄久之後
歷侍中東陽太守以居郡有惠政遷吳興太守齊明帝勤憂庶政瑩頻處二郡
皆有能名還爲中領軍隨王長史意不平改爲太子詹事中領軍永元初政由
羣小瑩守職而已不能有所是非及尚書令徐孝嗣誅瑩頗綜朝政啓取孝嗣
所居宅及取孝嗣封名枝江縣侯以爲己封從弟亮謂曰此非盛德也瑩怒曰
我昔從東度爲吳興東身登岸徐時爲宰相不能見知相用爲領軍長史今住
其宅差無多慚時人咸謂失德亮既當朝於瑩素雖不善時欲引與同事還尚
書左僕射未拜會護軍崔惠景自京口奉江夏王內向瑩拒惠景於湖頭衆敗
瑩赴水乘舫入樂遊因得還臺城惠景敗瑩還居領軍府梁武兵至復假節都
督宮城諸軍事建康平瑩乃以宅還徐氏初爲武帝相國左長史及踐阼封建
城縣公累遷尚書令瑩性清慎帝深善之時有猛獸入郭上意不悅以問羣臣
羣臣莫對瑩在御筵乃斂板答曰昔擊石拊石百獸率舞陛下膺籙御圖虎象
來格帝大悅衆咸服焉十五年位左光祿大夫開府儀同三司丹陽尹既爲公

須開黃閤宅前促欲買南鄰朱侃半宅侃懼見侵貨得錢百萬瑩乃回閤向東時人爲之語曰欲向南錢可貪遂向東爲黃銅及將拜印工鑄印六鑄而龜六毀及成頭空不實補而用之居職六日暴疾薨謚曰靜恭少子實嗣起家祕書郎尚梁武帝女安吉公主襲爵建城縣公爲新安太守實從兄來郡就求告實與銅錢五十萬不聽於郡及道散用從兄密於郡市貨還都求利及去郡數十里實乃知命追之呼從兄上岸盤頭令卒與杖搏頰乞原劣得免後爲南康嗣王湘州長史長沙郡王三日出禊實衣冠傾崎王性方嚴見之意殊惡實稱主名謂王曰蕭玉誌念實殿下何見憎王驚赧卽起後密啓之因此廢錮

亮字奉叔瑩從父弟也父攸字昌達仕宋位太宰中郎贈給事黃門侍郎亮以名家子宋末選尚公主拜駙馬都尉歷任祕書丞齊竟陵王子良開西邸延才俊以爲士林使工圖其像亮亦預焉累遷晉陵太守在職清公有美政時有晉陵令沈巑之性麤踈好犯亮諱亮不堪遂啓代之巑之怏怏乃造坐云下官以犯諱被代未知明府諱若爲攸字當作無骹尊傍犬爲犬傍無骹尊若是有心

攸無心攸乞告示亮不履下牀跣而走嚬之撫掌大笑而去建武末累遷吏部
尚書時右僕射江祏管朝政多所進拔爲士所歸亮自以身居選部每持異議
始亮未爲吏部郎時以祏帝之內弟故深友祏祏爲之延譽益爲帝所器重至
是與祏情好攜薄祏昵之如初及祏遇誅羣小放命凡所除拜悉由內寵亮弗
能止外若詳審內無明鑒所選用拘資次而已當時不謂爲能後爲尚書左僕
射及東昏肆虐亮取容以免梁武帝至新林內外百僚皆道迎其不能拔者亦
間路送誠款亮獨不遣及東昏遇殺張稷仍集亮等於太極殿前西鍾下坐議
欲立齊湘東嗣王寶晊領軍瑩曰城閉已久人情離解征東在近何不諮問張
稷又曰桀有昏德鼎遷于殷今實微子去殷項伯歸漢之日亮默然朝士相次
下牀乃遣國子博士范雲齎東昏首送石頭推亮爲首城平朝士畢至亮獨後
裙履見武帝帝謂曰顚而不扶安用彼相亮曰若其可扶明公豈有今日之舉
因泣而去霸府開以爲大司馬長史梁臺建授侍中尚書令固讓乃爲侍中中
書監兼尚書令及受禪遷侍中尚書令中軍將軍封豫寧縣公天監二年轉左

光祿大夫元日朝會亮辭疾不登殿設饌別省語笑自若數日詔公卿問訊亮無疾色御史中丞樂藹奏亮大不敬論棄市詔削爵廢爲庶人四年帝宴華光殿求讜言尚書左丞范縝起曰司徒謝朏徒負虛名陛下擢之如此前尚書令王亮頗有政體陛下棄之如彼愚臣所不知帝變色曰卿可更餘言縝固執不已帝不悅御史中丞任昉因奏縝妄陳褒貶請免縝官詔可亮因屛居閉掃不通賓客遭母憂居喪盡禮後爲中書監加散騎常侍卒謚煬子

王華字子陵誕從祖弟也祖薈衞將軍會稽內史父廞司徒右長史晉安帝隆安初王恭起兵討王國寶時廞丁母憂在家恭檄令起兵廞卽聚衆應之以女爲貞烈將軍以女人爲官屬及國寶死恭檄廞罷兵廞起兵之際多所誅戮至是不復得已因舉兵以討恭爲名恭遣劉牢之擊廞廞敗走不知所在長子泰爲恭所殺華時年十三在軍中與廞相失隨沙門釋曇冰逃使提衣襆從後津邏咸疑焉華行遲曇冰罵曰奴子怠懈行不及我以杖捶華數十衆乃不疑由此得免遇赦還吳以父存沒不測布衣蔬食不交游者十餘年宋武帝欲收其

才用乃發歔喪使華制服服闋武帝北伐長安領鎮西將軍北徐州刺史辟華爲州主簿後爲别駕歷職著稱文帝鎮江陵爲西中郎主簿諮議參軍文帝未親政事悉委司馬張邵華性尚物不欲人在己前邵性豪每行來常引夾轂華出入乘牽車從者不過兩三人以矯之嘗相逢華陽若不知是邵謂左右曰此鹵簿甚盛必是殿下乃下牽車立於道側及邵至乃驚邵白服登城爲華所糾邵坐被徵華代爲司馬文帝將入奉大統以少帝見害不敢下華曰先帝有大功於天下四海所服雖嗣主不綱人望未改徐羨之中才寒士傅亮布衣諸生非有晉宣帝王大將軍之心明矣畏廬陵嚴斷將來必不自容殿下寬叡慈仁所知已且越次奉迎冀以見德悠悠之論殆必不然羨之亮晦又要檀道濟王弘五人同功孰肯相讓勢必不行今日就徵萬無所慮帝從之曰卿復欲爲吾之宋昌矣乃留華總後任上卽位以華爲侍中右衞將軍先是會稽孔甯子爲文帝鎮西諮議參軍以文義見賞至是爲黄門侍郎領步兵校尉甯子先爲何無忌安成國侍郎還東修宅令門可容高蓋鄰里笑之甯子曰大丈夫何常之

有甯子與華並有富貴之願自羨之等執權日夜搆之於文帝甯子嘗東歸至金昌亭左右欲泊船甯子命去之曰此殺君亭不可泊也華每閑居諷詠常誦王粲登樓賦曰冀王道之一平假高衢而騁力出入逢羨之等每切齒憤叱歎曰當見太平時否元嘉二年甯子卒三年誅羨之等華遷護軍將軍侍中如故宋世唯華與南陽劉湛不爲飾讓得官即拜以此爲常華以情事異人未嘗預宴集終身不飲酒有宴不之詣若有論事者乘車造門主人出車就之及王弘輔政而弘弟曇首爲文帝所任與華相埒華常謂己力用不盡每歎曰宰相頓有數人天下何由得安四年卒年四十三九年以誅羨之功追封新建縣侯諡曰宣孝武即位配享文帝廟庭子定侯嗣卒子長嗣坐罵母奪爵以長弟修紹封齊受禪國除

琨華從父弟也父懌不辨菽麥時以爲殷道矜之流人無肯與婚家以獠婢恭心侍之遂生琨初名崐崘懌後娶南陽樂玄女無子故即以琨爲名立以爲嗣琨少謹篤爲從伯司徒謐所愛宋武帝初爲桓脩參軍脩待帝厚後帝以事計

圖脩猶懷昔顧使王華訪素門嫁其二女華爲琨娶大女以小女適頳川庾敬
度亦是舊族除琨郎中駙馬都尉奉朝請先是琨伯父歆得罪晉世諸子並從
誅唯華得免華宋世貴盛以門衰提攜琨恩若同生爲之延譽歷位宣城義熙
太守皆以廉約稱華終又託之宋文帝故琨屢居清顯孝建中爲吏部郎吏曹
選局貴要多所屬請琨自公卿下至士大夫例爲用兩門生江夏王義恭嘗屬
琨用二人後復屬琨答不許出爲平越中郎將廣州刺史加都督南土沃實在
任者常致巨富世云廣州刺史但經城門一過便得三千萬琨無所取納表獻
祿奉之半鎭舊有鼓吹又啓輸還及罷任孝武知其清問還資多少琨曰臣買
宅百三十萬餘物稱之帝悅其對後爲歷陽內史上以琨忠實徙爲寵子新安
王北中郎長史再歷度支尚書加光祿大夫初琨從兄華孫長襲華爵新建縣
侯嗜酒多愆失琨表以長將傾基緒請以長小弟悛嗣焉琨後出爲吳郡太守
還中領軍坐在郡用朝舍錢三十六萬營餉二宮諸王及作絳襖奉獻軍用左
遷光祿大夫尋加太常及金紫加散騎常侍廷尉虞龢議社稷各一神琨案舊

糾駮不爲屈時穌見寵朝廷歎琨強正明帝臨崩出爲會稽太守加都督坐誤
竟囚降爲冠軍順帝卽位進右光祿大夫順帝遜位百僚陪列琨攀畫輪獺尾
慟泣曰人以壽爲歡老臣以壽爲戚既不能先驅螻蟻頻見此事嗚噎不自勝
百官人人雨淚齊高帝卽位領武陵王師加侍中時王儉爲宰相屬琨用東海
郡迎吏琨使謂曰語郎三臺五省皆是郎用人外方小郡當乞寒賤省官何容
復奪之遂不過其事尋解王師及高帝崩琨聞國諱牛不在宅去臺數里遂步
行入宮朝士皆謂曰故宜待車有損國望琨曰今日奔赴皆自應爾遂得病卒
贈左光祿大夫年八十四琨謙恭謹愼老而不渝朝會必早起簡閱衣裳料數
冠幘如此數四或爲輕薄所笑大明中尙書僕射顏師伯豪貴下省設女樂琨
時爲度支尙書要琨同聽傳酒行炙皆悉內妓琨以男女無親授傳行每至令
置牀上回面避之然後取畢又如此坐上莫不撫手嗤笑琨容色自若師伯後
爲設樂邀琨琨不往中領軍劉勔晚節有栖退志表求東陽郡尙書令袁粲以
下莫不贊美之琨曰永初景平唯謝晦殷景仁爲中領軍元嘉有到彥之爲人

望才譽劭不及也近聞加侍中己爲快快便求東陽臣恐子房赤松未易輕擬
其鯁直如此而儉於財用設酒不過兩盌輒云此酒難遇鹽豉薑蒜之屬並挂
屏風酒擬悉置牀下內外有求琨手自賦之景和中討義陽王昶六軍戒嚴應
須紫檀左右欲營辦琨曰元嘉初征謝晦有紫檀在匣中不須更作檢取果得
焉而避諱過甚父名懌母名恭心並不得犯焉時咸謂矯枉過正

王惠字令明誕從祖弟也祖劭車騎將軍父默左光祿大夫惠幼而夷簡爲叔
父司徒謐所知恬靜不交游未嘗有雜事陳郡謝瞻才辯有風氣嘗與兄弟羣
從造惠談論鋒起文史間發惠時相酬應言清理遠瞻等慚而退宋武帝聞其
名以問其從兄誕誕曰惠後來秀令鄙宗之美也卽以爲行參軍累遷世子中
軍長史時會稽內史劉懷敬之郡送者傾都惠亦造別還過從弟球球問向何
所見惠言唯覺逢人耳素不與謝靈運相識嘗得交言靈運辯博辭義鋒起惠
時然後言時荀伯子在坐退而告人曰靈運固自蕭散直上王郎有如萬頃陂
焉嘗臨曲水風雨暴至坐者皆馳散惠徐起不異常日不以霑濡而改宋國初

建當置郞中令武帝難其人謂傅亮曰今用郞中令不可減袁曜卿旣而曰吾得其人矣曜卿不得獨擅其奇乃以惠居之宋少帝卽位以蔡廓爲吏部尙書不肯拜乃以惠代焉惠被召卽拜未嘗接客人有與書求官得輒聚閣上及去職印封如初時以廓不拜惠卽拜事異而意同也兄鑒頗好聚斂惠意不同謂曰何用田爲鑒怒曰無田何由得食惠又曰何用食爲其標寄如此卒贈太常無子

球字蒨玉司徒謐之子惠從父弟也少與惠齊名宋武帝受命爲太子中舍人宜都王友轉諮議參軍文帝卽位王弘兄弟貴動朝廷球終日端拱未嘗相往來弘亦雅敬之歷位侍中中書令吏部尙書時中書舍人徐爰有寵於上上嘗命球及殷景仁與之相知球辭曰士庶區別國之章也臣不敢奉詔上改容謝焉球簡貴勢不交游筵席虛靜門無異客晝雲首常云蒨玉亦是玉巵無當耳旣而尙書僕射殷景仁領軍將軍劉湛並執重權傾動內外球雖通家姻戚未嘗往來居選職接客甚稀不視求官書疏而銓衡有序遷光祿大夫領廬陵王師

時大將軍彭城王義康專以政事爲本刀筆幹練者多被意遇謂劉湛曰王敬弘王球之屬竟何所堪施爲自富貴復那可解球兄子履深結劉湛委誠義康與劉斌等球每訓厲不納自大將軍從事中郎轉太子中庶子流涕訴義康不願違離故復爲從事中郎文帝甚銜之及誅湛之夕履徒跣告球球命爲取履先温酒與之謂曰常日謂汝何履怖不得答球徐曰阿父在汝何憂左右扶郎還齋亦以球故履免死廢於家殷景仁卒球除尙書僕射王師如故素有脚疾多病還家朝直至少錄尙書江夏王義恭謂尙書何尙之曰當今乏才羣下宜加戮力而王球放恣如此宜以法糾之尙之曰球有素尙加又多疾公應以淡退求之未可以文案責也義恭又面啓文帝曰王球誠有素譽頗以物外自許端任要切或非所長帝曰誠知如此要是時望所歸昔周伯仁終日飲酒而居此任蓋所以崇素德也遂見優容後以白衣領職十八年卒時年四十九贈特進金紫光祿大夫無子從孫奐爲後

王彧字景文球從子也祖穆字伯遠司徒謐之長兄位臨海太守父僧朗仕宋

位尚書右僕射明帝初以后父加特進贈開府儀同三司謚元公彧名與明帝
諱同故以字行伯父智少簡貴有高名宋武帝甚重之常言見王智使人思仲
祖武帝與劉穆之討劉毅而智在焉他日穆之白武帝曰伐國重事公言何乃
使王智知武帝笑曰此人高簡豈聞此輩論議其見知如此爲宋國五兵尚書
封建陵縣五等子追贈太常智無子故父僧朗以景文繼智幼爲從叔球所知
憐美風姿爲一時推謝袁粲見之歎曰景文非但風流可悅乃哺歠亦復可觀
有一客少時及見謝混答曰景文方謝叔源則爲野父矣粲悵悵良久曰恨眼
中不見此人景文好言理少與陳郡謝莊齊名文帝嘗與羣臣臨天泉池帝垂
綸良久不獲景文越席曰臣以爲垂綸者清故不獲貪餌衆皆稱善文帝甚相
欽重故爲明帝娶景文妹而以景文之名名明帝武帝第五女新安公主先適
太原王景深離絶當以適景文景文固辭以疾故不成婚襲爵建陵子元凶以
爲黃門侍郎未及就孝武入討景文遣閒使歸款以父在都下不獲致身事平
頗見嫌責猶以舊恩累遷司徒左長史上以散騎常侍舊與侍中俱掌獻替欲

高其選以景文及會稽孔顗俱南北之望以補之尋復爲司徒左長史以姊墓開不臨赴免官後拜侍中領射聲校尉左衛將軍加給事中太子中庶子坐與奉朝請毛法因蒱戲得錢百二十萬白衣領職景和元年爲尙書右僕射明帝卽位加領左衛將軍尋加丹陽尹遭父憂起爲尙書左僕射丹陽尹固辭僕射出爲江州刺史加都督服闋乃受詔封江安縣侯固讓不許後徵爲尙書左僕射領吏部揚州刺史加太子詹事不願還朝求爲湘州不許時又謂景文在江州不能潔己景文與上幸臣王道隆書深自申理景文屢辭內授上手詔譬之曰尙書左僕射卿已經此任東宮詹事用人雖美職次政可比中書令耳庶姓作揚州徐干木王休元殷鐵並處之不辭卿清令才望何愧休元毗贊中興豈謝干木綢繆相與何後殷鐵邪司徒以宰相不應帶神州遠遵先旨京口鄉基義重密邇畿內又不得不同驃騎陝西任要由來用宗室驃騎既去巴陵理應居之中流雖曰閑地控帶二江通接荊郢經塗之要由來有重鎭如此則揚州自成闕刺史卿若有辭便不知誰應處之此選大備與公卿疇懷非聊爾也固

辭詹事領選徙爲中書令常侍僕射揚州如故又進中書監領太子太傅常侍揚州如故景文固辭太傅上遣新除尚書右僕射褚彦回宣旨不得已乃受拜時太子及諸皇子並小上猶爲身後計諸將帥吳喜壽寂之之徒慮其不能奉幼主並殺之而景文外戚貴盛張永累經軍旅又疑其將來難信乃自爲謠言曰一士不可親弓長射殺人一士王字指景文弓長張字指張永景文彌懼乃自陳求解揚州詔答曰人居貴要但問心若爲耳大明之世巢徐二戴位不過執戟權亢人主顏師伯白衣僕射橫行尚書中袁粲作僕射領選而人往往不知有粲粲遷爲令居之不疑今既省錄令便居昔之錄至置省事及幹僮並依錄格粲作令來亦不異爲僕射人情向粲淡然亦復不改常以此居貴位要任當有致憂兢不卿今雖在揚州太子太傅位雖貴而不關朝政可安不懼差於粲也卿虛心受榮有而不爲累貴高有危殆之懼卑賤有溝壑之憂張單雙災木鴈兩失有心於避禍不如無心於任運夫千仞之木既摧於斧斤一寸之草亦悴於踐蹋高崖之脩幹與深谷之淺條存亡之要巨細一揆耳晉將畢萬七

戰死於牖下蜀相費禕從容坐談斃於刺客故甘心於履危未必逢禍縱意於處安不必全福但貴者自惜故每憂其身賤者自輕故易忘其己然爲教者每誡貴不誡賤言其貴滿好自恃也凡名位貴達人以存懷泰則觸人改容否則行路嗟愕至如賤者否泰不足以動人存亡不足以絓數死於溝瀆困於途路者天地之間亦復何限人不係意耳以此而推貴何必難處賤何必易安但人生自應卑慎爲道行己用心務思謹惜若乃吉凶大期正應委之理運遭隨參差莫不由命也既非聖人不能見吉凶之先見正是依稀於理言可行而爲之耳得吉者是其命吉遇不吉者是其命凶以近事論之景和之世晉平庶人從壽陽歸亂朝人皆爲之戰慄而乃遇中興之運袁顗圖避禍於襄陽當時皆羨之謂爲陵霄駕鳳遂與義嘉同滅駱宰見狂主語人云越王長頸鳥喙可與共憂不可共樂范蠡去而全身文種留而遇禍今主長頸頰有越王之狀我在尚書中久不去必危遂求江南縣諸都令史住京師者皆遭中興之慶人人蒙爵級宰逢義嘉染罪金木纏身性命幾絕卿耳目所聞見安危在運何可預圖邪

上旣有疾而諸弟並已見殺唯桂陽王休範人才本劣不見疑出爲江州刺史
慮一旦晏駕皇后臨朝則景文自然成宰相門族強盛藉元舅之重歲暮不爲
純臣泰豫元年春上疾篤遣使送藥賜景文死使謂曰朕不謂卿有罪然吾不
能獨死請子先之因手詔曰與卿周旋欲全卿門戶故有此處分敕至之夜景
文政與客棋扣函着復還封置局下神色怡然不變方與客棋思行爭劫竟斂
子內奩畢徐謂客曰奉敕見賜以死方以敕示客酒至未飮門客焦度在側憤
怒發酒覆地曰大丈夫安能坐受死州中文武可數百人足以一奮景文曰知
卿至心若見念者爲我百口計乃墨啓答敕幷謝贈詔酌謂客曰此酒不可相
勸自仰而飮之時年六十追贈開府儀同三司諡曰懿長子絢
絢字長素早惠年五六歲讀論語至周監於二代外祖何尙之戲之曰可改耶
耶乎文哉絢應聲答曰尊者之名安可戲寧可道草翁之風必舅及長篤志好
學位祕書丞先景文卒諡曰恭世子絢弟繢
繢字叔素弱冠祕書郎太子舍人轉中書舍人景文以此授超階令繢經年乃

受景文封曲安侯續襲其本爵爲始平縣五等男元徽末爲黄門郎東陽太守
齊武帝爲撫軍吏部尙書張岱選續爲長史呈選牒高帝笑曰此可謂素望再
遷義興太守輒錄郡吏陳伯喜付陽羨獄欲殺之縣令孔逭不知何罪不受續
教爲有司奏坐白衣領職後長兼侍中武帝出射雉續信佛法稱疾不從永元
元年卒於太常諡靖子續女適武帝寵子安陸王子敬永明二年納妃脩外舅
姑之敬武帝遣文惠太子相隨往續家置酒設樂公卿皆冠冕而去當世榮之
續弟約齊明帝世數年廢錮梁武帝時爲太子中庶子嘗謂約曰卿方當富貴
必不容久滯屈及帝作輔謂曰我嘗相卿當富貴不言卿今日富貴便當見由
歷侍中左戸尙書廷尉續長子儁不慧位止建安太守儁子克克美容貌善容
止仕梁歷司徒右長史尙書僕射臺城陷仕侯景位太宰侍中錄尙書事景敗
克迎候王僧辯問克曰勞事夷狄之君克不能對次問璽紱何在克默然良久
曰趙平原將去平原名思賢景腹心也景授平原太守故克呼焉僧辯乃誚克
曰王氏百世卿族便是一朝而墜仕陳位尙書右僕射

蘊字彥深彧兄子也父揩太中大夫揩人才凡劣故蘊不爲羣從所禮常懷耻慨家貧爲廣德令明帝卽位四方叛逆欲以將領自奮每撫刀曰龍泉太阿汝知我者叔父景文常誡之曰阿答汝滅我門戶蘊曰答與童烏貴賤異童烏絢小字答蘊小字也及事寧封吉陽男歷晉陵義與太守所莅並貪縱後爲給事黃門侍郎桂陽之逼王道隆爲亂兵所殺蘊力戰重創御溝側或扶以免事平撫軍長史褚澄爲吳郡太守司徒左長史蕭惠開明言於朝曰褚澄開城以納賊更爲股肱大郡王蘊被甲死戰棄而不收賞罰如此何憂不亂褚彥回慚乃議用蘊爲湘州刺史及齊高帝輔政蘊與沈攸之連謀事敗斬於秣陵市

奐字道明彧兄子也父粹字景深位黃門侍郎奐繼從祖球故小字彥孫年數歲常侍球許甚見愛奐諸兄出身諸王國常侍而奐起家著作佐郎琅邪顏延之與球情款稍異常撫奐背曰阿奴始免寒士奐少而強濟叔父景文常以家事委之仕宋歷侍中祠部尚書轉掌吏部昇明初還丹陽尹初王晏父普曜爲沈攸之長史常懼攸之舉事不得還奐爲吏部轉普曜爲內職晏深德之及晏

仕齊武帝以奐宋室外戚而從弟蘊又同逆疑有異意晏叩頭保奐無異志時晏父母在都請以爲質武帝乃止永明中累遷尚書右僕射王儉卒上欲用奐爲尚書令以問晏晏位遇已重意不推奐答曰柳世隆有勳望恐不宜在奐後乃轉左僕射加給事中出爲雍州刺史加都督與寧蠻長史劉興祖不睦十一年奐遣軍主朱公恩征蠻失利興祖欲以啓聞奐大怒收付獄興祖於獄以針畫漆合盤爲書報家稱枉令啓聞而奐亦馳信啓上誣興祖扇動荒蠻上知其枉敕送興祖還都奐恐辭情翻背輒殺之上大怒遣中書舍人呂文顯直閤將軍曹道剛領兵收奐又別詔梁州刺史曹武自江陵步出襄陽奐子彪凶愚頗干時政士人咸切齒時文顯以漆匣匣箜篌在船中因相誑云臺使封刀斬王彪及道剛曹武文顯俱至衆力既盛又懼漆匣之言於是議閉門拒命長史殷叡奐女壻也諫曰今開城門白服接臺使不過檻車徵還隳官免爵耳彪堅執不從叡又曰宜遣典籤閒道送啓自申亦不患不被宥乃令叡書啓遣典籤陳道齊出城便爲文顯所執叡又曰忠不背國勇不逃死百世門戶宜思後計執

與仰藥自全則身名俱泰叡請先驅螻蟻又不從奐門生鄭羽叩頭啓奐乞出城迎臺使奐曰我不作賊欲先遣啓自申政恐曹呂輩小人相陵藉故且閉門自守耳彪遂出戰敗走歸土人起義攻州西門彪登門拒戰却之司馬黃瑤起寧蠻長史裴叔業於城內起兵攻奐奐聞兵入禮佛未及起軍人斬之彪及弟爽弼殷叡皆伏誅奐長子太子中庶子融融弟司徒從事中郎琛於都棄市餘孫皆原宥琛弟肅秉並奔魏後得黃瑤起臠食之弟伷女爲長沙王晃妃以男女並長又且出繼特不離絕奐既誅故舊無敢至者汝南許明達先爲奐參軍躬爲殯斂經理甚厚當時高其節奐弟份

份字季文仕宋位始安內史袁粲之誅親故無敢視者份獨往致慟由是顯名累遷大司農奐誅後其子肅奔魏份自拘請罪齊武帝宥之肅屢引魏人至邊份嘗因侍坐武帝謂曰比有北信不份改容對曰肅既近忘墳柏寧遠憶有臣帝亦以此亮焉後位祕書監仕梁位散騎常侍領步兵校尉兼起部尚書武帝嘗於宴席問羣臣曰朕爲有爲無份曰陛下應萬物爲有體至理爲無帝稱善

後累遷尚書左僕射歷侍中特進左光祿大夫監丹陽尹卒謚曰胡子長子琳字孝璋位司徒左長史琳齊代取梁武帝妹義興長公主有子九人並知名長子銓字公衡美風儀善占吐尚武帝女永嘉公主拜駙馬都尉銓雖學業不及弟錫而孝行齊焉時人以爲銓錫二王可謂玉昆金友母長公主疾銓形貌瘠貶人不復識及居喪哭泣無常因得氣疾位侍中丹陽尹卒於衞尉卿子溥字伯淮尚簡文帝女餘姚公主

銓弟錫字公嘏幼而警悟與兄弟受業至應休散輒獨留不起精力不倦致損右目十三爲國子生十四舉清茂除祕書郎再遷太子洗馬時昭明太子尙幼武帝敕錫與祕書郎張纘使入宮不限日數與太子游狎情兼師友又敕陸倕張率謝舉王規王筠劉孝綽到洽張緬爲學士十人盡一時之選錫以戚屬封永安侯普通初魏始連和使劉善明求聘敕中書舍人朱异接之善明彭城舊族氣調甚高負其才氣酒酣謂异曰南國辯學如中書者幾人异曰异所以得接賓宴乃分職是司若以才辯相尚則不容見使善明乃曰王錫張纘北間所

聞云何可見异具啓聞敕即使南苑設宴錫與張纘朱异四人而已善明造席遍論經史兼以嘲謔錫纘隨方酬對無所稽疑善明甚相歎挹他日謂异曰一日見二賢實副所期不有君子安能爲國引宴之日敕使左右徐僧權於坐後言則書之累遷吏部郎中時年二十四謂親友曰吾以外戚謬被時知兼比羸病庶務難擁安能捨其所好而狥所不能乃稱疾不拜便謝遣胥徒拒絕賓客掩扉覃思室宇蕭然諸子温凊隔簾趨侍公主乃命穿壁使子涉湜觀之卒年三十六贈侍中諡貞子錫弟僉

僉字公會八歲丁父憂哀毀過禮初補國子生祭酒袁昂稱爲通理累遷始興內史丁所生母憂固辭不拜又除南康內史在郡義與主薨詔起復郡後爲太子中庶子掌東宮管記卒贈侍中元帝下詔賢而不伐曰恭追諡曰恭子僉弟通

通字公達仕梁爲黃門侍郎敬帝承制以爲尚書右僕射陳武帝受禪遷右僕射太建元年爲左光祿大夫六年加特進侍中將軍光祿佐吏扶並如故未拜

卒謚曰成弟勱
勱字公齊美風儀博涉書史恬然清簡未嘗以利欲干懷仕梁爲輕車河東王功曹史王出鎭京口勱將隨之蕃范陽張纘時典選舉勱造纘言别纘嘉其風采乃曰王生才地豈可游外府乎奏爲太子洗馬後爲南徐州别駕從事史大同末梁武帝謁園陵道出朱方勱隨例迎候敕令從輦側所經山川莫不顧問勱隨事應對咸有故實又從登北顧樓賦詩辭義清典帝甚嘉之時河東王爲廣州刺史乃以勱爲冠軍河東王長史南海太守王至嶺南多所侵掠因懼罪稱疾委州還朝勱行州府事越中饒沃前後守宰例多貪縱勱獨以清白著聞入爲給事黄門侍郎侯景之亂奔江陵歷位晉陵太守時兵飢之後郡中彫弊勱爲政清簡吏人便安之徵爲侍中遷五兵尚書會魏軍至元帝徵湘州刺史宜豐侯蕭循入援以勱監湘州及魏平江陵敬帝承制以爲中書令加侍中歷陳武帝司空丞相長史侍中中書令並如故及蕭勃平以勱爲廣州刺史未行改爲衡州刺史王琳據有上流衡廣攜貳勱不得之鎭留于大庾嶺太建元年

累遷尚書右僕射時東境大水以勱爲晉陵太守在郡甚有威惠郡人表請立
碑頌勱政德詔許之徵爲中書監重授尚書左僕射領右軍將軍卒謚曰溫子
勱弟質
質字子貞少慷慨涉獵書史梁世以武帝甥封甲口亭侯位太子中舍人庶子
侯景濟江質領步騎頓于宣陽門外景軍至都質不戰而潰爲桑門潛匿人間
城陷後西奔荆州元帝承制歷位侍中吳州刺史領鄱陽內史魏平荆州侯瑱
鎮盆城與質不協質率所部依于留異陳永定二年武帝命質率所部隨都督
周文育討王琳質與琳素善或譖云於軍中潛信交通武帝命文育殺質文育
啓救之獲免文帝嗣位以爲五兵尚書宣帝輔政爲司徒左長史坐招聚博徒
免官後爲都官尚書卒謚曰安子弟固
固字子堅少清正頗涉文史梁時以武帝甥封莫口亭侯位丹陽尹丞梁元帝
承制以爲相國戶曹屬掌管記尋聘魏魏人以其梁氏外戚待之甚厚承聖元
年爲太子中庶子還尋陽太守魏尅荆州固之鄱陽隨兄質度東嶺居信安縣

陳永定中移居吳郡文帝以固清靜且欲申以婚姻天嘉中歷位中書令散騎常侍國子祭酒以其女爲皇太子妃禮遇甚重廢帝即位授侍中金紫光祿大夫宣帝輔政固以廢帝外戚妳媼恆往來禁中頗宣密旨事洩比黨皆誅宣帝以固本無兵權且居處清素止免所居官禁錮太建中卒於太常卿謚恭子固清虛寡欲居喪以孝聞又信佛法及丁所生母憂遂終身蔬食夜則坐禪晝誦佛經嘗聘魏因宴饗祭請停殺一羊羊於固前跪拜又宴昆明池魏人以南人嗜魚大設罟網固以佛法呪之遂一鱗不獲子寬位侍中

論曰王誕夙有名輩而間關夷險卒獲攀光日月蓋亦得其時焉奉光奉叔並得官成齊代而亮自著寒松斯爲優矣瑩印章六毀豈鬼神之害盈乎景文弱年立譽芳聲籍甚榮貴之來匪由勢至若使泰始之朝身非外戚與袁粲羣公方駿並路傾覆之災庶幾可免庾元規之讓中書令義歸此矣奐有愚子自致誅夷份胤嗣克昌特鍾門慶美矣

唐　李延壽　撰

列傳第十四

王裕之 孫秀之 延之子綸之 延之 曾孫峻 阮韜 峻子琮　王鎮之 弟弘之 弘之孫晏

晏從弟思遠　王韶之　王悅之　王准之 曾孫清 清子猛

准之從弟逡之　珪之　族子素

王裕之字敬弘晉驃騎將軍廙之曾孫司州刺史胡之之孫也名與宋武帝諱同故以字行父茂之字與元晉陵太守敬弘少有清尚起家本國左常侍衞軍參軍性恬靜樂山水求爲天門太守及之郡妻弟荊州刺史桓玄遣信要令過己敬弘至巴陵謂人曰靈寶正當欲見其姊我不能爲桓氏贅壻乃遣別船送妻往江陵彌年不迎山郡無事恣其游適意甚好之後爲南平太守去官居作唐縣界玄輔政及篡位屢召不下宋武帝以爲車騎從事中郎徐州中從事史征西將軍道規諮議參軍時府主簿宋協亦有高趣道規並以事外相期嘗共

酣飲敬弘因醉失禮爲外司所白道規即便引還重申初讌永初中累遷吏部
尙書敬弘每被召即便祗奉既到宜退旋復解官武帝嘉其志不茍違也除廬
陵王師加散騎常侍自陳無德不可師範令王固讓不拜元嘉三年爲尙書僕
射關署文案初不省讀嘗豫聽訟上問疑獄敬弘不對上變色問左右何故不
以訊牒副僕射敬弘曰臣乃得訊牒讀之正自不解上甚不悅雖加禮敬亦不
以時務及之六年遷尙書令固讓表求還東上不能奪改授侍中特進左光祿
大夫給親信三十人及東歸車駕幸冶亭餞送十二年徵爲太子少傅敬弘詣
都上表固辭不拜東歸上時不豫自力見焉十六年以爲左光祿大夫開府儀
同三司侍中如故又詣都表辭竟不拜東歸二十三年復申前命復辭明年薨
於餘杭之舍亭山年八十八順帝昇明三年追謚文貞公敬弘形狀短而起坐
端方桓玄謂之彈棊發八勢所居舍亭山林澗環周備登臨之美故時人謂之
王東山文帝嘗問爲政得失對曰天下有道庶人不議上高其言左右嘗使二
老婦女戴五條辮著青紋袴襬飾以朱粉女適尙書僕射何尙之弟述之敬弘

嘗往何氏看女遇尙之不在因寄齋中臥俄頃尙之還敬弘還使二婦女守閤不聽尙之入云正熱不堪相見君可且去尙之於是移於他室上將爲廬陵王納其女辭曰臣女幼旣許孔淳之息子恢之被召爲祕書郎敬弘求爲奉朝請與恢之書曰彼祕書有限故有競朝請無限故無競吾欲使汝處不競之地文帝嘉之並見許敬弘見兒孫歲中不過一再相見見輒剋日未嘗教子孫學問各隨所欲人或問之答曰丹朱不應乏教甯越不聞被捶恢之位新安太守嘗請假定省敬弘剋日見之至日輒不果假日將盡恢之求辭敬弘呼前至閤復不見恢之於閤外拜辭流涕而去恢之弟瓚之位吏部尙書金紫光祿大夫諡貞子瓚之弟昇之位都官尙書瓚之子秀之

秀之字伯奮幼時祖父敬弘愛其風采仕宋爲太子舍人父卒廬於墓側服闋復職吏部尙書褚彥回欲與結婚秀之不肯以此頻爲兩府外兵參軍後爲晉平太守期年求還或問其故答曰此郡沃壤珍阜日至人所昧者財財生則禍逐智者不昧財亦不逐禍吾山資已足豈可久留以妨賢路乃上表請代時人

以爲王晉平恐富求歸仕齊爲豫章王嶷驃騎長史嶷於荆州立學以秀之領
儒林祭酒武帝即位累遷侍中祭酒轉都官尚書秀之祖父敬弘性貞正徐羨
之傅亮當朝不與來往及致仕隱吳與與秀之父瓚之書深勗以靜退瓚之爲
五兵尚書未嘗詣一朝貴江湛謂何偃曰王瓚之今便是朝隱及柳元景顏師
伯貴要瓚之竟不候之至秀之爲尚書又不與王儉款接三世不事權貴時人
稱之轉侍中領射聲校尉出爲隨王鎭西長史南郡內史後爲輔國將軍吳與
太守秀之先爲諸王長史行事便歎曰仲祖之識見於已多便無復仕進止營
理舍亭山宅有終焉之志及除吳與郡隱業所在心願爲之到郡修舊山移置
輜重隆昌元年卒遺令朱服不得入棺祭則酒脯而已世人以僕妾直靈助哭
當由喪主不能淳至欲以多聲相亂魂而有靈吾當笑之謚曰簡子
延之字希季昇之子也少靜默不交人事仕宋爲司徒左長史清貧居宇穿漏
褚彥回以啓宋明帝即敕材官爲起三閒齋屋歷吏部尚書尚書左僕射宋德
既衰齊高帝輔政朝野之情人懷彼此延之與尚書令王僧虔中立無所去就

時人語曰二王居平不送不迎高帝以此善之昇明三年出爲江州刺史加都督齊建元元年進號鎭南將軍延之與金紫光祿大夫阮韜俱宋領軍將軍劉湛外甥並有早譽湛甚愛之曰韜後當爲第一延之爲次也延之甚不平每致餉下都韜與朝士同例高武聞之與延之書曰韜云卿未嘗有別意當由劉家月旦故邪韜字長明陳留人晉金紫光祿大夫裕玄孫也爲南兗州別駕刺史江夏王義恭逆求資費錢韜曰此朝廷物執不與宋孝武選侍中四人並以風貌王彧謝莊爲一雙韜與何偃爲一雙常充兼假至始與王師卒延之居身簡素清靜寡慾凡所經歷務存不擾在江州祿俸外一無所納獨處齋內未嘗出戶吏人罕得見焉雖子弟亦不妄前時時見親舊未嘗及世事從容談詠而已後爲尚書左僕射尋領竟陵王師卒諡簡子

子綸之字元章爲安成王記室參軍偃仰召會退居僚末司徒袁粲聞而歎曰格外之官便今日爲重貴游居此位者遂以不掌文記爲高自綸之始也齊永明中歷位侍中出爲豫章太守下車祭徐孺子許子將墓圖畫陳蕃華歆謝鯤

像於郡朝堂爲政寬簡稱良二千石武帝幸琅邪城綸之與光祿大夫全景文
等二十一人坐不參承爲有司奏免官後位侍中都官尚書卒自敬弘至綸之
並方嚴皆剋日乃見子孫蓋家風也綸之子昕有業行居父憂過禮謝瀹欲遣
參之孔珪曰何假參此豈有全理以憂卒
峻字茂遠秀之子也少美風姿善容止仕齊爲桂陽內史梁天監初爲中書侍
郎武帝甚悅其風采與陳郡謝覽同見賞擢累遷侍中吏部尚書處選甚得名
譽峻性詳雅無趨競心嘗與謝覽約官至侍中不復謀進仕覽自吏部尚書出
爲吳興郡平心不畏強禦亦由處俗情薄故也峻爲侍中已後雖不退身亦淡
然自守無所營務遷金紫光祿大夫未拜卒諡惠子子琮爲國子生尚始興王
女繁昌主琮不慧爲學生所嗤遂離婚峻謝王王曰此自上意僕極不願如此
峻曰下官曾祖是謝仁祖外孫亦不藉殿下姻媾爲門戶耳
王鎮之字伯重晉司州刺史胡之之從孫而裕之之從祖弟也祖耆之位中書郎
父隨之上虞令鎮之爲剡上虞令並有能名桓玄輔晉以爲大將軍錄事參軍

時三吳饑荒遣鎮之銜命賑䘏而會稽內史王愉不奉符旨鎮之依事糾奏愉
子綏玄之外甥當時貴盛鎮之爲所排抑以母老求補安成太守以母憂去職
在官清潔妻子無以自反乃棄官致喪還上虞舊墓葬畢爲子標之求安復令
隨子之官服闋爲征西道規司馬南平太守後爲御史中丞執正不撓百僚憚
之出爲建威將軍平越中郎將廣州刺史加都督宋武帝謂人曰鎮之少著清
績必將繼美吳隱嶺南弊俗非此不康也在鎮不受俸祿蕭然無營去官之日
不異初至武帝初建相國府爲諮議參軍領錄事善於吏職嚴而不殘還宋臺
祠部尚書武帝踐阼卒於宣訓衞尉弟弘之
弘之字方平少孤貧爲外祖徵士何準所撫育從叔獻之及太原王恭並貴重
之仕晉爲司徒主簿家貧性好山水求爲烏傷令桓玄輔晉桓謙以爲衞軍參
軍時殷仲文還姑孰祖送傾朝謙要弘之同行答曰凡祖離送別必在有情下
官與殷風馬不接無緣扈從謙貴其言母隨兄鎮之之安成郡弘之解職同行
義熙中何無忌及宋武帝辟召一無所就家在會稽上虞從兄敬弘爲吏部尚

書奏弘之爲太子庶子不就文帝即位敬弘爲尚書左僕射陳弘之高行徵爲通直散騎常侍又不就敬弘嘗解貂裘與之即著以採藥性好釣上虞江有一處名三石頭弘之常垂綸於此經過者不識之或問漁師得魚賣不弘之曰亦自不得得亦不賣日夕載魚入上虞郭經親故門各以一兩頭置門內而去始寧沃川有佳山水弘之又依巖築室謝靈運顏延之並相欽重靈運與廬陵王義真牋曰會境既豐山水是以江左嘉遁並多居之至若王弘之拂衣歸耕踰歷三紀孔淳之隱約窮岫自始迄今阮萬齡辭事就閑纂戎先業既遠同羲唐亦激貪厲競若遣一介有以相存真可謂千載盛美也弘之元嘉四年卒顏延之欲爲作誄書與其子曇生曰君家高世之善有識歸重豫染豪翰所應載述況僕託慕末風竊以敘德爲事但恨短筆不足書美誄竟不就曇生好文義以謙和見稱歷吏部尚書太常卿孝武末爲吳興太守明帝初與四方同逆戰敗歸降被宥終於中散大夫阮萬齡陳留尉氏人祖思曠左光祿大夫父寧黃門侍郎萬齡少知名爲孟昶建威長史時袁豹江夷相係爲昶司馬時人謂昶

府有三素望萬齡家在會稽剡縣頗有素情位左戶尚書太常出爲湘州刺史無政績後爲散騎常侍金紫光祿大夫卒曇生弟普曜位祕書監普曜子晏

晏字休默一字士彥仕宋初爲建安國左常侍稍至車騎晉熙王燮安西板晏主簿時齊武帝爲長史與晏相遇府轉鎭西板晏爲記室沈攸之事難隨武帝鎭盆城齊高帝時威權雖重而衆情猶有疑惑晏便專心奉事軍旅書翰皆見委性甚便僻漸見親待常參議機密建元初爲太子中庶子武帝在東宮專斷朝事多不聞啓晏慮及罪稱疾自疏武帝卽位爲長史兼侍中意任如舊遷侍中祭酒遭母喪起爲司徒左長史晏父普曜藉晏勢多歷通官普曜卒晏居喪有禮永明六年爲丹陽尹晏位任親重自豫章王嶷尚書令王儉皆降意接之而晏每以疎漏被責連稱疾久之轉爲江州刺史泣不願出留爲吏部尚書太子右率終以舊恩見寵時尚書令王儉雖貴而疎晏既領選權行臺閣與儉頗不平儉卒禮官欲依王導諡爲文獻晏啓上曰導乃得此諡但宋來不加素族謂親人曰平頭憲事行已矣十一年爲右僕射領太孫右衞率武帝崩遺旨以

尚書事付晏及徐孝嗣鬱林即位轉左僕射及明帝謀廢立晏便響應接奉轉尚書令封曲江縣侯給鼓吹一部甲仗五十人入殿時明帝形勢已布而莫敢先言蕭諶兄弟握兵權遲疑未決晏頻三夜微步詣諶議時人以此窺之明帝與晏東府語及時事晏抵掌曰公常言晏怯今定如何建武元年進號驃騎大將軍給班劍二十人又加兵百人領太子少傅進爵爲公以魏軍動給兵千人晏篤於親舊爲時所稱至是自謂佐命唯新言論常非武帝故事衆始怪之明帝雖以事際須晏而心相疑斥料簡武帝中詔得與晏手詔三百餘紙皆是論國家事永明中武帝欲以明帝代晏領選晏啓曰鸞清幹有餘然不諳百氏恐不可居此職乃止及見此詔愈猜薄之帝初即位始安王遙光便勸誅晏帝曰晏於我有勳且未有罪遙光曰晏尚不能爲武帝安能爲陛下帝默然變色時帝常遣心腹左右陳世範等出塗巷采聽異言由是以晏爲事晏性浮動志欲無厭自謂旦夕開府又望錄尚書每謂人曰徐公應爲令又和徐詩云槐序候方調其名位在徐前若三槐則晏不言自顯人或譏之晏人望未重又與上素

疎中興初雖以事計委任而內相疑阻晏無防意既居朝端事多專決內外要職並用周旋門義每與上爭用人數呼相工自視云當大貴與客語好屏人上聞疑晏欲反遂有誅晏意有鮮于文粲與晏子德元往來密探朝旨告晏有異志又左右單景儁陳世範等采巫覡言啓上云晏懷異圖是時南郊應親奉景儁等言晏因此與武帝故主帥於道中竊發會獸犯郊壇帝愈懼未郊前一日上乃停行先報晏及徐孝嗣孝嗣奉旨而晏陳郊祀事大必宜自力景儁言益見信元會畢乃召晏於華林省誅之下詔顯其罪稱以河東王鉉識用微弱欲令守以虛器並令收付廷尉晏之爲員外郎也父普曜齋前柏樹忽變成梧桐論者以爲梧桐雖有栖鳳之美而失後凋之節及晏敗果如之又未敗前見屋桷子悉是大虵就視之猶木也晏惡之乃以紙裹桷子猶紙內搖動蔌蔌有聲又於北山廟答賽夜還晏辭部伍人亦飲酒羽儀錯亂前後十餘里中不復禁制識者云此不復久也未幾而散晏子德元有意尙位車騎長史德元初名湛武帝曰劉湛江湛並不善終此非佳名也晏乃改之至是及誅晏弟詡位少府

卿敕未登黃門郎不得畜女伎詡與射聲校尉陰玄智坐畜伎免官禁錮十年敕特原詡亦篤舊後拜廣州刺史晏誅上遣殺之
思遠晏從父弟也父羅雲平西長史思遠八歲父卒祖弘之及外祖新安太守羊敬元並栖退高尚故思遠少無仕心宋建平王景素辟南徐州主簿深見禮遇景素被誅左右離散思遠親視殯葬手種松柏與廬江何昌㝢沛郡劉璡上表理之事感朝廷景素女廢爲庶人思遠分衣食以相資贍年長爲備笄總訪求素對傾家送遣齊建元初歷竟陵王司徒錄事參軍太子中舍人文惠太子與竟陵王子良素好士並蒙賞接思遠求出爲遠郡除建安內史長兄思玄卒思遠友于甚至表乞自解不許及祥日又固陳武帝乃許之仍除中書郎大司馬諮議詔舉士竟陵王子良薦思遠及吳郡顧暠之陳郡殷叡時邵陵王子貞爲吳郡除思遠爲吳郡丞以本官行郡事論者以爲得人後拜御史中丞臨海太守沈昭略贓私思遠依事劾奏明帝及思遠從兄晏昭略叔父文季並請止之思遠不從案事如故建武中遷吏部郎思遠以晏爲尚書令不欲並居內臺

權要之職上表固讓乃改授司徒左長史初明帝廢立之際思遠謂晏曰兄荷武帝厚恩今一旦贊人如此事彼或可以權計相須未知兄將何以自立及此引決猶可保全門戶不失後名晏曰方啜粥未暇此事及拜驃騎會子弟謂思遠兄思徵曰隆昌之末阿戎勸吾自裁若用其語豈有今日思遠遽應曰如阿戎所見猶未晚也晏既不能謙退位處朝端事多專斷內外要職並用門生帝外迹甚美內相疑異思遠謂曰時事稍異兄覺不凡人多拙於自謀而巧於謀人晏默然不答思遠退後晏方歎曰天下人遂勸人自殺旬日晏及禍明帝後知思遠有此言謂江祏曰王晏早用思遠語當不至此思遠立身簡潔諸客有詣己者覘知衣服垢穢方便不前形儀新楚乃與促膝雖然及去之後猶令二人交帚拂其坐處明帝從祖弟季敞性甚豪縱使詣思遠令見禮度都水使者季珪之常曰見王思遠終日匡坐不妄言笑簪帽衣領無不整絜便憶丘明士見明士蓬頭散帶終日酣醉吐論從橫唐突卿宰便復憶見思遠言其兩反也上既誅晏思遠遷爲侍中掌優策及起居注卒年四十九贈太常諡曰貞子思

遠與顧暠之善暠之卒後家貧思遠迎其妻子經恤甚至暠之字士明少孤好
學有義信位太子中舍人兼尚書左丞

王韶之字休泰胡之從孫而敬弘從祖弟也祖羨之鎮軍掾父偉之少有志尚
當世詔命表奏輒手自書寫泰元隆安時事大小悉撰錄位本國郎中令韶之
家貧好學嘗三日絕糧而執卷不輟家人誚之曰困窮如此何不耕答曰我常
自耕耳父偉之爲烏程令韶之因居縣境好史籍博涉多聞初爲衞將軍謝琰
行參軍得父舊書因私撰晉安帝陽秋及成時人謂宜居史職卽除著作佐郎
使續後事訖義熙九年善敘事辭論可觀遷尚書祠部郎晉帝自孝武以來常
居內殿武官主書於中通呈以省官一人管詔誥住西省因謂之西省郎傅亮
羊徽相代在職義熙十一年宋武帝以韶之博學有文辭補通直郎領西省事
轉中書侍郎晉安帝之崩武帝使韶之與帝左右密加酖毒恭帝卽位遷黃門
侍郎領著作西省如故凡諸詔黃皆其辭也武帝受命加驍騎將軍黃門如故
西省職解復掌宋書坐璽制謬誤免黃門事在謝晦傳韶之爲晉史序王珣貨

殖王厥作亂珣子弘厥子華並貴顯韶之懼爲所陷深附結徐羨之傅亮等少帝即位遷侍中出爲吳郡太守羨之被誅王弘入相領揚州刺史弘雖與韶之不絕諸弟未相識者皆不復往來韶之在郡常慮爲弘所繩夙夜勤勵政績甚美弘亦抑其私憾文帝兩嘉之韶之稱爲良守徵爲祠部尚書加給事中坐去郡長取送故免官後爲吳興太守卒撰孝傳三卷文集行於世宋廟歌辭韶之所制也子曄位臨賀太守

王悅之字少明晉右軍將軍羲之曾孫也祖獻之中書令父靖之司徒左長史爲劉穆之所厚就穆之求侍中如此非一穆之曰卿若不求久自得之遂不果悅之少厲清操亮直有風檢爲吏部郎隣省有會同者遺悅之餅一甌辭不受曰此誠費小然少來不願當之宋明帝泰始中爲黃門郎御史中丞上以其廉介賜良田五頃以爲侍中在門下盡其心力掌檢校御府太官太醫諸署時承奢忲之後姦竊者衆悅之按覆無所避得姦巧甚多於是衆署共呪詛悅之病甚恆見兩烏衣人捶之及卒上乃收典掌者十許人桎梏之送淮陰密令度瓜

步江投之中流

王准之字元魯晉尚書僕射彬玄孫也曾祖彪之位尚書令祖臨之父納之並御史中丞彪之博聞多識練悉朝儀自是家世相傳並諳江左舊事緘之青箱世謂之王氏青箱學准之兼明禮傳贍於文辭桓玄簒位以為尚書祠部郎宋武帝起兵為太尉主簿出為山陰令有能名預討盧循功封都亭侯宋臺建除御史中丞為百僚所憚自彪之至准之四世居此職准之嘗作五言詩范泰嘲之鄉唯解彈事耳准之正色答猶差卿世載雄狐坐世子左衛率謝靈運殺人不舉免官武帝受命拜黃門侍郎永初中奏曰鄭玄注禮三年之喪二十七月而吉古今學者多謂得禮之宜晉初用王肅議祥禫共月故二十五月而除遂以為制江左以來準晉朝施用搢紳之士多遵玄義夫先王制禮以大順羣心喪也寧戚著自前經今大宋開泰品物遂理愚謂宜同即物情以玄義為制朝野一禮則家無殊俗從之元嘉中歷位侍中都官尚書改領吏部出為丹陽尹准之究識舊儀問無不對時大將軍彭城王義康錄尚書事每歎曰何須高論

玄虛正得如王准之兩三人天下便足然寡風素情悁急不爲時流所重撰儀注咸見遵用卒贈太常子輿之征虜主簿輿之子進之仕齊位給事黃門侍郎扶風太守梁武帝之舉兵也所在響應隣郡多請進之同遣脩謁進之曰非吾志也竟不行武帝嘉之梁臺建歷尚書左丞廣平天門二郡太守左衞將軍封建寧公進之子淸位散騎常侍金紫光祿大夫鎭東府長史新野東陽二郡太守安南將軍封中盧公承聖末陳武帝殺太尉王僧辯遣文帝攻僧辯壻杜龕龕告難於淸引兵援龕大敗陳文帝於吳興追奔至晉陵時廣州刺史歐陽頠亦同淸援龕中更改異殺淸而歸陳武帝子猛

猛字世雄本名勇五歲而父淸遇害陳文帝軍度浙江訪之將加夷滅母韋氏攜之遁于會稽遂免及長勤學不倦博涉經史兼習孫吳兵法以父遇酷終文帝之世不聽音樂蔬食布衣以喪禮自處宣帝立乃始求位太建初釋褐鄱陽王府中兵參軍再遷永陽王府錄事參軍猛慷慨常慕功名先是上疏陳安邊拓境之策甚見嘉納至是詔隨大都督吳明徹略地以軍功封應陽縣子累遷

太子右衛率徙晉陵太守威惠兼舉姦盜屏跡富商野次云以付王府君郡人
歌之以比漢之趙廣漢至德初徵爲左驍騎將軍加散騎常侍深見信重時孔
範施文慶等並相與比周害其梗直議將出之而未有便會廣州刺史馬靖不
受徵乃除猛都督東衡州刺史領始興內史與廣州刺史陳方慶共取靖猛至
即禽靖送建鄴進爵爲公加先勝將軍平越中郎將大都督發廣桂等二十州
兵討嶺外荒梗所至皆平禎明二年詔授鎮南大將軍都督二十四州諸軍事
尋命徙鎮廣州未之鎮而隋師濟江猛總督所部赴援時廣州刺史臨汝侯方
慶西衡州刺史衡陽王伯信並隸猛督府各觀望不至猛使高州刺史戴智烈
清遠太守曾孝遠各以輕兵就斬之而發其兵及聞臺城不守乃舉哀素服藉
槀不食歎曰申包胥獨何人哉因勒兵緣江拒守以固誠節及審後主不死乃
遣其部將辛昉馳驛赴京師歸款隋文帝大悅謂昉曰猛懷其舊主送故情深
即是我之誠臣保守一方不勞兵甲又是我之功臣即日拜昉開府儀同三司
仍詔猛與行軍總管韋洸便留嶺表經略猛母妻子先留建鄴因隨後主入京

詔賜宅及什物甚厚別賚物一千段及遣璽書勞猛仍討平山越馳驛奏聞時
文帝幸河東會猛使至大悅楊素賀因曰昔漢武此地聞喜用改縣名王猛今
者告捷遠符前事於是又降璽書褒賞以其長子繕爲開府儀同三司猛尋卒
於廣州文帝聞而痛之遣使弔祭贈上開府儀同三司封歸仁縣公命其子繕
襲仍授普州刺史仁壽元年繕弟續表陳猛志求葬關中詔許之仍贈使持節
大將軍宋州刺史三州諸軍事諡曰成納之弟瓌之字道茂位司空諮議參軍
瓌之子逡之
逡之字宣約少禮學博聞仕宋位吳令昇明末尚書右僕射王儉重儒術逡之
以著作郎兼尚書左丞參定齊國儀禮初儉撰古今喪服集記逡之難儉十一
條更撰世行五卷國學久廢齊建元二年逡之先上表立學轉國子博士又兼
著作永明起居注後位南康相光祿大夫加給事中逡之率素衣裳不澣几案
塵黑年老手不釋卷建武二年卒從弟珪之位長水校尉撰齊職儀永明九年
其子中軍參軍顥啓上其書凡五十卷詔付祕閣

素字休業彬五世孫而逡之族子也高祖翹之晉光祿大夫曾祖望之祖泰之
並不仕父元弘位平固令素少有志行家貧母老隱居不仕宋孝建大明泰始
中屢徵不就聲譽甚高山中有蚿清長聽之使人不厭而其形甚醜素乃爲蚿
賦以自況卒年五十四
論曰昔晉初度江王導卜其家世郭璞云淮流竭王氏滅觀夫晉氏以來諸王
冠冕不替蓋亦人倫所得豈唯世祿之所傳乎及于陳亡之年淮流實竭曩時
人物掃地盡矣斯乃興亡之兆已有前定天之所廢豈智識之所謀乎
南史卷二十四

南史卷二十四考證

王延之傳卽敕材官爲起三間齋屋〇材監本誤校今从各本改

王鎮之傳晉司州刺史胡之之從孫〇孫監本誤祖今訂正

王思遠傳與廬江何昌寓沛郡劉璡上表理之〇寓監本訛寓今改正

南史卷二十四考證

南史卷二十五

唐　李延壽　撰

列傳第十五

王懿　到彥之孫撝　撝子沆　沆從兄漑　漑弟洽　洽子仲舉　垣護之弟子崇祖　崇祖從兄榮祖　榮祖從父閎　閎弟子曇深　張興世子欣泰

王懿字仲德太原祁人自言漢司徒允弟幽州刺史懋七世孫也祖宏仕石季龍父苗仕苻堅皆至二千石仲德少沉審有意略事母甚謹學通陰陽精解聲律苻氏之敗仲德年十七及兄叡同起義兵與慕容垂戰敗仲德被重創走與家屬相失路經大澤困未能去臥林中有一小兒青衣年可七八歲騎牛行見仲德驚曰漢已食未仲德言飢小兒去須臾復來得飯與之食畢欲行而暴雨莫知津逗有一白狼至前仰天而號號訖銜仲德衣因度水仲德隨後得濟與叡相及度河至滑臺復爲翟遼所留使爲將帥積年仲德欲南歸乃棄遼奔太山遼追騎急夜行忽見前有猛炬導之乘火行百許里以免晉太元末徙居彭

城兄弟名犯晉宣元二帝諱故皆以字行叡字元德北土重同姓並謂之骨肉
有遠來相投者莫不竭力營贍若有一人不至者以爲不義不爲鄉邑所容仲
德聞王愉在江南貴盛是太原人乃遠來歸愉愉接遇甚薄因至始熟投桓玄
值玄篡見輔國將軍張暢言及世事仲德曰自古革命誠非一族然今之起者
恐不足以濟大事元德果勁有計略宋武帝甚知之告以義舉使於都下襲玄
仲德聞其謀謂元德曰天下事不可不密且兵亦不貴遲巧玄情無遠慮好冒
夜出入今取之正須一夫力耳事泄元德爲玄誅仲德竄走會義軍剋建鄴仲
德抱元德子方回出候武帝帝於馬上抱方回與仲德相對號慟追贈元德給
事中封安復縣侯以仲德爲鎮軍中兵參軍武帝伐廣固仲德爲前驅戰輒破
之大小二十餘戰盧循寇逼衆議並欲遷都仲德正色曰今天子當陽南面明
公命世作輔新建大功威震六合祆寇豕突恃我遠征既聞凱入將自奔散今
日投草莽則同匹夫匹夫號令何以威物此謀若立請從此辭帝悅及武帝與
循戰於左里仲德功冠諸將封新淦縣侯義熙十二年北伐進仲德征虜將軍

一珍倣宋版郅

加冀州刺史督前鋒諸軍事冠軍將軍檀道濟龍驤將軍王鎮惡向洛陽寧朔將軍劉遵考建武將軍沈林子出石門寧朔將軍朱超石胡藩向半城咸受統於仲德仲德率龍驤將軍朱牧寧遠將軍竺靈秀嚴綱等開鉅野入河乃總衆軍進據潼關長安平以仲德爲太尉諮議參軍武帝欲遷都洛陽衆議咸以爲宜仲德曰非常之事人所駭今暴師經載士有歸心故當以建鄴爲王基還都宜俟文軌大同帝深納之使衞送姚泓先還彭城武帝受命累遷徐州刺史加都督元嘉中到彥之北侵仲德同行魏棄河南司兗三州平定三軍咸喜而仲德有憂色曰諸賢不諳北土情僞必墮其計諸軍進屯靈昌魏軍於委粟津度河虎牢洛陽並不守彥之聞二城並沒欲焚舟步走仲德曰洛陽旣敗虎牢無以自立理數必然也去我猶自千里滑臺尚有強兵若便捨舟士卒必散且當入濟至馬耳谷口更詳所宜乃回軍沿濟南歷城步上焚舟棄甲還至彭城仲德坐免官尋與檀道濟救滑臺糧盡乃歸自是復失河南九年又爲徐州刺史仲德三臨徐州威德著於彭城立佛寺作白狼童子像於塔中以在河北所遇

也進號鎮北大將軍十五年卒諡曰桓侯亦於廟立白狼童子壇每祭必祠之子正循嗣爲家僮所殺仲德兄孫文和景和中爲征北義陽王昶府佐昶於彭城奔魏部曲皆散文和獨送至界上昶謂曰諸人皆去卿有老母何獨不去文和乃去昇明中爲巴陵內史沈攸之事起文和斬其使馳白齊武帝及齊永明年中歷青冀兗益四州刺史

到彥之字道豫彭城武原人楚大夫屈到後也宋武帝討孫恩以鄉里樂從每有戰功義旗將起彥之家在廣陵臨川武烈王道規剋桓弘彥之時近行聞事捷馳歸而道規已南度江倉卒晚方獲濟及至京口武帝已向建鄴孟昶居守留之及見武帝被責不自陳昶又不申理故不加官義熙元年補鎮軍行參軍六年盧循逼都彥之與檀道濟掩循輜重與循黨荀林戰敗免官後以軍功封佷山縣子爲太尉中兵參軍驃騎將軍道憐鎮江陵以彥之爲驃騎諮議參軍尋還司馬南郡太守又從文帝西鎮除使持節南蠻校尉武帝受命進爵爲侯彥之佐守荊楚垂三十載威信爲士庶所懷及文帝入奉大統以徐羨之等新

有簒虐懼欲使彥之領兵前驅彥之曰了彼不貳便應朝服順流若使有虞此
師旣不足恃更開嫌隙之端非所以副遠邇之望也會雍州刺史褚叔度卒乃
遣彥之權鎮襄陽羨之等欲卽以彥之爲雍州上不許徵爲中領軍委以戎政
彥之自襄陽下謝晦已至鎮慮彥之不過己彥之至楊口步往江陵深布誠款
晦亦厚自結納彥之留馬及利劍名刀以與晦晦由此大安元嘉三年討晦進
彥之鎮軍於彭城洲戰不利咸欲退還夏口彥之不回會檀道濟至晦乃敗走
江陵平因監荆州州府事改封建昌縣公其秋還南豫州刺史監六州諸軍事
鎮歷陽上於彥之恩厚將加開府欲先令立功七年遣彥之制督王仲德竺靈
秀尹沖段宏趙伯符竺靈真庾俊之朱脩之等北侵自淮入泗泗水滲日裁行
十里自四月至七月始至東平須昌縣魏滑臺虎牢洛陽守兵並走彥之留朱
脩之守滑臺尹沖守虎牢杜驥守金墉十年魏軍向金墉城次至虎牢杜驥奔
走尹沖衆潰而死魏軍仍進滑臺時河冰將合糧食又罄彥之先有目疾至是
大動將士疾疫乃回軍焚舟步至彭城初遣彥之資實甚盛及還凡百蕩盡府

藏爲空文帝遣檀道濟北救滑臺收彥之下獄免官兗州刺史竺靈秀弃軍伏誅明年夏起爲護軍九年復封邑固辭明年卒乃復先戸邑諡曰忠公孝建三年詔彥之與王華王曇首配食文帝廟庭長子元度位益州刺史少子仲度嗣位驃騎從事中郎兄弟並有才用皆早卒仲度子撝

撝字茂謙襲爵建昌公宋明帝立欲收物情以撝功臣之後自長兼左戸郎中擢爲太子洗馬撝資藉豪富厚自奉養供一身一月十萬宅宇山池伎妾姿藝皆窮上品才調流贍善納交游愛伎陳玉珠明帝遣求不與逼奪之撝頗怨帝令有司誣奏將殺之撝入獄數宿鬚鬢皆白免死繫尙方奪封與弟賁撝由是更以貶素自立明帝崩弟賁讓封還撝朝議許之弟遁元徽中爲南海太守在廣州昇明元年沈攸之反刺史陳顯達起兵應朝廷遁猶豫見殺遁家人在都從野夜歸見兩三人持堊刷其家門須臾而滅明日而遁死問至撝懼詣齊高帝謝即板撝武帝中軍諮議參軍建元初國除武帝即位累遷司徒左長史宋時武帝與撝同從宋明帝射雉郊野渴倦撝得早青瓜與上對剖食之上又數

游撝家懷其舊德至是一歲三遷永明元年爲御史中丞車駕幸丹陽郡宴飲

撝恃舊酒後狎侮同列謂庾杲之曰蠢爾蠻荊其俗鄙復謂虞悰曰斷髮文身

其風陋王晏既貴雅步從容又問曰王散騎復何故爾晏先爲國常侍轉員外

散騎郎此二職清華所不爲故以此嘲之王敬則執楧查以刀子削之又曰此

非元徽頭何事自契之爲左丞庾杲之所糺以贖論再遷左衞將軍隨王子隆

帶彭城郡撝問訊不脩部下敬爲有司舉免官後爲五兵尚書廬陵王中軍長

史卒子沆嗣

沆字茂瀣幼聰敏五歲時父撝於屏風抄古詩沆請教讀一遍便能諷誦及長

善屬文工篆隸美風神容止可悅梁天監初爲征虜主簿東宮建以爲太子洗

馬時文德殿置學士省召高才碩學待詔沆通籍焉武帝宴華光殿命羣臣賦

詩獨詔沆爲二百字三刻便成沆於坐立奏其文甚美俄以洗馬管東宮書記

及散騎省優策文三年詔尚書郎在職清能者爲侍郎以沆爲殿中曹侍郎此

曹以文才選沆從父兄溉洽並有才名時相代爲之見榮當世遷太子中舍人

沆爲人謙敬口不論人短任昉范雲皆與善後卒於北中郎諮議參軍所著詩賦百餘篇

溉字茂灌撝弟子也父坦齊中書郎溉少孤貧與兄沼弟洽俱知名起家王國左常侍樂安任昉大相賞好坦提攜溉洽二人廣爲聲價所生母魏本寒家悉越中之資爲二兒推奉昉梁天監初昉出守義興要溉洽之郡爲山澤之遊昉還爲御史中丞後進皆宗之時有彭城劉孝綽劉苞劉孺吳郡陸倕張率陳郡殷芸沛國劉顯及溉洽車軌日至號曰蘭臺聚陸倕贈昉詩云和風雜美氣下有眞人遊壯矣荀文若賢哉陳太丘今則蘭臺聚萬古信爲儔任君本達識張子復清脩既有絕塵到復見黃中劉時謂昉爲任君比漢之三君到則溉兄弟也除尚書殿中郎後爲建安太守昉以詩贈之求二衫段云鐵錢兩當一百易代名實爲惠當及時無待涼秋日溉荅云余衣本百結閩中徒八蠶假令金如粟詎使廉夫貪還爲太子中舍人溉長八尺眉目如點白皙美鬚髯舉動風華善於應答上用爲通事舍人中書郎兼吏部太子中庶子湘東王繹爲會稽太

守以漑爲輕車長史行府郡事武帝勑繹曰到漑非直爲汝行事足爲汝師漑嘗夢武帝遍見諸子至湘東而脫帽與之於是密敬事焉遭母憂居喪盡禮所處廬開方四尺毀瘠過人服闋猶蔬食布衣者累載歷御史中丞都官左戶二尚書掌吏部尚書時何敬容以令參選事有不允漑輒相執敬容謂人曰到漑尚有餘臭遂學作貴人敬容日方貴寵人皆下之漑忤之如初漑祖彥之初以擔糞自給故世以爲譏云後省門鵄尾被震漑左遷光祿大夫所莅以清白自脩性又率儉不好聲色虛室單牀傍無姬侍冠履十年一易朝服或至穿補傳呼清路示有朝章而已後爲散騎常侍侍中國子祭酒表求列武帝所撰正言於學請置正言助教二人學生二十人尚書左丞賀琛又請加置博士一人漑特被武帝賞接每與對棊從夕達旦或復失寢加以低睡帝詩嘲之曰狀若喪家狗又似懸風槌當時以爲笑樂漑第居近淮水齋前山池有奇礓石長一丈六尺帝戲與賭之并禮記一部漑並輸焉未進帝謂朱异曰卿謂到漑所輸可以送未斂板對曰臣既事君安敢失禮帝大笑其見親愛如此石卽迎置華林

園宴殿前移石之日都下傾城縱觀所謂到公石也溉奕棊入第六品常與朱异韋黯於御坐校棊比勢復局不差一道後因疾失明詔以金紫光祿大夫散騎常侍就第養疾溉少有美名遂不爲僕射人爲之恨溉澹如也家門雍睦兄弟特相友愛初與弟洽恆共居一齋洽卒後便捨爲寺蔣山有延賢寺溉家世所立溉得祿俸皆充二寺因斷腥羶終身蔬食別營小室朝夕從僧徒禮誦武帝每月三致淨饌恩禮甚篤性不好交游唯與朱异劉之遴張綰同志友密及臥疾門可羅雀唯三人每歲時恒鳴騶枉道以相存問置酒極歡而去以太清二年卒臨終託張劉勒子孫薄葬之禮曰氣絕便斂斂以法服先有冢竁斂竟便葬不須擇日凶事必存約儉孫姪不得違言便屏家人請僧讀經贊唄及卒顏色如恆手屈二指卽佛道所云得果也時朝廷多事遂無贈謚有集二十卷行於時子鏡鏡字圓照初在孕其母夢懷鏡及生因以名焉鏡五歲便口授爲詩婉有辭況位太子舍人作七悟文甚美先溉卒鏡子藎早聰慧位尙書殿中郎嘗從武帝幸京口登北顧樓賦詩藎受詔便就上以示溉曰藎定是才子翻

恐卿從來文章假手於蓋因賜絹二十疋後溉每和御詩上輒手詔戲溉曰得
無貽厥之力乎又賜溉連珠曰硯磨墨以騰文筆飛毫以書信如飛蛾之赴火
豈焚身之可吝必耄年其已及可假之於少蓋其見知賞如此後除丹尹丞太
清亂赴江陵卒溉弟洽

洽字茂沿清警有才學父坦以洽無外家乃求娶於羊玄保以爲外氏洽年十
八爲徐州迎西曹行事謝朓文章盛於一時見洽深相賞好每稱其兼資文武
朓後爲吏部欲薦之洽覩時方亂深相拒絕遂築室巖阿幽居積歲時人號曰
居士任昉與洽兄沼溉並善嘗訪洽於田舍歎曰此子日下無雙遂申拜親之
禮梁武帝嘗問待詔丘遲曰到洽如何沆溉遲曰正情過於沆文章不減溉加
此清言殆將難及即召爲太子舍人御幸華光殿詔洽及沆蕭琛任昉侍宴賦
二十韻詩以洽辭爲工賜絹二十疋上謂昉曰諸到可謂才子昉曰臣常竊議
宋得其武梁得其文遷司徒主簿直待詔省敕使抄甲部書爲十二卷遷尚書
殿中郎後爲太子中舍人與庶子陸倕對掌東宮管記俄爲侍讀侍讀省仍置

學士二人洽充其選遷國子博士奉勑撰太學碑累遷尚書吏部郎請託不行
徙左丞準繩不避貴戚時帝欲親戎軍國禮容多自洽出尋遷御史中丞號爲
勁直少與劉孝綽善下車便以名教隱穢首彈之孝綽託與諸弟書實欲聞之
湘東王公事左降猶居職舊制中丞不得入尚書下舍洽兄溉爲左戶尚書洽
引服親不應有礙刺省詳決左丞蕭子雲議許入溉省亦以其兄弟素篤不相
別也出爲尋陽太守卒贈侍中諡理子洽美容質善言吐弱年聽伏曼容講未
嘗傍膝伏深歎之文集行於世子仲舉
仲舉字德言無他藝業而立身耿正仕梁爲長城令政號廉平陳文帝居鄉里
嘗詣仲舉時天陰雨仲舉獨坐齋內聞城外有簫鼓聲俄而文帝至仲舉異之
乃深自結帝又嘗因飲夜宿仲舉帳中忽有神光五采照于室內由是祗事益
恭及侯景平文帝爲吳興太守以仲舉爲郡丞與潁川庾持俱爲文帝賓客文
帝嗣位授侍中參掌選事天嘉元年守都官尚書封寶安縣侯三年遷尚書左
僕射丹陽尹參掌如故改封建昌縣侯仲舉既無學術朝章非其所長選舉引

用皆出自袁樞性疎簡不干時務與朝士無所親狎但聚財酣飲而已文帝積年寢疾不親萬機尚書中書事皆使仲舉斷決天康元年遷侍中尚書僕射文帝疾甚入侍醫藥及帝崩宣帝受遺爲尚書令入輔仲舉與左丞王暹中書舍人劉師知殷不佞以朝望有歸乃遣不佞宣旨遣宣帝還東府事發師知下獄賜死暹不佞並付推乃以仲舉爲貞毅將軍金紫光祿大夫初仲舉子郁尚文帝妹信義長公主官至中書侍郎出爲宣城太守文帝配以士馬是年遷南康內史以國哀未之任仲舉既廢居私宅與郁皆不自安時韓子高在都人馬素盛郁每乘小輿蒙婦人衣與子高謀子高軍主告其事宣帝收子高仲舉及郁並於獄賜死郁諸男女帝甥獲免

垣護之字彥宗略陽垣道人也族姓豪強石季龍時自略陽徙鄴祖敞仕苻氏爲長樂國郎中令伯父遵父苗仕慕容超並見委任遵爲尚書苗爲京兆太守宋武帝圍廣固遵苗踰城歸降並以爲太尉行參軍元嘉中遵爲員外散騎常侍苗屯騎校尉仍家下邳護之少倜儻不拘小節形狀短陋而氣幹強果元嘉

初爲殿中將軍隨到彥之北侵魏彥之將回師護之書諫彥之不納散敗而歸文帝聞而善之累遷鍾離太守隨王玄謨入河玄謨攻滑臺護之百舸爲前鋒進據石濟及魏救將至馳書勸玄謨急攻之不見從玄謨敗退不暇報護之而魏軍悉牽玄謨水軍大艚連以鐵鏁三重斷河以絶護之還路河水迅急護之中流而下每至鐵鏁以長柯斧斷之魏人不能禁唯失一舸餘舸並全留戍糜溝城還爲江夏王義恭驃騎戶曹參軍戍淮陰領濟北太守三十年文帝崩還屯歷下孝武入討率所領馳赴帝以爲冀州刺史及南郡王義宣反兗州刺史徐遺寶護之妻弟也與護之書勸使同逆護之馳使以聞率軍隨沈慶之等擊魯爽義宣率大衆至梁山與王玄謨相持柳元景率護之及護之弟詢之柳叔仁鄭琨等出鎮新亭玄謨求上遣元景等進據南州護之水軍先發大破賊將龐法起元景乃以精兵配護之追討會朱脩之已平江陵至尋陽而還還徐州刺史封益陽縣侯後拜青冀二州刺史鎮歷城大明二年徵爲右衛將軍還於道聞竟陵王誕據廣陵反護之卽率部曲受車騎大將軍沈慶之節度事平轉

臨淮太守徙豫州刺史護之所莅多聚斂賄貨七年坐下獄免官明年起爲太中大夫未拜以憤卒謚壯侯

崇祖字敬遠一字僧寶護之弟子也父詢之驍敢有氣力元凶弑逆嗣輔國將軍張柬時張超手行大逆亦領軍隸柬詢之規殺之慮柬不同柬宿有此志又未測詢之同否互相觀察會超來論事柬色動詢之覺之卽共定謀遣召超超疑之不至改宿他所詢之不知逕往斫之殺其僕於牀因與柬南奔時孝武已卽位以爲積射將軍梁山之役力戰中流矢卒贈冀州刺史崇祖年十四有幹略伯父護之謂門宗曰此兒必大吾門後隨徐州刺史薛安都入魏尋又率門宗據朐山歸宋求淮北立功明帝以爲北琅邪蘭陵二郡太守封下邳子及齊高帝鎭淮陰崇祖時戍朐山旣受都督祗奉甚至帝以其武勇善待之崇祖謂其妹夫皇甫肅曰此眞吾君也遂密布誠節高帝威名已著宋明帝尤所忌疾徵爲黃門郎規害高帝崇祖建策以免由是甚見親參豫密謀元徽末高帝懼禍令崇祖入魏崇祖卽以家口託皇甫肅勒數百人將入魏界更聽後旨會蒼

梧廢召崇祖還都及齊高帝新踐阼恐魏致討以送劉昶爲辭以爲軍衝必在壽春非崇祖莫可爲捍徙爲豫州刺史監豫司二州諸軍事封望蔡侯建元二年魏遣劉昶攻壽春崇祖乃於城西北立堰塞肥水堰北起小城使數千人守之謂長史封延伯曰虜必悉力攻小城若破此堰放水一激急逾三峽自然沉溺豈非小勞而大制邪及魏軍由西道集堰南分軍東路內薄攻小城崇祖著白紗帽肩輿上城手自轉式日晡時決小史埭水勢奔下魏攻城之衆溺死千數大衆退走初崇祖於淮陰見高帝便自比韓白唯上獨許之及破魏軍啓至上謂朝臣曰崇祖恒自擬韓白今眞其人也進爲都督崇祖聞陳顯達李安人皆增給軍儀乃啓求鼓吹橫吹上敕曰韓白何可不與衆異給鼓吹一部崇祖慮魏復攻淮北啓徙下蔡戍於淮東其冬魏果欲攻下蔡及聞內徙乃揚聲平除故城衆疑魏當於故城立戍崇祖曰下蔡去鎭咫尺魏豈敢置戍實是欲除此城正恐奔走殺之不盡耳魏果夷掘下蔡城崇祖大破之武帝即位爲五兵尚書領驍騎將軍初豫章王有盛寵武帝在東宮崇祖不自附及破魏軍詔使

還朝與共密議武帝疑之曲加禮待酒後謂曰世閒流言我已豁懷抱自今已後富貴見付也崇祖拜謝及去後高帝復遣荀伯玉敕以邊事受旨夜發不得辭東宮武帝以爲不盡誠心銜之永明元年詔稱其與荀伯玉搆扇邊荒誅之故人無敢至者獨有前豫州主簿夏侯恭叔出家財爲殯時人以比欒布恭叔譙國人崇祖爲豫州聞其才義辟爲主簿兼掌書翰高帝即位方鎮皆有賀表王儉見崇祖啓咨嗟良久曰此恭叔辭也時宋氏封爵隨軍遷改恭叔以柳元景中興元勳劉勔殞身王事不宜見廢上表論之甚有義理事雖不從優詔見答後爲竟陵令惠化大行木連理上有光如燭咸以善政所致

榮祖字華先崇祖從父兄也父諒之宋北中郎府參軍榮祖少學騎射或曰何不學書榮祖曰曹操曹丕上馬橫槊下馬談論此可不負飲食矣君輩無自全之伎何異犬羊乎宋孝建中爲後軍參軍伯父豫州刺史護之子襲祖爲淮陽太守孝武以事徙之嶺南護之不食而死帝疾篤又使殺襲祖臨死與榮祖書曰弟嘗勸我危行言遜今果敗矣明帝初即位四方反除榮祖冗從僕射遣還

徐州說刺史薛安都曰天之所廢誰能興之使君今不同八百諸侯如下官所見非計中也安都曰今京都無百里地莫論攻圍取勝自可相拍手笑殺且我不欲負孝武榮祖曰孝武之行足致餘殃今雖天下雷同正是速死無能爲也安都曰不知諸人云何我不畏此大蹄馬在近急便作計榮祖被拘不得還因爲安都將領安都引魏軍入彭城榮祖攜家屬南奔朐山齊高帝在淮陰榮祖歸附高帝保持之及宋明帝崩高帝書送榮祖詣僕射褚彥回除東海太守彥回謂曰蕭公稱卿幹略故以郡相處榮祖善彈登西樓見翔鵠雲中謂左右當生取之於是彈其兩翅毛脫盡墜地無傷養毛生後飛去其妙如此元徽末蒼梧凶狂恆欲危害高帝帝欲奔廣陵起事荀伯玉等皆贊成之榮祖諫曰領府去臺百步公走人豈不知若單騎輕行廣陵人一旦閉門不相受公欲何之公今動足下牀恐便有叩臺門者公事去矣蒼梧明夕自至領府扣門欲害帝帝嘗以書案下安鼻爲楯以鐵爲書鎮如意甚壯大以備不虞欲以代杖蒼梧至府而日且申令夕須至一處作適還當取奴尋遇殺齊高帝謂榮祖曰不用卿

言幾無所成豫佐命勳封將樂縣子永明二年爲尋陽相南新蔡太守被告作大形棺材威仗使鄉人載度江北案驗無實見原後拜兗州刺史初巴東王子響事方鎮皆啓稱子響爲逆榮祖曰此非所宜言政應云劉寅等孤負恩獎逼迫巴東使至於此時諸啓皆不得通事平後上乃省視以榮祖爲知言九年卒從弟歷生亦爲驍將位太子右率性苛暴與始安王遙光同反伏誅

閎字叔通榮祖從父也父遵位員外常侍閎爲宋孝武帝南中郎參軍孝武帝卽位以爲交州刺史時交土全實閎罷州還資財鉅萬孝武末年貪慾刺史二千石罷任還都必限使獻奉又以蒱戲取之要令罄盡乃止閎還至南州而孝武晏駕擁南資爲富人明帝初以爲司州刺史北破薛道標封樂鄉縣男出爲益州刺史蜀還之貨亦數千金先送獻物傾西資之半明帝猶嫌其少及閎至都詣廷尉自簿先詔獄官留閎於是悉送資財然後被遣凡蠻夷不受鞭罰輸財贖罪謂之賧時人謂閎被賧刺史歷度支尚書衞尉齊高帝輔政使褚彥回爲子晃求閎女閎辭以齊大非偶帝雖嘉其退讓而心不能歡卽以晃婚王伷

女謂豫章王嶷曰前欲以白象與垣公婚者重其夷澹事雖不遂心常依然白
象晃小字也及高帝即位以有誠心封爵如故卒於金紫光祿大夫謚曰定子
憘伯襲爵憘伯少負氣豪俠妙解射雉尤爲武帝所重以爲直閤將軍與王文
和俱任頗以地勢陵之後出爲巴西梓潼二郡太守時文和爲益州刺史曰每
憶昔日俱在閤下卿時視我如我今日見卿因誣其罪馳信啓之又輒遣蕭寅
代憘伯爲郡憘伯亦别遣啓臺閉門待報寅以兵圍之齊明帝輔政知其無罪
不欲乖文和乃敕憘伯解郡還爲寅軍所躡束手受害
閔弟子曇深以行義稱爲臨城縣罷歸得錢十萬以買宅奉兄退無私蓄先是
劉楷爲交州謂王儉曰欲一人爲南土所聞者同行儉良久曰得之矣昔垣閎
爲交州閎弟閎又爲九真郡皆著信南中羽林監曇深者閎之子也雅有學行
當令同行及隨楷未至交州而卒儉惆悵良久曇深妻鄭氏字獻英滎陽人時
年二十子文凝始生仍隨楷到鎮晝夜紡織傍無親援年既盛美甚有容德自
厲冰霜無敢望其門者居一年私裝了乃告楷求還楷大驚曰去鄉萬里固非

孀婦所濟遂不許鄭又曰垣氏羈魂不反而其孤藐幼妾若一同灰壤則何面目以見先姑因大悲泣楷愴然許之厚爲之送於是間關危險遂得至鄉葬畢乃曰可以下見先姑矣時文凝年甫四歲親教經禮訓以義方州里稱美又有吳興丘景賓字彥先亦以節義聞父康祖無錫令亡後僮僕數十人及宅宇產畜景賓悉讓與兄鎮之鎮之又推齋屋三間與之亦不肯受太守孔山士歎曰聞柳下惠之風貪夫廉懦夫有立志復見之矣終於奉朝請

張興世字文德竟陵人也本單名世宋明帝益爲興世少家貧白衣隨王玄謨伐蠻後隨孝武鎮尋陽補南中郎參軍督護從入討元凶及南郡王義宣反又隨玄謨出梁山有戰功明帝即位四方反叛進興世龍驤將軍領水軍拒南賊時臺軍據赭圻朝廷遣吏部尚書褚彥回就赭圻行選是役也皆先戰授位檄板不供由是有黃紙札南賊屯在鵲尾既相持久不決興世建議曰賊據上流兵張地勝今以奇兵潛出其上使其首尾周惶進退疑阻糧運艱礙乃制勝之奇沈攸之吳喜並贊其計分戰士七千配之興世乃令輕舸泝流而上旋復回

還一二日中輒復如此使賊不爲之防賊帥劉胡聞與世欲上笑之曰我尚不
敢越彼下取揚州與世何人欲據我上與世謂攸之等曰上流唯有錢溪可據
乃往據之及劉胡來攻將士欲迎擊之與世曰賊來尚遠而氣驟盛矣夫驟既
力盡盛亦易衰此曹劌所以破齊也將士不得妄動賊來轉近與世乃命壽寂
之任晨夫率壯士擊走之袁顗愠曰賊據人肝藏裏云何得活是月朔賭圻軍
士伐木爲柵於青山遇一童子曰賊下旬當平無爲自苦忽不見至是果敗與
世又遏其糧道賊衆漸飢劉胡棄軍走袁顗仍亦奔散與世遂與吳喜共平江
陵還右軍將軍封作唐縣侯歷雍州刺史左衞將軍以疾徙光祿大夫尋卒與
世居臨沔水自襄陽以下至于江二千里先無洲嶼與世初生當其門前水中
一旦忽生洲年年漸大及與世爲方伯而洲上遂十餘頃父仲子由與世致位
給事中與世欲將往襄陽愛鄉里不肯去嘗謂與世曰我雖田舍老公樂聞鼓
角汝可送一部行田時欲吹之與世素恭謹畏法譬之曰此是天子鼓角非田
舍公所吹與世欲拜墓仲子謂曰汝衞從太多先人必當驚怖與世感撤而行

子欣泰

欣泰字義亨不以武業自居好隸書讀子史年十餘詣吏部尚書褚彥回彥回問張郎弓馬多少答曰性怯畏馬無力牽弓彥回甚異之歷諸王府佐宋元徽中與世在家擁雍州還資見錢三千萬蒼梧王自領人劫之一夜垂盡與世憂懼病卒欣泰兄欣華時爲安成郡欣泰悉封餘財以待之齊建元初爲尚書都官郎武帝與欣泰早款遇及卽位以爲直閣將軍後爲武陵內史坐贓私殺人被糾見原還復爲直閣步兵校尉領羽林監欣泰通涉雅俗交結多是名素下直輒著鹿皮冠納衣錫杖挾素琴有以啓武帝帝曰將家兒何敢作此舉止後從駕出新林敕欣泰廉察欣泰停仗於松樹下飲酒賦詩制局監呂文度以啓武帝帝大怒遣出數日意釋召謂曰卿不樂武職當處卿清貴除正員郎出爲鎭軍南中兵參軍南平內史巴東王子響殺僚佐上遣中庶子胡諧之西討使欣泰爲副欣泰謂諧之曰今太歲在西南逆歲行軍兵家深忌若且頓軍夏口宣示禍福可不戰而擒也諧之不從進江津尹略等見殺事平欣泰徙爲隨王

子隆鎭西中兵改領河東内史子隆深相愛重數與談宴意遇與謝朓相次典
籤密啓之武帝怒召還都屏居家巷置宅南岡下面接松山欣泰負弩射雉恣
情閑放聲伎雜藝頗多開解明帝卽位爲領軍長史遷諮議參軍上書陳便宜
二十條其一條言宜毀廢塔寺帝病優詔報答建武二年魏圍鍾離欣泰爲軍
主隨崔慧景救援及魏軍退而邵陽洲上餘兵萬人求輸馬五百疋假道慧景
欲斷路攻之欣泰說慧景曰歸師勿遏古人畏之死地兵不可輕也慧景乃聽
過時領軍蕭坦之亦援鍾離還啓明帝曰邵陽洲有死賊萬人慧景欣泰放而
不取帝以此皆不加賞四年出爲永陽太守永元初還都崔慧景圍城欣泰入
城守備事寧除廬陵王安東司馬梁武帝起兵東昏以欣泰爲雍州刺史欣泰
與弟前始安内史欣時密謀結太子右率胡松前南譙太守王靈秀直閤將軍
鴻選舍德主帥苟勵直後劉靈運等並同契會帝遣中書舍人馮元嗣監軍救
郢茹法珍梅蟲兒及太子右率李居士制局監楊明泰等十餘人相送中興堂
欣泰等使人懷刀於坐斫元嗣頭墜果柈中又斫明泰破其腹蟲兒傷數創手

指皆墜居士踰牆得出茹法珍亦散走還臺靈秀仍往石頭迎建安王寶寅率
文武數百唱警蹕至杜姥宅欣泰初聞事發馳馬入宮冀法珍等在外城內處
分必盡見委因行廢立既而法珍得返處分關門上仗不配欣泰兵鴻選在殿
內亦不敢發城外衆尋散少日事覺欣泰胡松等皆伏誅欣泰少時有人相其
當得三公而年裁三十後屋瓦墜傷額又問相者云無復公相年壽更增亦可
得方伯耳死時年三十六

論曰王仲德受任二世能以功名始終入關之役檀王咸出其下元嘉北討則
受督於人有蘭生之志而無關公之憤長者哉道豫雖地居豐沛榮非恩假時
歷四代人焉不絕文武之道不墜斯門殆爲優矣垣氏宋齊之際世著武節崇
祖陳力疆埸以韓白自許竟而杜郵之酷可爲痛哉與世鵲浦之奇遠有深致
其垂組建旆豈徒然也

南史卷二十五

南史卷二十五考證

到彥之傳後以軍功封佷山縣子○佷山縣屬武陵郡

垣閎傳羽林監曇深者閎之子也○閎監本作閎查上文云閎弟子曇深又云閎弟閱今改從閣本

張欣泰傳欣泰通涉雅俗交接多是名素○素監本誤哀今從南本

後屋瓦墜傷額○屋瓦監本作瓦屋今改從齊書

南史卷二十五考證

南史卷二十六

唐　李　延　壽　撰

列傳第十六

袁湛 弟豹 豹子淑 淑兄子顗 顗從弟粲 顗弟子彖 彖從弟昂 馬仙琕 昂子君正 君正子樞 樞弟憲 君正弟敬 泌

袁湛字士深陳郡陽夏人也祖耽晉歷陽太守父質琅邪內史並知名湛少與弟豹並爲從外祖謝安所知安以其兄子玄女妻湛宋武帝起兵以爲鎮軍諮議參軍以從征功封晉寧縣五等男義熙十二年爲尚書右僕射武帝北伐湛兼太尉與兼司空尚書范泰奉九命禮拜授武帝帝沖讓湛等隨軍至洛陽住栢谷塢泰議受使未畢不拜晉帝諸陵湛獨至五陵展敬時人美之初陳郡謝重王胡之外孫也於諸舅敬禮多闕重子絢湛之甥也嘗於公坐慢湛湛正色謂曰汝便是兩世無渭陽情絢有愧色十四年卒贈左光祿大夫文帝卽位以后父贈侍中以左光祿大夫開府儀同三司謚曰敬公大明三年孝武幸籍田

經湛墓遣使致祭增守墓五戶子淳淳子植並早卒
湛弟豹字士蔚好學博聞善談雅俗每商較古今兼以誦詠聽者忘疲爲御史
中丞時鄱陽縣侯孟懷玉上母檀拜國太夫人有司奏許豹以婦人從夫爵懷
玉父大司農綽見居列卿妻不宜從子奏免尚書右僕射劉柳等官詔並贖論
後爲丹陽尹太尉長史義熙九年卒官以參伐蜀謀追封南昌縣五等子子淑
淑字陽源少有風氣年數歲伯父湛謂人曰此非凡兒至十餘歲爲姑夫王弘
所賞博涉多通不爲章句學文采遒豔從橫有才辯彭城王義康命爲司徒祭
酒義康不好文學雖外相禮接意好甚疎從母兄劉湛欲其附已而淑不爲改
意由是大相乖失淑乃賦詩曰種蘭忌當門懷璧莫向楚楚少別玉人門非植
蘭所尋以久疾免官元嘉二十六年累遷尚書吏部郎其秋大舉北侵從容曰
今當席捲趙魏檢玉岱宗願上封禪書一篇文帝曰盛德之事我何足以當之
出爲始興王濬征北長史南東海太守淑始到府濬引見謂曰不意舅遂垂屈
佐淑答曰朝廷遣下官本以光公府望也還爲御史中丞時魏軍南伐至瓜步

文帝使百官議防禦之術淑上議其言甚誕淑喜誇每爲時人所嘲始與王濬嘗送錢三萬餉淑一宿復遣人追取謂爲使人謬誤欲以戲淑淑與濬書曰聞之前志曰七年之中一與一奪義士猶或非之況密邇旬次何其裒益之亟也竊恐二三諸侯有以覘大國之政還太子左衞率元凶將爲逆其夜淑在直呼淑及蕭斌等流涕告以明旦當行大事望相與戮力淑斌並曰自古無此願加善思劭怒斌懼曰謹奉令淑叱之曰卿便謂殿下真有是邪殿下幼時嘗患風或是疾動耳劭愈怒因問曰事當剋不淑曰居不疑之地何患不剋但既剋之後爲天地所不容大禍亦旋至耳劭左右引淑衣曰此是何事而可言罷劭因起賜淑等袴褶又就主衣取錦裁三尺爲一段又中裂之分斌與淑及左右使以縛袴褶淑出還省繞牀至四更乃寢劭將出已與蕭斌同載呼淑甚急淑眠終不起劭停車奉化門催之相續徐起至車後劭使登車辭不上劭命左右殺之於奉化門外槐樹下劭即位追贈太常孝武即位贈侍中太尉謚曰忠憲公又詔淑及徐湛之江湛王僧綽卜天與四家長給廩淑文集傳於世諸子並早

卒兄洵吳郡太守諡曰貞洵子顗
顗字國章初爲豫州主簿累遷晉陵太守襲南昌縣五等子大明末拜侍中領
前軍將軍時新安王子鸞以母嬖有盛寵太子在東宮多過上微有廢太子立
子鸞之意從容言之顗盛稱太子好學有日新之美帝怒振衣而入顗亦厲色
而出左丞徐爰言於帝請宥之帝意解後帝又以沈慶之才用不多言論頗相
嗤毀顗又陳慶之忠勤有幹略堪當重任由是前廢帝深感顗慶之亦懷其德
景和元年誅羣公欲引進顗任以朝政遷爲吏部尚書封新淦縣子俄而意趣
乖異寵待頓衰始令顗與沈慶之徐爰參知選事尋復反以爲罪使有司糾奏
坐白衣領職從幸湖熟往反數日不被命顗慮禍求出乃除建安王休仁安西
長史休仁不行即以顗爲領寧蠻校尉雍州刺史加都督顗舅蔡興宗謂曰襄
陽至惡豈可昌邪顗曰白刃交前不救流矢今日之行本願生出虎口且天道
遼遠何必皆驗如其有徵當脩德以禳之於是狼狽上路恆慮見追後至尋陽
曰今知免矣與鄧琬款狎過常每清閑必盡日窮夜顗與琬人地本殊衆知其

有異志矣及至襄陽使劉胡繕脩兵械會明帝定大事進顗號右將軍遣荊州典籤邵宰乘驛還江陵道由襄陽顗反意已定而糧仗未足欲且奉表於明帝顗子祕書丞戩曰一奉表疏便為彼臣以臣伐君於義不可顗從之顗詐云被太皇后令使其起兵便建牙馳檄奉勸晉安王子勛即大位與琬書使勿解甲子勛即位進顗號安北將軍加尚書左僕射顗本無將略在軍中未嘗戎服語不及戰陣唯賦詩談議而已不能撫接諸將劉胡每論事酬對甚簡由此大失人情胡常切齒恚恨胡以南軍未至軍士匱乏就顗換襄陽之資顗答曰都下兩宅未成方應經理不可損徹又信往來之言言都下米貴斗至數百以為不勞攻伐行自離散於是擁甲以待之明帝使顗舊門生徐碩奉手詔譬顗曰卿未經為臣今追蹤竇融猶未晚也及劉胡叛走不告顗顗至夜方知大怒罵曰今年為小子所誤呼取飛鷰謂其眾曰我當自出追之因又遁走至鵲頭與戍主薛伯珍及其所領數千步取青林欲向尋陽夜止山間宿殺馬勞將士顗顧伯珍曰我舉八州以謀王室未一戰而散豈非天耶非不能死豈欲草間求活

望一至尋陽謝罪主上然後自刎耳因慷慨叱左右索節無復應者及旦伯珍請求間言乃斬顗首詣錢溪馬軍主襄陽俞湛之降湛之因斬伯珍併送首以爲已功明帝忿顗違叛流尸於江弟子彖收瘞於石頭後岡後廢帝即位方得改葬顗子戩昂戩爲黃門侍郎戍盆城尋陽敗伏誅

粲字景倩洵弟子也父濯揚州秀才早卒粲幼孤祖哀之名之曰愍孫伯叔並當世榮顯而愍孫飢寒不足母琅邪王氏太尉長史誕之女也躬事績紡以供朝夕愍孫少好學有清才隨伯父洵爲吳郡擁弊衣讀書足不踰戶其從兄顗出遊要愍孫愍孫輒稱疾不動叔父淑雅重之語子弟曰我門不乏賢愍孫必當復三公或有欲與顗婚顗父洵曰顗不堪政可與愍孫婚耳愍孫在坐流涕起出早以操行見知宋孝武即位稍遷尚書吏部郎太子右衛率侍中孝建元年文帝諱日羣臣並於中興寺八關齋中食竟愍孫別與黃門郎張淹更進魚肉食尚書令何尚之奉法素謹密以白孝武孝武使御史中丞王謙之糾奏並免官大明元年復爲侍中領射聲校尉封興平縣子三年坐納山陰人丁承文

貨舉爲會稽郡孝廉免官五年爲左衞將軍加給事中七年轉吏部尚書左衞如故其年皇太子冠上臨宴東宮與顏師伯柳元景沈慶之等並摴蒱愍孫勸師伯酒師伯不飲愍孫因相裁辱曰不能與佞人周旋師伯見寵於上上常嫌愍孫以寒素陵之因此發怒曰袁濯兒不逢朕員外郎未可得也而敢寒士遇物將手刃之命引下席愍孫色不變沈柳並起謝久之得釋出爲海陵太守廢帝即位愍孫在郡夢日墮其胷上因驚尋被徵管機密歷吏部尚書侍中驍衞將軍愍孫峻於儀範廢帝倮之迫使走愍孫雅步如常顧而言曰風雨如晦雞鳴不已明帝泰初元年爲司徒左長史南東海太守愍孫清整有風操自遇甚高嘗著妙德先生傳以續嵇康高士傳後以自況曰有妙德先生陳國人也氣志深虛姿神清映性孝履順棲沖業簡有舜之遺風先生幼夙多疾性疎嬾無所營尚然九流百氏之言雕龍談天之藝皆汎識其大歸而不以成名家貧嘗仕非其好也混其聲迹晦其心用席門常掩三逕裁通雖楊子寂寞嚴叟沉冥不是過也脩道遂志終無得而稱焉又嘗謂周旋人曰昔有一國國中一水號

曰狂泉國人飲此水無不狂唯國君穿井而汲獨得無恙國人既並狂反謂國
主之不狂爲狂於是聚謀共執國主療其狂疾火艾針藥莫不必具國主不任
其苦於是到泉所酌水飲之飲畢便狂君臣大小其狂若一衆乃歡然我既不
狂難以獨立比亦欲試飲此水矣幼慕荀奉倩爲人孝武時求改名粲不許至
明帝立乃請改爲粲字景倩其外孫王筠又云明帝多忌諱反語袁愍爲殞門
帝意惡之乃令改焉二年遷領軍將軍仗士三十人入六門其年徙中書令領
太子詹事三年轉尚書僕射尋領吏部五年加中書令又領丹陽尹粲負才尚
氣愛好虛遠雖位任隆重不以事務經懷獨步園林詩酒自適家居負郭每杖
策逍遙當其意得悠然忘反郡南一家頗有竹石粲率爾步往亦不通主人直
造竹所嘯詠自得主人出語笑款然俄而車騎羽儀併至門方知是袁尹又嘗
步屧白楊郊野間道遇一士大夫便呼與酣飲明日此人謂被知顧到門求進
粲曰昨飲酒無偶聊相要耳竟不與相見嘗作五言詩言訪迹雖中宇循寄乃
滄洲蓋其志也七年爲尚書令初粲忤於孝武其母候乘輿出負塼叩頭流血

塼碎傷目自此後粲與人語有誤道眇目者輒涕泣彌日嘗疾母憂念晝寢夢見父容色如平生與母語曰愍孫無憂將爲國家器不患沉沒但恐富貴終當傾滅耳母未嘗言及粲貴重恆懼傾滅乃以告之粲故自挹損明帝臨崩粲與褚彥回劉勔竝受顧命加班劍二十人給鼓吹一部後廢帝卽位加兵五百人元徽元年丁母憂葬竟攝令親職加衛將軍不受性至孝居喪毀甚祖日及祥詔衛軍斷客二年桂陽王休範爲逆粲扶曳入殿詔加兵自隨府置佐吏時兵難危急賊已至南掖門諸將意沮咸莫能奮粲慷慨謂諸將帥曰寇賊已逼而衆情離阻孤子受先帝顧託本以死報命日當與諸護軍同死社稷因命左右被馬辭色哀壯於是陳顯達等感激出戰賊卽平殄事寧授中書監卽本號開府儀同三司領司徒以揚州解爲府固不肯移三年徙尚書令衛軍開府如故竝固辭服終乃受命加侍中進爵爲侯又不受時粲與齊高帝褚彥回劉彥節遞日入直平決萬機粲閑默寡言不肯當事主書每往諮決或高詠對之時立一意則衆莫能改素寡往來門無雜賓閑居高臥一無所接談客文士所見不

過一兩人順帝卽位遷中書監司徒侍中如故齊高帝旣居東府故使粲鎭石頭粲素靜退每有朝命逼切不得已然後方就及詔移石頭卽便順旨有周旋人解望氣謂粲曰石頭氣甚凶往必有禍粲不答又給油絡通幰車仗士五十人入殿時齊高帝方革命粲自以身受顧託不欲事二姓密有異圖劉彥節宋氏宗室前湘州刺史王蘊太后兄子素好武事並慮不見容於齊高帝皆與粲結諸將帥黃回任候伯孫曇瓘王宜興彭文之卜伯興等並與粲合昇明元年荊州刺史沈攸之舉兵反齊高帝自詣粲粲稱疾不見粲宗人袁達以爲不宜示異同粲曰彼若劫我入臺便無辭以拒一如此不復得出矣時齊高帝入屯朝堂彥節從父弟領軍將軍韞入直門下省卜伯興爲直閤黃回諸將皆率軍出新亭粲剋日謀矯太后令韞伯興率宿衞兵攻齊高帝於朝堂回率軍來應彥節候伯等並赴石頭事泄先是齊高帝遣將薛深蘇烈王天生等領兵戍石頭云以助粲實禦之也又令腹心王敬則爲直閤與伯興共總禁兵王蘊聞彥節已奔歎曰今年事敗矣乃狼狽率部曲向石頭薛深等據門射之蘊謂粲已

敗乃便散走齊高帝以報敬則敬則誅韞弁伯與又遣軍主戴僧靜向石頭助
薛深自倉門入時粲與彥節等列兵登東門僧靜分兵攻府西門彥節與兒踰
城出粲還坐列燭自照謂其子最曰本知一木不能止大廈之崩但以名義至
此耳僧靜挺身暗往奮刀直前欲斬之子最覺有異大叫抱父乞先死兵士人
人莫不隕涕粲曰我不失忠臣汝不失孝子仍求筆作啓云臣義奉大宋策名
兩畢今便歸魂墳壠永就山丘僧靜乃并斬之初粲大明中與蕭惠開周朗同
車行逢大航開駐車惠開自照鏡曰無年可仕朗執鏡良久曰視死如歸粲最
後曰當至三公而不終至是如言最字文高時年十七既父子俱殞左右分散
任候伯等其夜並自新亭赴石頭其後皆誅粲小兒數歲乳母將投粲門生狄
靈慶靈慶曰吾聞出郎君者有厚賞今袁氏已滅汝匿之尙誰爲乎遂抱以首
乳母號泣呼天曰公昔於汝有恩故冒難歸汝奈何欲殺郎君以求小利若天
地鬼神有知我見汝滅門此兒死後靈慶常見兒騎大羝狗戲如平常經年餘
鬬場忽見一狗走入其家遇靈慶於庭噬殺之少時妻子皆沒此狗卽袁郎所

常騎也齊永明元年武帝詔曰袁粲劉彥節並與先朝同獎宋室沈攸之於景和之世特有乃心雖末節不終而始誠可錄歲月彌往宜霑優隆於是並命改葬粲省事莫嗣祖粲常所委信與劉彥節等宣密謀至是齊高帝問曰汝知袁粲謀逆何不啓嗣祖曰小人無識曲蒙袁公厚恩實不仰負今日就死分甘官若賜性命亦不忍背粲而獨生也戴僧靜勸殺之帝曰彼各爲其主遂赦焉用爲省事歷朝所賞梁豫章王直新出閤中旨用嗣祖爲師

彖字偉才顗弟覬之子也覬好學美才早有清譽仕宋位武陵內史彖少有風氣善屬文及談玄舉秀才歷諸王府參軍不就覬臨終與兄顗書曰史公才識可喜足慰先基矣史公彖小字也及顗見誅宋明帝投尸江中不許斂葬彖與舊奴一人微服求尸四十餘日乃得密瘞石頭後罔身自負土懷其文集未嘗離身明帝崩後乃改葬顗從叔司徒粲祖舅征西將軍蔡興宗並器之仕宋爲齊高帝太傅相國主簿祕書丞仕齊爲中書郎兼太子中庶子又以中書郎兼御史中丞坐彈謝超宗簡奏依違免官後拜廬陵王諮議時南郡江陵縣人苟

蔣之弟胡之婦爲曾口寺沙門所淫夜入苟家蔣之殺沙門爲官司所檢蔣之列家門穢行欲告則恥欲忍則不可實已所殺胡之列又如此兄弟爭死江陵令宗躬啓州荊州刺史廬江王求博議象曰夫迅寒急節乃見松筠之操危機迥構方識貞孤之風竊以蔣之胡之殺人原心非暴辯讞之日友于讓生事憐左右義哀行路昔文舉引謗獲漏疎網蔣之心迹同符古人若陷以深刑實傷爲善由是蔣之兄弟免死累遷太子中庶子出爲冠軍將軍監吳興郡事象性剛固以微言忤武帝又薄王晏爲人晏請交不答武帝在便殿用金柄刀子翦爪晏在側曰外聞有金刀之言恐不宜用此物帝窮問所以晏曰袁象爲臣說之上銜怒良久象到郡坐過用祿錢免官付東冶象妹爲竟陵王子良妃子良世子昭胄時年八歲見武帝而形容慘悴帝問其故昭胄流涕曰臣舅負罪今在尚方臣母悲泣不食已積日臣所以不寧帝曰特爲兒赦之既而帝遊孫陵望東冶曰冶中有一好貴因數日與朝臣幸冶履行庫藏因宴飲賜囚徒酒肉敕見象與語明日釋之後爲侍中象充腴異衆每從射雉郊野數人推扶乃能

徒步幼而母卒養於伯母王氏事之如親閨門孝義隆昌元年卒諡靖子彖宗人廓之字思度宏之曾孫也父景儁宋世爲淮南太守以非罪見誅廓之終身不聽音樂布衣蔬食足不出門示不臣於宋時人以比晉之王裒顏延之見其幼時歎曰有子如袁廓足矣齊國建方出仕稍至殿中郎王儉柳世隆傾心待之爲太子洗馬于時何涠亦稱才子爲文惠太子作楊畔歌辭甚側麗太子甚悅廓之諫曰夫楊畔者既非典雅而聲甚哀思殿下當降意簫韶奈何聽亡國之響太子改容謝之

昂字千里雍州刺史顗之子也顗敗藏於沙門沙門將以出關關吏疑非常人沙門杖而語之遂免或云顗敗時昂年五歲乳媪攜抱匿於廬山州郡於野求之於乳媪匿所見一彪因去遂免會赦得出猶徙晉安在南唯勤學至元徽中聽還時年十五初顗敗傳首建鄴藏於武庫以漆題顗名以爲誌至是始還之昂號慟嘔血絶而復蘇以淚洗所題漆字皆滅人以爲孝感葬訖更制服廬于墓次從兄彖常撫視抑譬之昂容質修偉冠絶人倫以父亡不以理終身不聽

音樂後與彖同見從叔司徒粲粲謂彖曰昂幼孤而能至此故知名器自有所在仕齊爲王儉鎮軍府功曹史儉後爲丹陽尹於後堂獨引見昂指北堂謂曰卿必居此累遷黃門郎昂本名千里齊永明中武帝謂曰昂昂千里之駒在卿有之今改卿名爲昂卽字千里後爲衞軍武陵王長史丁母憂哀毀過禮服未除而從兄彖卒昂幼孤爲彖所養乃制期服人有怪而問之昂致書以喻之曰竊聞禮由恩斷服以情申故小功他邦加制一等同爨有緦明之典籍孤子夙以不天幼傾乾蔭資敬未奉過庭莫承藐藐沖年未達朱紫從兄提養訓教示以義方每假其談價虛其聲譽得及人次實亦有由兼開拓房宇處以華曠同財共有恣其取足爾來三十餘年憐愛之至言無異色姊妹孤姪成就一時篤念之深在終彌固此恩此愛畢壤不追旣情若同生而服爲諸從言心卽事實未忍安昔馬稜與從弟毅同居毅亡稜爲心服三年由也之不除喪亦緣情而致制雖識不及古誠懷感慕常願千秋之後從服期齊不圖門衰禍集一旦草土殘息復罹今酷尋惟慟絕彌劇彌深今以餘喘欲遂素志庶寄其罔慕之痛

少伸無已之情雖禮無明據乃事有先例率迷而至必欲行之臨紙哽咽言不
識次後爲御史中丞時尙書令王晏弟詡爲廣州多納賕貨昂依事劾奏不憚
權豪當時號爲正直初昂爲洗馬明帝爲領軍欽昂風素頻降駕焉及踐阼奏
事多留與語謂曰我昔以卿有美名親經相詣昂答曰陛下在田之日遂蒙三
顧草廬帝甚悅尋出爲豫章內史丁所生母憂去職以喪還江路風潮暴駭昂
乃縛衣著柩誓同沉溺及風止餘船皆沒唯昂船獲全咸謂精誠所致葬訖起
爲吳興太守永元末梁武帝起兵州郡望風皆降昂獨拒境帝手書喻之曰夫
禍福無門興亡有數天之所棄人孰能匡機來不再圖之宜早頃藉聽道路承
欲狼顧一隅旣未喻雅懷聊申往意獨夫狂悖振古未聞窮凶極虐歲月滋甚
天未絕齊聖明啓運億兆有賴百姓來蘇吾荷任前驅掃除京邑屠潰之期當
不云遠兼熒惑出端門太白入氐室天文表於上人事符於下不謀同契實在
茲辰且范岫申胄久薦誠款各率所守仍爲掎角而足下欲以區區之郡禦堂
堂之師根本旣傾枝葉安附今竭力昏主未足爲忠家門屠滅非所謂孝忠孝

俱盡將欲何依去就之宜幸加詳擇昂答曰都史至辱誨承藉以衆論謂僕有勤王之舉兼蒙誚責獨無送款循復嚴旨若臨萬仞三吳內地非用兵之所況以偏隅一郡何能爲役近奉敕以此境多虞見使安慰自承麾旆居止莫不膝袒軍門唯僕一人敢後至者正以自揆庸素文武無施直是陳國賤男子耳雖欲獻心不增大軍之勇置其愚默寧沮衆帥之威幸藉將軍含弘之大可得從容以禮竊以一飡微施尚復投殞況食人之祿而頓忘一旦非唯物議不可亦恐明公鄙之建康城平昂舉哀慟哭時帝使豫州刺史李元履巡撫東土敕元履曰袁昂道素之門世有忠節天下須共容之勿以兵威陵辱元履至宣旨昂亦不請降開門徹備而已及至帝亦不問其過天監二年以爲後軍臨川王參軍事昂啓謝曰恩隆絕望之辰慶集冥心之日焰灰非喻蕘枯未擬摳衣聚足顛狽不勝臣偏歷三墳備詳六典巡校賞罰之科洞檢生死之律莫不嚴五辟於明君之朝峻三章於聖主之日是以塗山始會致防風之誅酆邑方搆有崇侯之伐未有緩憲於斮戮之人賒刑於耐罪之族出萬死入一生如臣者也推

恩及罪在臣實大披心瀝血敢乞言之臣東國賤人學行何取既殊鳴鴈直木
固無結綬彈冠徒藉羽儀易農就仕往年濫職守秩東隅仰屬龔行風驅電掩
當其時也負鼎圖者日至執玉帛者相望獨在愚臣頓昏大義狥鴻毛之輕忘
同德之重但三吳險薄五湖交通屢起田儋之變每懼殷通之禍空慕君魚保
境遂失師涓抱器後至者斬臣甘斯戮明刑徇衆誰曰不然幸因約法之弘承
解網之宥猶當降等薪粲遂乃頓釋鉗赭斂骨吹魂還編黔庶濯疵蕩穢入楚
遊陳天波既洗雲油遽沐古人有言非死之難處死之難臣之所荷曠古不書
臣之死所未知何地武帝答曰朕遺射鉤卿無自外尋爲侍中還吏部尚書帝
謂曰齊明帝用卿爲黑頭尚書我用卿爲白頭尚書良以多愧對曰臣生四十
七年于茲矣四十以前臣之自有七年以後陛下所養七歲尚書未爲晚達帝
曰士固不妄有名十五年爲尚書左僕射尋爲尚書令時僕射徐勉勢傾天下
在昂處宴賓主甚歡勉求昂出內人傳盃昂良久不出勉苦求之昂不獲已命
出五六人始至齋閤昂謂勉曰我無少年老嫗並是兒母非王妃母便是主大

家今令問訊卿勉聞大驚求止方知昂爲貴昂在朝謇諤世號宗臣昭明太子薨立晉安王綱爲皇太子昂獨表言宜立昭明長息歡爲皇太孫雖不見用擅聲朝野自是告老乞骸骨不干時務昂雅有人鑒遊處不雜入其門者號登龍門大通中位司空大同六年薨時年八十詔即日舉哀初昂臨終遺疏不受贈諡敕諸子不得言上行狀及立銘誌凡有所須悉皆停省因復曰吾釋褐從仕不期富貴但官序不失等倫衣食粗知榮辱以此闔棺無慚鄉里往忝吳興屬在昏明之際既闇於前覺無誠於聖朝不識天命甘貽顯戮幸遇殊恩得全門戶自念負罪私門階榮望絶保存性命以爲幸甚不謂叨竊寵靈一至於此常欲竭誠酬報申吾乃心所以朝廷每興師北伐吾輒啓求行誓之丹款實非矯言既庸懦無施皆不蒙許雖欲罄命其議莫從今日瞑目畢恨泉壤聖朝遵古如吾名品或有追遠之恩脫有贈官慎勿祇奉諸子累表陳奏詔不許諡曰穆正公有集二十卷初昂之歸梁有馬仙琕者亦以義烈稱

仙琕字靈馥扶風郿人父伯鸞宋冠軍司馬仙琕少以果敢聞父憂毀瘠過禮

負土成墳手植松柏仕齊位豫州刺史梁武起兵使其故人姚仲賓說之仙琕
先爲設酒乃斬於軍門以徇帝又遣其族叔懷遠說之仙琕曰大義滅親又命
斬之懷遠號泣軍中爲請乃免武帝至新林仙琕猶於江西日抄運漕建康城
平仙琕舉哀謂衆曰我受任寄義不容降今衆寡不侔勢必屠滅公等雖無二
心其如親老何我爲忠臣君爲孝子各盡其道不亦可乎於是悉遣城內兵出
降餘壯士數十閉門獨守俄而兵入圍之數十重仙琕令士皆持滿兵不敢近
日晚乃投弓曰諸君但來見取我義不降乃檻送建康至石頭而脫之帝使待
袁昂至俱入曰使天下見二義士帝勞之曰射鉤斬袪昔人弗忌卿勿以戮使
斷運苟自嫌絕也謝曰小人如失主犬後主飼之便復爲用帝笑而美之俄而
母卒帝知其貧賻給甚厚仙琕號泣謂弟仲艾曰蒙大造之恩未獲上報今復
荷殊澤當與爾以心力自效耳天監四年師侵魏仙琕每戰恆冠三軍與諸將
論議口未嘗言功人問其故仙琕曰大丈夫爲時所知當進不求名退不逃罪
乃平生願也何功可論爲南義陽太守累破山蠻郡境清謐以功封舍洭縣伯

遷司州刺史進號貞威將軍魏豫州人白早生使以懸瓠來降武帝使仙琕赴之又遣直閤將軍武會超馬廣率衆爲援仙琕進頓楚王城遣副將齊苟兒助守懸瓠魏中山王英攻懸瓠執齊苟兒進擒馬廣送洛陽仙琕不能救會超等亦相次退散魏軍進據三關仙琕坐徵還爲雲騎將軍十年朐山人殺琅邪太守劉晣以城降魏詔假仙琕節討之魏徐州刺史盧昶以衆十餘萬赴焉仙琕累戰破走之進爵爲侯還豫州刺史加都督仙琕自爲將及居州郡能與士卒同勞逸身衣不過布帛所居無幃幕衾屏行則飮食與廝養最下者同其在邊境常單身潛入敵境伺知壁壘村落險要處所攻戰多剋捷士卒亦甘心爲用帝雅愛仗之卒於州贈左衞將軍諡曰剛初仙琕幼名仙婢及長以婢名不典乃以玉代女云子巖夫嗣

昂子君正字世忠少聰敏年數歲父疾晝夜不眠專侍左右家人勸令暫臥答曰官旣未差眠亦不安歷位太子庶子君正美風儀善自居處以貴公子早得時譽爲豫章內史性不信巫邪有師萬世榮稱道術爲一郡巫長君正在郡小

疾主簿熊岳薦之師云須疾者衣爲信命君正以所著襦與之事竟取襦云神將送與北斗君君正使檢諸身於衣裏獲之以爲亂政即刑於市而焚神一郡無敢行巫遷吳郡太守侯景亂率數百人隨邵陵王綸赴援及臺城陷還郡君正當官莅事有名稱而蓄聚財產服玩靡麗賊遣張太墨攻之新城戍主戴僧易勸令拒守已以戍兵自外擊之君正不能決吳人陸映公等懼不濟賊種族其家勸之迎賊君正性怯懦乃送米及牛酒郊迎賊賊掠奪其財物子女因是感疾卒子樞

樞字踐言美容儀性沉靜好學手不釋卷家本顯貴貲產充積而樞獨處率素傍無交往非公事未嘗出游榮利之懷淡如也侯景之亂樞往吳郡省父疾丁父憂時四方擾亂人求苟免樞居喪以至孝聞王僧辯平侯景鎭建鄴衣冠爭往造請樞杜門靜居不求聞達紹泰中歷吏部尚書吳興郡太守陳永定中徵爲侍中掌選遷都官尚書掌選如故樞博學明悉舊章初陳武帝長女永嗣公主先適陳留太守錢蕆生子岊主及岊並卒于梁時武帝受命唯主追封至是

將葬尚書請議加薦駙馬都尉幷贈邑官樞議曰昔王姬下嫁必適諸侯同姓爲主聞於公年之說車服不繫顯於詩人之篇漢氏初與列侯尚主自斯以後降嬪素族駙馬都尉置由漢武或以假諸功臣或以加於戚屬是以魏曹植表駙馬奉車取爲一號齊職儀曰凡尚公主必拜駙馬都尉魏晉以來因爲瞻準蓋以王姬之重庶姓之輕若不加其等級寧可合巹而酳所以假駙馬之位乃崇於皇女也今公主早薨伉儷已絕既無禮數致疑何須駙馬之授案杜預尚晉宣帝第二女晉武踐阼而主已亡泰始中追贈公主元凱無復駙馬之號梁文帝女新安穆公主早薨天監初王氏無追拜之事遠近二例足以校明無勞此授今宜追贈亭侯時議以爲當天嘉三年爲吏部尚書領丹陽尹以葬父拜表自解詔令葬訖停宅視郡事服闋還職時僕射到仲舉雖參掌選事銓衡汲引並出於樞舉薦多會上旨謹慎周密清白自居文武職司鮮有遊其門者廢帝即位遷尚書左僕射卒諡曰簡懿有集十卷行於世弟憲

憲字德章幼聰敏好學有雅量梁武帝修建庠序別開五館其一館在憲宅西

憲常招引諸生與之談論新義出人意表同輩咸嗟服焉大同八年武帝撰孔
子正言章句詔下國學宣制旨義憲時年十四被召爲正言生祭酒到溉目送
之愛其神采國子博士周弘正謂憲父君正曰賢子今茲欲策試不君正曰未
敢令試居數日君正遣門客岑文豪與憲候弘正會弘正將升講坐弟子畢集
乃延憲入室授以麈尾令憲豎義時謝岐何妥在坐弘正謂曰二賢雖窮奥賾
得無憚此後生邪何謝乃遞起義端深極理致憲與往復數番酬對閑敏弘正
謂妥曰恣卿所問勿以童幼期之時觀者重沓憲神色自若辯論有餘弘正亦
起數難終不能屈因告文豪曰卿還諮袁吳郡此郎已堪見代博士矣時生徒
對策多行賄賂文豪請具束脩君正曰我豈能用錢爲兒買第邪學司銜之及
憲試爭起劇難憲隨問抗答剖析如流到溉顧憲曰袁君正其有後矣及君正
將之吳郡溉祖道於征虜亭謂君正曰昨策生蕭敏孫徐孝克非不解義至於
風神器局去賢子遠矣尋舉高第以貴公子選尚南沙公主即梁簡文帝女也
大同元年釋褐祕書郎遷太子舍人侯景寇逆憲東之吳郡尋丁父憂哀毀過

禮陳武帝作相除司徒戶曹初謁遂抗禮長揖中書令王勱謂憲曰卿何矯衆
不拜錄公憲曰於理不應致拜衞尉趙知禮曰袁生舉止詳中故有陳汝之風
陳受命授中書侍郎兼散騎常侍與黃門郎王瑜使齊數年不遣天嘉初乃還
太建三年累遷御史中丞羽林監時豫章王叔英不奉法度逼取人馬憲依事
劾奏免叔英自是朝野嚴憚憲詳練朝章尤明聽斷至有獄情未盡而有司具
法者即伺閑爲帝言之所申理甚衆嘗陪宴承香閣賓退後宣帝留憲與衞尉
樊俊徙席山亭談宴終日帝謂俊曰袁家故爲有人其見重如此自侍中還吳
郡太守以父任固辭改授南康內史還吏部尚書憲以久居清顯累表自求解
任帝曰諸人在職屢有謗書卿處事已多可謂清白別相甄錄且勿致辭還右
僕射參掌選事先是憲長兄樞爲左僕射至是憲爲右僕射臺省目樞爲大僕
射憲爲小僕射朝廷榮之及宣帝不豫憲與吏部尚書毛喜俱受顧命始興王
叔陵之肆逆也憲指麾部分預有力焉後主被創病篤執憲手曰我兒尚幼後
事委卿憲曰羣情喁喁冀聖躬康復後事之委未敢奉詔以功封建安縣伯領

太子中庶子尋除侍中太子詹事及太子加元服行釋奠禮憲表請解職不許
尋給扶二人皇太子頗不率典訓憲手表陳諫十條皆援引古今言辭切直太
子雖外示容納心無悛改後主欲立寵姬張貴妃子始安王爲嗣嘗從容言之
吏部尚書蔡徵順旨稱贊憲厲色折之曰皇太子國家儲副億兆宅心卿是何
人輕言廢立然是夏竟廢太子爲吳興王後主知憲有規諫之事答曰袁德章
實骨鯁臣即日詔爲尚書僕射禎明三年隋軍來伐隋將賀若弼進燒宮城北
掖門兵衛皆散走朝士各藏唯憲侍左右後主謂曰我從來待卿不先餘人今
日見卿可謂歲寒知松柏後凋也非唯由我無德亦是江東衣冠道盡後主將
避匿憲正色曰北兵之入必無所犯大事如此陛下安之臣願陛下依梁武見
侯景故事以待之不從因下榻馳去憲從出後堂景陽殿後主投井中憲拜哭
而出及至長安隋文帝嘉其雅操下詔以爲江表稱首授開府儀同三司昌州
刺史開皇十四年授晉王廣府長史十八年卒時年七十贈大將軍安成郡公
謚曰簡長子承家仕隋至祕書丞國子司業君正弟敬

敬字子恭純素有風格幼便篤學老而無倦仕梁位太子中舍人魏剋江陵流寓嶺表陳武帝受禪敬在廣州依歐陽頠頠卒其子紇據州將有異志敬累諫不從宣帝卽位遣章昭達討紇紇將敗恨不納敬言朝廷義之徵爲太子中庶子歷左右都官二尚書太常卿散騎常侍金紫光祿大夫加特進至德三年卒謚靖德子子元友嗣敬弟泌

泌字文洋清正有幹局容體魁岸志行脩謹仕梁歷諸王府佐侯景之亂泌兄君正爲吳郡太守梁簡文帝在東宮板泌爲東宮領直令往吳中召募士卒及景圍臺城泌率所領赴援城陷依鄱陽嗣王範範卒泌降景景平王僧辯表泌爲富春太守兼丹陽尹貞陽侯明僭位以爲侍中使於齊陳武帝受禪泌自齊從梁永嘉王莊往王琳所及莊稱尊號以泌爲侍中丞相長史琳敗衆皆散唯泌輕舟送達于北境屬莊於御史中丞劉仲威然後拜辭歸陳請罪文帝深義之累遷通直散騎常侍兼侍中聘周及宣帝入輔以泌爲司徒左長史卒于官臨終戒其子芳華曰吾於朝廷素無功績瞑目之後斂手足旋葬無得受贈謚

其子述泌遺意朝廷不許贈金紫光祿大夫諡曰質

論曰天長地久四時代謝靈化悠遠生不再來所以據洪圖而輕天下恡寸陰而賤尺璧夫義重於生空傳前誥投軀徇主罕遇其人觀夫宋齊以還袁門世蹈忠義固知風霜之概松筠其性乎若無陽源之節丹青夫何取貴顗雖末路披猖原心有本袁之出處所蹈實懋家風粲執履之迹近乎仁勇古人所謂疾風勁草豈此之謂乎昔王經峻節旣被旌於晉世粲之貞固亦改葬於齊朝其激厲之方異代同符者矣昂命屬崩離身逢危季雖獨夫喪德臣節無改拒梁武之命義烈存焉隆從兄之服悌心高已旣而抗言儲嗣無忘直道辭榮身後有心黜殯自初及末無虧風範從微至著皆爲稱職蓋一代之名公也樞風格峻整憲仁義率由韓子稱人臣委質心無有二憲弗渝歲暮良可稱云敬泌立履之地亦不爲替矣

南史卷二十六

南史卷二十六考證

袁顗傳以爲不勞攻伐行自離散於是擁甲以待之○待監本誤得今从宋書

今追蹤竇融猶未晚也○猶監本訛獨今从宋書及閣本

袁粲傳袁濯兒不逢朕員外郎未可得也○濯監本訛灌今从上文改正

袁昂傳且范岫申胄久篤誠款○申監本訛甲今从梁書

當其時也負鼎圖者日至執玉帛者相望○各本俱脫當字今从梁書以監本爲是

袁昂子君正傳性不信巫邪有師萬世榮稱道術爲一郡巫長○師萬一本作萬師

袁樞傳尕嗣公主先適陳留太守錢蕆○蕆各本俱誤藏今考陳書从監本

袁憲傳憲以久居清顯累表自求解○監本脫求字今从閣本增

袁敬傳謚靖德○靖一本訛曰今从陳書

南史卷二十六考證

南史卷二十七

唐　李　延　壽　撰

列傳第十七

孔靖孫琇之　琇之曾孫奐　孔琳之孫覬　殷景仁從祖弟淳

孔靖字季恭會稽山陰人也名與宋武帝祖諱同故以字稱祖愉晉車騎將軍父闇散騎常侍季恭始察孝廉累遷司徒左西掾未拜遭母憂隆安五年被起爲山陰令不就宋武帝東征孫恩屢至會稽過季恭宅季恭正晝臥有神人衣服非常謂曰起天子在門既而失之遽出適見帝延入結交執手曰卿後當大貴願以身爲託於是曲意禮接贍給甚厚帝後討孫恩時桓玄篡形已著帝欲於山陰建義季恭以山陰路遠且玄未居極位不如待其篡後於京口圖之帝亦以爲然時虞嘯父爲會稽內史季恭求爲府司馬不得乃出詣都及帝定桓玄以季恭爲會稽內史使齎封板拜授正與季恭遇季恭便回舟夜還至郎叩扉入郡嘯父本爲桓玄所授聞玄敗開門請罪季恭慰勉使且安所住明日乃

移季恭到任釐整浮華翦罰遊惰由是境內肅清累遷吳興太守加冠軍先是吳興頻喪太守言項羽神爲卞山王居郡聽事二千石常避之季恭居聽事竟無害也還尚書左僕射固讓義熙八年復爲會稽內史脩飾學校督課誦習十年復爲右僕射又讓不拜除領軍加散騎常侍十二年致仕拜金紫光祿大夫是歲武帝北伐季恭求從以爲太尉軍諮祭酒從平關洛宋臺初建以爲尚書令又讓乃拜侍中特進左光祿大夫辭事東歸帝餞之戲馬臺百僚咸賦詩以述其美及受命加開府儀同三司讓累年不受薨以爲贈子靈符位丹陽尹會稽太守尋加豫章王子尚撫軍長史靈符家本豐富產業甚廣又於永興立墅周回三十三里水陸地二百六十五頃含帶二山又有果園九處爲有司所糾詔原之而靈符答對不實坐免尋又復官靈符驁實有材幹不存華飾每所蒞官政績脩理廢帝景和中犯忤近臣爲所讒搆遣使鞭殺之二子湛之深之於都賜死明帝即位追贈靈符金紫光祿大夫深之大明中爲尚書比部郎時安陸應城縣人張江陵與妻吳共罵母黃令死黃忿恨自經死已值赦案律子賊

殺傷毆父母梟首罵詈棄市謀殺夫之父母亦棄市會赦免刑補治江陵罵母
母以自裁重於傷毆若同殺科則疑重用傷毆及詈科則疑輕制唯有打母遇
赦猶梟首無詈母致死會赦之科深之議曰夫題里逆心而仁者不入名且惡
之況乃人事故毆傷呪詛法所不原詈之致盡則理無可宥罰有從輕蓋疑失
善求之文旨非此之謂江陵雖遇赦恩故合梟首婦本以義愛非天屬黄之所
恨情不在吳原死補治有允正法詔如深之議吳可棄市靈符弟靈運位著作
郎靈運子琇之琇之有吏能仕齊爲吳令有小兒年十歲偷刈鄰家稻一束琇
之付獄案罪或諫之琇之曰十歲便能爲盜長大何所不爲縣中皆震肅還尚
書左丞又以職事知名後兼左戶尚書廷尉出爲臨海太守在任清約罷郡還
獻乾姜二十斤齊武帝嫌其少及知琇之清乃歎息出監吳興郡尋拜太守政
稱清嚴明帝輔政防備諸蕃致密旨於上佐使便宜從事隆昌元年還琇之晉
熙王冠軍長史江夏內史行郢州事欲令殺晉熙琇之辭不許欲自引決友人
陸閑諫之琇之不從遂不食而死子臻至太子舍人尚書三公郎臻子幼孫粱

寧遠枝江公主簿無錫令幼孫子奐

奐字休文數歲而孤爲叔父虔孫所養好學善屬文沛國劉顯以博學稱每深相歎美執其手曰昔伯喈墳素悉與仲宣吾當希彼蔡君足下無愧王氏所保書籍尋以相付仕梁爲尙書儀曹侍郞時左戶郞沈炯爲飛書所謗將陷重辟連官臺閣人懷憂懼奐廷議理之竟得明白侯景陷建鄴朝士並被拘縶或薦奐於賊率侯子鑒乃脫桎梏厚遇之令掌書記時子鑒景之腹心朝士莫不卑屈奐獨無所下或諫奐曰不宜高抗奐曰吾性命有在豈有取媚凶醜以求全乎時賊徒剝掠子女拘逼士庶奐保持得全者甚衆尋遭母憂時天下喪亂皆不能終三年喪唯奐及吳國張種在寇亂中守法度並以孝聞及景平司徒王僧辯先下辟書引爲左西掾梁元帝於荆州卽位徵奐及沈炯僧辯累表請留之帝手敕報曰孔沈二士今且借公其爲朝廷所重如此僧辯爲揚州刺史又補中從事史時侯景新平每事草創憲章故事無復存者奐博物强識甄明故實問無不知儀注體式牋書表翰皆出於奐陳武帝作相除司徒左長史還給

事黃門侍郎齊遣東方老蕭軌來寇四方壅隔糧運不繼三軍取給唯在都下乃除奐建康令武帝剋日決戰乃令奐多營麥飯以荷葉裹之一宿之間得數萬裹軍人旦食訖盡棄其餘因而決戰大破賊武帝受禪遷太子中庶子永定三年除晉陵太守晉陵自宋齊以來爲大郡雖經寇擾猶爲全實前後二千石多行侵暴奐清白自守妻子並不之官唯以單船臨郡所得秩俸隨即分贍孤寡郡中號曰神君曲阿富人殷綺見奐居處儉素乃餉以衣氈一具奐曰太守身居美祿何爲不能辦此但百姓未周不容獨享溫飽勞卿厚意幸勿爲煩陳文帝卽位徵爲御史中丞奐性剛直多所糾劾朝廷甚敬憚之又達於政體每所奏未嘗不稱善百司滯事皆付咨決還散騎常侍領步兵校尉中書舍人重除御史中丞尋爲五兵尙書時文帝不豫臺閣事事並令僕射到仲舉共決及帝疾篤奐與宣帝及到仲舉幷吏部尙書袁樞中書舍人劉師知等入侍醫藥文帝嘗謂奐等曰今三方鼎峙宜須長君朕欲近則晉成遠隆殷法卿等須遵此意奐乃流涕歔欷跪而對曰陛下御膳違和痊復非久皇太子春秋鼎盛聖

德曰躋廢立之事臣不敢聞帝曰古之遺直復見之卿乃用奐爲太子詹事廢
帝卽位除散騎常侍國子祭酒出爲南中郎康樂侯長史尋陽太守行江州事
宣帝卽位爲始興王長史奐在職清儉多所規正宣帝嘉之賜米五百斛幷累
降敕書殷勤勞問太建六年爲吏部尚書八年加侍中時有事北邊剋復淮泗
封賞敘用紛紜重疊奐應接引進門無停賓加以識鑒人物詳練百氏凡所甄
拔衣冠縉紳莫不悅服性耿介絕諸請託雖儲副之尊公侯之重溺情相及終
不爲屈始興王叔陵之在湘州累諷有司固求台鉉奐曰衮章本以德舉未必
皇枝因抗言於宣帝帝曰始興那忽望公且朕兒爲公須在鄱陽王後奐曰臣
之所見亦如聖旨後主時在東宮欲以江總爲太子詹事令管記陸瑜言之奐
奐曰江有潘陸之華而無園綺之實輔弼儲貳竊謂非材後主深以爲恨乃自
言於宣帝宣帝將許之奐乃奏曰江總文華之人今皇太子文華不少無藉於
總如臣愚見願選敦重之才以居輔導帝曰誰可奐曰都官尚書王廓代有懿
德識性敦敏可以居之後主時亦在側乃曰廓王泰之子不可居太子詹事奐

又曰宋朝范曄卽范泰之子亦爲太子詹事後主固爭之帝以總爲詹事由是忤旨初後主欲官其私寵微諷於奐奐不從及左僕射陸繕遷職宣帝欲用奐代繕已草詔訖後主抑遂不行十四年爲散騎常侍金紫光祿大夫領前軍將軍未行改領弘範宮衞尉至德元年卒年七十餘有集十五卷彈文四卷子紹安紹薪紹忠紹忠字孝揚亦有才學位太子洗馬鄱陽東曹掾

孔琳之字彥琳會稽山陰人也曾祖羣晉御史中丞祖沈丞相掾父廞光祿大夫琳之强正有志力少好文義解音律能彈棊妙善草隸桓玄輔政爲太尉以爲西閤祭酒玄時議欲廢錢用穀帛琳之議曰洪範八政以貨次食豈不以交易之所資爲用之至要者乎故聖王制無用之貨以通有用之財旣無毀敗之費又省難運之苦此錢所以嗣功龜貝歷代不廢者也穀帛爲寶本充衣食今分以爲貨則致損甚多又勞煩於商販之手耗棄於割截之用此之爲弊著於自曩故鍾繇曰巧僞之人競濕穀以要利制薄絹以充資魏世制以嚴刑弗能禁也是以司馬芝以爲用錢非徒豐國亦所以省刑今旣用而廢之則百姓頓

亡其財是有錢無糧之人皆坐而飢困此斷之之弊也魏明帝時錢廢穀用四十年矣以不便於人乃舉朝大議精才達政之士莫不以宜復用錢彼尚舍穀帛而用錢足以明穀帛之弊著於已試也玄又議復肉刑琳之以爲唐虞象刑夏禹立辟蓋淳薄既異致化不同書曰世輕世重言隨時也夫三代風純而事簡故罕蹈刑辟季末俗巧而務殷故動陷憲網若三千行於叔世必有踊貴之尤此五帝不相循法肉刑不可悉復者也漢文發仁惻之意傷自新之路莫由革古創制號稱刑厝然名輕而實重反更傷人故孝景嗣位輕之以緩緩而人慢又不禁邪期于刑罰之中所以見美於昔歷代詳論而未獲厥中者也兵荒已後權法更多棄市之刑本斬右趾漢文一謬承而弗革所以前賢悵恨議之而未辯鍾繇陳羣之意雖小有不同欲以右趾代棄市若從其言則所活者衆矣降死之生誠爲輕法可以全其性命蕃其產育仁既濟物功亦益衆又今之所患逋逃爲先屢叛不革宜令逃身靡所亦以肅戒未犯永絕惡原至於餘條宜且依舊玄好人附悅而琳之不能順旨是以不見知累遷尚書左丞揚州中

從事史所居著績時責衆官獻便宜議者以爲宜脩庠序卹典刑審官方明黜陟舉逸拔才務農簡調琳之於衆議之外別建言曰夫璽印者所以辯章官爵立契符信官莫大於皇帝爵莫尊於公侯而傳國之璽歷代遞用襲封之印奕世相傳貴在仍舊無取改作今世唯尉一職獨用一印至於內外羣官每遷悉改討尋其義私所未達若謂官各異姓與傳襲不同則未若異代之爲殊也若論其名器雖有公卿之貴未若帝王之重若以或有誅夷之臣忌其凶穢則漢用秦璽延祚四百未聞以子嬰身戮國亡而棄不佩帝王公侯之尊不疑於傳璽人臣衆僚之卑何嫌於卽印載籍未聞其說推別自乖其準而終年刻鑄喪功消實金銀銅炭之費不可稱言非所以因循舊貫易簡之道愚請衆官卽用一印無煩改作若新置官又官多印少文或零失然後乃鑄則仰裨天府非唯小益又曰凶門栢裝不出禮典起自末代積習生常遂成舊俗爰自天子達于庶人誠行之有由卒革必駭然苟無關於情而有愆禮度存之未有所明去之未有所失固當式遵先典釐革後謬況復兼以游費實爲人患者乎凡人事喪

儀多出閭里每有此須動十數萬損人財力而義無所取至於寒庶則人思自
竭雖復室如懸罄莫不傾產單財所謂葬之以禮其若此乎謂宜一罷凶門之
式還尚書吏部郎義熙十一年除宋武帝平北征西長史遷侍中宋臺初建除
宋國侍中永初二年爲御史中丞明憲直法無所屈撓奏劾尚書令徐羨之虧
違憲典時羨之領揚州刺史琳之弟璩之爲中從事羨之使璩之解釋琳之使
停寢其事琳之不許曰我觸忤宰相政當罪止一身汝必不應從坐何須勤勤
邪自是百僚震肅莫敢犯禁武帝甚嘉之行經蘭臺親加臨幸遷祠部尚書不
事產業家尤貧素景平元年卒追贈太常子邈有父風官至揚州中從事邈子
覬
覬字思遠少骨鯁有風力以是非爲己任口吃好讀書早知名歷位中書黃門
侍郎初晉安帝時散騎常侍選望甚重與侍中不異其後職任閑散用人漸輕
孝建三年孝武欲重其選於是吏部尚書顏竣奏以覬及司徒左長史王景文
應舉帝不欲威權在下其後分吏部尚書置二人以輕其任侍中蔡興宗謂人

曰選曹要重常侍閑淡改之以名而不以實雖主意欲爲輕重人心豈可變邪既而常侍之選復卑選部之貴不異大明元年徙太子中庶子領翊軍校尉歷祕書監廷尉卿爲御史中丞鞭令史爲有司所糾原不問六年除安陸王子綏後軍長史江夏內史性使酒仗氣每醉輒彌日不醒僚類閒多所陵忽尤不能曲意權幸莫不畏而疾之居常貧罄無有豐約未嘗關懷爲府長史典籤諮事不呼前不敢前不令去不敢去雖醉日居多而明曉政事醒時判決未嘗有壅衆咸曰孔公一月二十九日醉勝世人二十九日醒也孝武每欲引見先遣人覘其醉醒性真素不尚矯飾遇得寶玩服用不疑而他物麤敗終不改易時吳郡顧覬之亦尚儉素衣裘器服皆擇其陋者宋世清儉稱此二人覬弟道存從弟徽頗營產業二弟請假東還覬出渚迎之輜重十餘船皆是綿絹紙席之屬覬見之僞喜謂曰我比乏得此甚要因命置岸側既而正色謂曰汝輩忝預士流何至還東作賈客邪命燒盡乃去先是庾徽之爲御史中丞性豪麗服玩甚華覬代之衣冠器用莫不麤率蘭臺令史並三吳富人咸有輕之之意覬蓬首

綏帶風貌清嚴皆重跡屏氣莫敢欺犯庾徵之字景猷頴川鄢陵人也後卒於
南東海太守覬後爲司徒左長史道存代覬爲後軍長史江夏內史時東土大
旱都邑米貴一斗將百錢道存慮覬甚乏遣吏載五百斛米餉之覬呼吏謂之
曰我在彼三載去官之日不辦有路糧郎至彼未幾那能得此米邪可載米還
彼吏曰自古以來無有載米上水者都下米貴乞於此貨之不聽吏乃載米而
去永光元年還侍中後爲尋陽王右軍長史行會稽郡事明帝卽位召爲太子
詹事遣故佐平西司馬庾業爲右軍司馬代覬行會稽郡事時上流反叛上遣
都水使者孔璪入東慰勞璪至說覬以廢帝侈費倉儲耗盡都下罄匱資用已
竭今南北並起遠近離叛若擁五郡之銳招動三吳事無不剋覬然其言遂發
兵馳檄覬子長公璪二子淹玄並在都馳信密報泰始二年正月並逃叛東歸
遣書要吳郡太守顧琛琛以母年篤老又密邇建鄴與長子寶素謀議未判少
子寶先時爲山陰令馳書報琛以南師已近朝廷孤弱不時順從必有覆滅之
禍覬前鋒軍已度浙江琛遂據郡同反吳興太守王曇生義興太守劉延熙晉

陵太守袁標一時響應庾業旣東明帝卽以代延熙爲義興以延熙爲巴陵王休若鎭東長史業至長塘湖卽與延熙合明帝遣建威將軍沈懷明東討尚書張永係進巴陵王休若董統東討諸軍時覬所遣孫曇瓘等軍頓晉陵九里部陣甚盛懷明至奔牛所領寡弱張永至曲阿未知懷明安否退還延陵就休若諸將帥咸勸退破岡休若宣令敢有言退者斬衆小定軍主劉亮又繼至兵力轉集人情乃安時齊高帝率軍東討與張永等於晉陵九里曲結營與東軍相持上遣積射將軍江方興南臺御史王道隆至晉陵視賊形勢賊帥孫曇瓘程扞宗陳景遠凡有五城互相連帶扞宗城猶未固道隆率所領急攻之俄頃城陷斬扞宗首劉亮果勁便刀楯乃負楯而進直入重柵衆軍因之卽皆摧破齊高帝與永等乘勝馳擊之又大破之曇瓘因此敗走孔璪與曇生焚倉庫奔錢唐會稽聞西軍稍近將士多奔亡覬不能復制上虞令王晏起兵攻郡覬憂遽不知所爲其夕率千人聲云東討實趨石濁遇潮涸不得去衆叛都盡門生戴以小船竄于山嵴村村人縛以送晏晏謂曰此事孔璪之爲無豫卿事可作首

辭當相爲申上覬曰江東處分莫不由身委罪求活便是君輩行意耳晏乃斬之東閤外臨死求酒曰此是平生所好顧琛王曇生袁標等並詣吳喜歸罪喜皆宥之東軍主凡七十六人於陣斬十七人餘皆原宥覬之起兵也夢行宣陽門道上顧望皆丘陵覬寤私告人曰丘陵者弗平建康其殆難剋覬弟道存位黃門吏部郎南海太守晉安王子勛建僞號以爲侍中行雍州事事敗見殺

殷景仁陳郡長平人也曾祖融晉太常祖茂之特進左光祿大夫父道裕早亡景仁少有大成之量司徒王謐見而以女妻之爲宋武帝太尉行參軍歷位中書侍郎景仁不爲文而敏有思致不談義而深達理至於國典朝議舊章記注莫不撰錄識者知其有當世之志也嘗建議請百官舉才以所薦能否黜陟武帝甚知之少帝即位補侍中累表辭讓優詔申其請以爲黃門侍郎歷左衛將軍文帝即位委遇彌厚俄遷侍中左衞如故時與王華王曇首劉湛四人並爲侍中以風力局幹冠冕一時同升之美近代莫及元嘉三年車駕征謝晦司徒王弘入居中書下省景仁長直共掌留任晦平代到彥之爲中領軍侍中如故

文帝所生章太后早亡上奉太后所生蘇氏甚謹六年蘇氏卒車駕親往臨哭詔欲遵二漢推恩之典景仁議以爲漢氏推恩加爵于時承秦之弊儒術蔑如懼非盛明所宜軌蹈晉監二代朝政之所因君舉必書哲王之所慎體至公者懸爵賞於無私奉天統者每屈情以申制所以作孚萬國貽則後昆上從之丁母憂葬竟起爲領軍將軍固辭上使綱紀代拜遣中書舍人周赳與載詣府服闋遷尙書僕射太子詹事劉湛代爲領軍湛與景仁素善皆被遇於武帝俱以宰相許之湛常居外任會王弘王華王曇首相係亡景仁引湛還朝共參朝政湛旣入以景仁位遇本不踰己一旦居前意甚憤憤知文帝信仗景仁不可移奪乃深結司徒彭城王義康欲倚宰相之重以傾之十二年景仁遷中書令護軍將軍僕射如故尋復加領吏部湛愈怒義康納湛言毀景仁於文帝帝遇之益隆景仁密陳相王權重非社稷計上以爲然景仁對親舊嘆曰引之令入便噬人乃稱疾請解不見許使停家養病湛議欲遣人若劫盜者於外殺之以爲文帝雖知當不能傷至親之愛上微聞之徙景仁於西掖門外晉鄱陽王第以

爲護軍府密邇宮禁故其計不行景仁臥疾者五年雖不見上而密函去來日中以十數朝政大小必以問焉影迹周密莫有窺其際者及將收湛之日景仁便拂拭衣冠寢疾既久左右皆不悟其意其夜上出華林園延賢堂召之景仁猶稱脚疾小牀輿以就坐誅討處分一皆委之代義康爲揚州刺史僕射吏部如故遣使者授印綬主簿代拜畢便覺疾甚情理乖錯性本寬厚而忽更苛暴問左右曰今年男婚多女嫁多是冬大雪景仁乘輿出廳事觀望忽驚曰當閤何得有大樹既而曰我誤耳疾篤文帝謂不利在州使還住僕射下省爲州凡月餘日卒或云見劉湛爲祟追贈侍中司空謚曰文成公大明五年孝武行經景仁墓詔遣致祭子道矜幼而不慧位太中大夫道矜子恆明帝時位侍中度支尚書屬父疾積久爲有司所奏詔曰道矜生便有病更無橫疾恆因愚習惰久妨清序可除散騎常侍

淳字粹遠景仁從祖弟也祖允晉太常父穆以和謹致稱自五兵尚書爲宋武帝相國左長史元嘉中位特進右光祿大夫領始興王師卒官謚曰元子淳少

好學有美名歷中書黃門侍郎黃門清切直下應留下省以父老特聽還家高
簡寡言早有清尙愛好文義未嘗違捨在祕書閣撰四部書大目凡四十卷行
於世元嘉十一年卒朝廷痛惜之子孚有父風嘗與侍中何勗共食孚羹盡勗
云益殷羹勗司空無忌子也孚徐輟筯曰何無忌諱孚位吏部郎爲順帝撫
軍長史子臻字後同幼有名行袁粲褚彥回並賞異之每造二公之席輒清言
畢景王儉爲丹陽尹引爲郡丞袁昂先拜祕書丞求臻爲到省表臻答曰何不
見倩拜而見倩作表遂不爲作歷位太子洗馬淳弟沖字希遠位御史中丞有
司直之稱再遷度支尙書元凶妃卽淳女而沖在東宮爲劭所知遇劭弒立以
爲司隸校尉沖有學義文辭劭使爲尙書符罪狀孝武亦爲劭盡力建鄴平賜
死沖弟淡字夷遠亦歷黃門吏部郎太子中庶子大明中又以文章見知
論曰季恭命偶興王恩深惟舊及位致崇寵而每存謙挹觀夫持滿之戒足以
追蹤古人琇之貞素之風不踐無義之地易曰王臣蹇蹇其動也直休文行己
之度可謂近之琳之二議深達變通之道覬持身之節亦曰一時之良而聽言

則悖晚致覆沒痛矣哉景仁遠大之情著於初筮元嘉之盛幸致宗臣言聽計

從於斯爲重美矣乎

南史卷二十七

南史卷二十七考證

孔靖傳言項羽神爲卞山王○又一項羽神事

特進左光祿大夫辭事東歸帝餞之戲馬臺○一本無左字又餞字上有親字

靈符懿實有材幹○材監本誤堪今改從閣本

孔奐傳除司徒左長史遷給事黄門侍郎○一本作除司徒長史左遷給事黄門侍郎

加以識鑑人物詳練百氏○監本脫以字一本幷脫識字

南史卷二十七考證

南史卷二十八

唐　李　延　壽　撰

列傳第十八

褚裕之 弟淡之　彥回子賁　玄孫球　蓁　裕之兄子湛之　蓁子向　湛之子彥回　向子翔　彥回弟澄　炫子澐　彥回從弟炤　澐孫玠　炫

褚裕之字叔度河南陽翟人晉太傅裒之曾孫也祖歆祕書監父爽金紫光祿大夫長兄秀之字長倩歷大司馬琅邪王從事中郎黃門侍郎宋武帝鎮西長史秀之妹晉恭帝后也秀之雖晉氏姻戚而盡心於武帝遷侍中出補大司馬右司馬晉恭帝即位爲祠部尚書宋受命徙太常元嘉初卒於官秀之弟淡之字仲原亦歷顯官爲宋武帝車騎從事中郎尚書吏部郎廷尉卿左衛將軍宋受命爲侍中淡之兄弟並盡忠事武帝恭帝每生男輒令方便殺焉或誘賂內人或密加毒害前後如此非一及恭帝遜位居秣陵宮常懼見禍與褚后共止一室慮有酖毒自煮食於前武帝將殺之不欲遣人入內令淡之兄弟視后褚

后出別室相見兵人乃踰垣而入進藥於恭帝帝不肯飲曰佛教自殺者不得
復人身乃以被掩之後會稽郡缺朝議欲用蔡廓武帝曰彼自是蔡家佳兒何
關人事可用褚佛佛淡之小字也乃用淡之爲會稽太守景平二年富陽孫氏
聚合門宗謀逆其支黨在永興縣潛相影響永興令羊恂覺其謀以告淡之淡
之不信乃以誣人之罪收縣職局於是孫法先自號冠軍大將軍與孫道慶等
攻沒縣邑更相樹置遙以鄮令司馬文宣爲征西大將軍建旗鳴鼓直攻山陰
淡之自假陵江將軍以山陰令陸邵領司馬加振武將軍前員外散騎常侍王
茂之爲長史前國子博士孔欣前員外散騎常侍謝苓之並參軍事召行參軍
七十餘人前鎮西諮議參軍孔甯子左光祿大夫孔季恭子山士並在艱中皆
起爲將軍遣隊主陳願郡議曹掾虞道納二軍過浦陽江願等戰敗賊遂推鋒
而前去城二十餘里淡之遣陸邵水軍禦之而身率所領出次近郊邵與行參
軍漏恭期合力大敗賊於柯亭淡之尋卒謚曰質子裕之名與武帝同故行字
焉初爲太宰琅邪王行參軍武帝車騎參軍司徒左西屬中軍諮議參軍署中

兵加建威將軍從征鮮卑盡其誠力盧循攻査浦叔度力戰有功循南走武帝板行廣州刺史加督建威將軍領平越中郎將在任四年廣營貲貨資財豐積坐免官禁錮終身還至都凡諸親舊及一面之款無不厚加贈遺尋除太尉諮議參軍相國右司馬武帝受命爲右衛將軍武帝以其名家而能竭盡心力甚嘉之封番禺縣男尋加散騎常侍永初四年出爲雍州刺史領寧蠻校尉在任三年以淸簡致稱景平二年卒子恬之嗣恬之弟寂之著作佐郎早卒寂之子曖尙宋文帝第六女琅邪眞長公主位太宰參軍亦早卒曖子續位太子舍人亦尙宋公主續子球字仲寶少孤貧篤志好學有才思宋建平王景素元徽中誅滅唯有一女存故吏何昌寓王思遠聞球淸立以此女妻之仕齊爲溧陽令在縣淸白資公奉而已仕梁歷都官尙書通直散騎常侍祕書監領著作司徒右長史常侍著作如故自魏孫禮晉荀組以後台佐加貂始自球也後爲散騎常侍光祿大夫加給事中

湛之字休玄秀之子也尙宋武帝第七女始安哀公主拜駙馬都尉著作佐郎

哀公主薨復尙武帝第五女吳郡宣公主諸尙主者並因世冑不必皆有才能
湛之謹實有意幹故爲文帝所知歷顯位爲太子中庶子司徒左長史侍中左
衞將軍左戸尙書丹陽尹元凶弑逆以爲吏部尙書復出爲丹陽尹統石頭戍
事孝武入伐劭自攻新亭壘使湛之率水師俱進湛之因攜二息彥回澄登輕
舟南奔彥回始生一男爲劭所殺孝武卽位以爲尙書右僕射孝建元年爲中
書令丹陽尹後拜尙書左僕射以南奔賜爵都鄕侯大明四年卒謚敬侯子彥
回
彥回幼有清譽宋元嘉末魏軍逼瓜步百姓咸負擔而立時父湛之爲丹陽尹
使其子弟並着芒屩於齋前習行或譏之湛之曰安不忘危也彥回時年十餘
甚有慚色湛之有一牛至所愛無故墮聽事前井湛之率左右躬自營救之郡
中喧擾彥回下簾不視也又有門生盜其衣彥回遇見謂曰可密藏之勿使人
見此門生慚而去不敢復還後貴乃歸罪待之如初尙宋文帝女南郡獻公主
拜駙馬都尉除著作佐郎累遷祕書丞湛之卒彥回悉推財與弟澄唯取書數

千卷湛之有兩廚寶物在彥回所生郭氏閒嫡母吳縣主求之郭欲不與彥回曰但令彥回在何患無物猶不許彥回流涕固請乃從之襲爵都鄉侯歷位尚書吏部郎景和中山陰公主淫恣窺見彥回悅之以白帝帝召彥回西上閤宿十日公主夜就之備見逼迫彥回整身而立從夕至曉不爲移志公主謂曰君鬚髯如戟何無丈夫意彥回曰回雖不敏何敢首爲亂階宋明帝卽位累遷吏部尚書有人求官密袖中將一餠金因求請閒出金示之曰人無知者彥回曰卿自應得官無假此物若必見與不得不相啓此人大懼收金而去彥回敘其事而不言其名時人莫之知也帝之在蕃與彥回以風素相善至是深相委仗陳事皆見從改封雩都伯歷侍中領尚書右衞將軍彥回美儀貌善容止俯仰進退咸有風則每朝會百僚遠國使莫不延首目送之明帝嘗嘆曰褚彥回能遲行緩步便得宰相矣時人以方何平叔嘗聚袁粲舍初秋涼夕風月甚美彥回援琴奏別鵠之曲宮商既調風神諧暢王彧謝莊並在粲坐撫節而歎曰以無累之神合有道之器宮商暫離不可得已時傖人常珍奇與薛安都爲逆降

叛非一後又求降明帝加以重位彥回謂全其首領於事已弘不足大加寵異帝不從珍奇尋又叛彥回後爲吳郡太守帝寢疾危殆馳使召之欲託後事及至召入帝坐帳中流涕曰吾近危篤故召卿欲使著黃羅襬指牀頭大函曰文書皆函內寘此函不得復開彥回亦悲不自勝黃羅襬乳母服也帝雖小閒猶懷身後慮建安王休仁人才令美物情宗向帝與彥回謀誅之彥回以爲不可帝怒曰卿癡不足與議事彥回懼而奉旨復爲吏部尚書衛尉卿尚書右僕射以母老疾晨昏須養辭衛尉不許明帝崩遺詔以爲中書令護軍將軍與尚書令袁粲受顧命輔幼主粲等雖同見託而意在彥回彥回同心理事務弘儉約百姓賴之既而王道隆阮佃夫用事姦賂公行彥回不能禁也遭所生喪毀頓不復可識期年不盥櫛唯泣淚處乃見其本質焉詔斷哭禁弔客葬畢起爲中軍將軍本官如故元徽二年桂陽王休範反彥回與衛將軍袁粲入衛宮省鎮集衆心彥回初爲丹陽與從弟炤同載道逢齊高帝彥回舉手指高帝車謂炤曰此非常人也出爲吳興高帝餉物別彥回又語人曰此人才貌非常將來不

可測也及顧命之際引高帝豫焉高帝既平桂陽遷中領軍南兗州高帝固讓與彥回及衞軍袁粲書陳情彥回粲答書不從高帝乃受命其年加彥回尙書令侍中給班劍二十人固讓令三年進爵爲侯服闋改授中書監侍中護軍如故給鼓吹一部時淮北屬江南無復鰒魚或有間關得至者一枚直數千錢人有餉彥回鰒魚三十枚彥回時雖貴而貧薄過甚門生有獻計賣之云可得十萬錢彥回變色曰我謂此是食物非曰財貨且不知堪賣錢聊爾受之雖復儉乏寧可賣餉取錢也悉與親游噉之少日便盡明年嫡母吳郡公主薨毀瘠骨立葬畢詔攝職固辭又以期祭禮及表解職並不許蒼梧暴虐稍甚齊高帝與彥回及袁粲言世事粲曰主上幼年微過易改伊霍之事非季世所行縱使功成亦終無全地彥回默然歸心高帝及廢蒼梧羣公集議袁粲劉彥節既不受任彥回曰非蕭公無以了此手取事授高帝高帝曰相與不肯我安得辭事乃定順帝立改號衞將軍開府儀同三司侍中如故甲仗五十人入殿及袁粲懷貳曰褚公眼睛多白所謂白虹貫日亡宋者終此人也他日粲謂彥回曰國家

所倚唯公與劉丹陽及粲耳願各自勉無使竹帛所笑彥回曰願以鄙心寄公之腹則可矣然竟不能貞固及高帝輔政王儉議加黃鉞任遐曰此大事應報褚公帝曰褚脫不與卿將何計遐曰彥回保妻子愛性命非有奇才異節遐能制之果無違異及沈攸之事起高帝召彥回謀議彥回曰西夏釁難事必無成公當先備其內耳高帝密爲其備事平進中書監司空齊臺建彥回白高帝引何曾自魏司徒爲晉丞相求爲齊官高帝謙而不許建元元年進位司徒侍中中書監如故改封南康郡公彥回讓司徒乃與僕射王儉書欲依蔡謨事例儉以非所宜言勸彥回受命終不就尋加尚書令二年重申前命爲司徒又固讓魏軍動高帝欲發王公以下無官者從軍彥回諫以爲無益實用空致擾動上乃止三年七月帝親嘗酎盛暑欲夜出彥回與左僕射王儉諫以爲自漢宣帝以來不夜入廟所以誡非常人君之重所宜克慎從之時朝廷機事彥回多與議謀每見從納禮遇甚重上大宴集酒後謂朝臣曰卿等並宋時公卿亦當不言我應得天子王儉等未及答彥回斂板曰陛下不得言臣不早識龍顏上笑

曰吾有愧文叔知公爲朱祐久矣彥回善彈琵琶齊武帝在東宮宴集賜以金
鏤柄銀柱琵琶性和雅有器度不妄舉動宅嘗失火煙爓甚逼左右驚擾彥回
神色怡然索輿徐去然世頗以名節譏之于時百姓語曰可憐石頭城寧爲袁
粲死不作彥回生高帝崩遺詔以爲錄尚書事江左以來無單拜錄者有司疑
立優策尚書令王儉議以爲見居本官別拜錄應有策書而舊事不載中朝以
來三公王侯則優策並設官品第二策而不優優者褒美策者兼明委寄尚書
職居天官政化之本故尚書令品雖第三拜必有策錄尚書品秩不見而總任
彌重前代多與本官同拜故不別有策即事緣情不容均之凡僚宜有策書用
申隆寄既異王侯不假優文從之尋增彥回班劍爲三十人五日一朝頃之寢
疾彥回少時嘗篤病夢人以卜著一具與之遂差其一至是年四十八矣歲初
便寢疾而太白熒惑相係犯上將彥回慮不起表遜位武帝不許乃改授司空
驃騎將軍侍中錄尚書事如故薨年四十八家無餘財負責數十萬詔給東園
祕器時司空掾屬以彥回未拜疑應爲吏敬以不王儉議依禮婦在塗聞夫家

喪改服而入今掾屬雖未服勤而吏節稟於天朝宜申禮敬司徒府史又以彥
回既解職而未恭後授府應上服以不儉又議依中朝士孫德祖從樂陵遷爲
陳留未入境樂陵郡吏依見君之禮陳留迎吏依娶女有吉日齊衰弔司徒府
宜依居官制服又詔贈太宰侍中錄尚書公如故增班劍爲六十人葬送禮悉
依宋太保王弘故事謚曰文簡先是庶姓三公輜車未有定格王儉議官品第
一皆加幢絡自彥回始也又詔彥回妻宋故巴西主埏隧甎啓宜贈南康郡公
夫人
長子賁字蔚先少耿介父背袁粲等附高帝賁深執不同終身愧恨之有棲退
之志位侍中彥回薨服闋見武帝賁流涕不自勝上甚嘉之以爲侍中領步兵
校尉左戶尚書常謝病在外上以此望之遂諷令辭爵讓與弟蓁仍居墓下及
王儉薨乃騎水牛出弔以繫門外柱入哭盡哀而退家人不知也會疾篤其子
霽載以歸疾小間知非故處大怒不肯復飲食內外閤悉釘塞之不與人相聞
數日裁餘氣息謝瀹聞其弊往候之排閤不可開以杵搥破進見賁曰事之不

可得者身也身之不可全者名也名與身俱滅者君也豈不全之哉賁曰吾少無人間心豈身名之可慕但願啓手歸全必在舊隴兒輩不才未達余趣移尸徙殯失吾素心更以此爲恨耳永明七年卒

蓁字茂緒位義興太守八年改封巴東郡侯明年表讓封還賁子霽詔許之建武末蓁位太子詹事度支尚書領前軍將軍永元元年卒太常謚穆子蓁子向字景政年數歲父母相繼亡沒毀若成人親表異之及長淹雅有器量位長兼侍中向風儀端麗眉目如畫每公庭就列爲衆所瞻望焉仕梁卒於北中郎廬陵王長史子翔

翔字世舉起家祕書郎累遷宣城王主簿中大通五年梁武帝宴羣臣樂游苑別詔翔與王訓爲二十韻詩限三刻成翔於坐立奏帝異焉卽日補宣城王文學俄遷友時宣城友文學加正王二等翔超爲之時論美焉出爲義興太守在政潔己省繁苛去游費百姓安之郡西亭有古樹積年枯死翔至郡忽更生枝葉咸以爲善政所感以秩滿吏人詣闕請之敕許焉尋徵爲吏部郎去郡百姓

無老少追送出境涕泣拜辭翔居小選公清不爲請屬易意號爲平允還侍中太清二年守吏部尚書丁母憂以毀卒翔少有孝行爲侍中時母病篤請沙門祈福中夜忽見戶外有異光又聞空中彈指及旦疾遂愈咸以爲精誠所致云

澄字彥道彥回弟也初湛之尚始安公主薨納側室郭氏生彥回後尚吳郡主生澄彥回事主孝謹主愛之湛之亡主表彥回爲嫡澄尚宋文帝女廬江公主拜駙馬都尉歷官清顯善醫術建元中爲吳郡太守百姓李道念以公事到郡澄見謂曰汝有重疾答曰舊有冷疾至今五年衆醫不差澄爲診脈謂曰汝病非冷非熱當是食白瀹雞子過多所致令取蘇一升煑服之始一服乃吐得一物如升涎裹之動開看是雞雛羽翅爪距具足能行走澄曰此未盡更服所餘藥又吐得如向者雞十三頭而病都差當時稱妙豫章王感病高帝召澄爲療立愈尋遷左戶尚書彥回薨澄以錢一萬一千就招提寺贖高帝所賜彥回白貂坐褥壞作裘及纓又贖彥回介幘犀導及彥回常所乘黃牛永明元年爲御史中丞袁彖所奏免官禁錮見原還侍中領右軍將軍以勤謹見知澄女爲東

昏皇后永元元年卒追贈金紫光祿大夫
炤字彥宣彥回從父弟也父法顯鄱陽太守炤少有高節王儉嘗稱才堪保傅
爲成安郡還以一目眇召爲國子博士不拜常非彥回身事二代彥回子賁往
問訊炤炤問曰司空今日何在賁曰奉璽紱在齊大司馬門炤正色曰不知汝
家司空將一家物與一家亦復何謂彥回拜司徒賓客滿坐炤歎曰彥回少立
名行何意披猖至此門戶不幸乃復有今日之拜使彥回作中書郎而死不當
是一名士邪名德不昌遂有期頤之壽彥回性好戲以軺車給之炤大怒曰著
此辱門戶那可令人見索火燒之馭人奔車乃免炤弟炫
炫字彥緒少清簡爲從舅王景文所知從兄彥回謂人曰從弟廉勝獨立乃十
倍於我爲正員郎從宋明帝射雉帝至日中無所得甚猜羞召問侍臣曰吾旦
來如臯遂空行可笑坐者莫答炫獨曰今節候雖適而雲霧尙凝故斯翬之禽
驕心未警但得神駕猶豫羣情便可載驩帝意解乃於雉場置酒還中書侍郎
司徒右長史昇明初炫以清尙與彭城劉俁陳郡謝朏濟陽江斆入殿侍文義

號爲四友齊臺建爲侍中領步兵校尉以家貧建元初出補東陽太守前後三
爲侍中與從兄彥回操行不同故彥回之世不至大官永明元年爲吏部尚書
炫居身清立非弔問不雜交游論者以爲美及在選部門庭蕭索賓客罕至出
行左右常捧一黃紙帽箱風吹紙剝殆盡罷江夏郡還得錢十七萬於石頭幷
分與親族病無以市藥以冠劒爲質表自陳解改授散騎常侍領安成王師國
學建以本官領博士未拜卒無以殯斂時年四十一贈太常謚貞子子澐
澐字士洋仕梁爲曲阿令歷晉安王中錄事正員郎烏程令兄游亡棄縣還爲
太尉屬延陵令中書侍郎太子率更令御史中丞湘東王府諮議參軍卒澐之
爲縣令清慎可紀好學解音律重賓客雅爲湘東王所親愛澐子蒙位太子舍
人蒙子玠
玠字温理九歲而孤爲叔父驃騎從事中郎隨所養早有令譽先達多以才器
許之及長美風儀善占對博學能屬文訓義典實不尚淫靡陳天嘉中兼通直
散騎常侍聘齊還遷中書侍郎太建中山陰縣多豪猾前後令皆以贓污免宣

帝謂中書舍人蔡景歷曰稽陰大邑久無良宰卿文士之內試思其人景歷進琇帝曰甚善卿言與朕意同乃除山陰令縣人張次的王休達等與諸猾吏賄賂通姦全丁大戶類多隱沒琇鏁次的等具狀啓臺宣帝手敕慰勞并遣使助琇搜括所出軍人八百餘戶時舍人曹義達爲宣帝所寵縣人陳信家富諂事義達信父顯文恃勢橫暴琇乃遣使執顯文鞭之一百於是吏人股慄信後因義達譖琇竟坐免官琇在任歲餘守祿俸而已去官之日不堪自致因留縣境種蔬菜以自給或以琇非百里才琇曰吾委輸課最不後列城除殘去暴姦吏局蹐若謂其不能自潤脂膏則如來命以爲不達從政吾未服也時人以爲信然皇太子知琇無還裝手書賜粟米二百斛於是還都後累遷御史中丞琇剛毅有膽決善騎射嘗從司空侯安都於徐州出獵遇猛獸琇射之截發皆中口入腹俄而獸斃及爲御史中丞甚有直繩之稱卒於官皇太子親製誌銘以表惟舊至德二年贈祕書監所製章奏雜文二百餘篇皆切事理由是見重於世子亮位尚書殿中侍郎

論曰褚氏自至江左人焉不墜彥回以此世資時譽早集及於逢迎興運謗議沸騰旣以人望見推亦以人望而責也炤貞勁之性炫廉勝之風求之古人亦何以加此玠公平諒直文武兼資可謂世業無隕者矣

南史卷二十八

南史卷二十八考證

褚裕之傳與行參軍漏恭期合力大敗賊於柯亭○期監本訛欺今從閣本

褚彥回傳人君之重所宜克慎○宜一本作以

謂朝臣曰卿等並宋時公卿亦當不言我應得天子○當不一本作不當

南史卷二十八考證

南史卷二十九

唐　李延壽撰

列傳第十九

蔡廓 子興宗　孫約　約弟撙　撙孫凝

蔡廓字子度濟陽考城人晉司徒謨之曾孫也祖系撫軍長史父綝司徒左西屬廓博涉羣書言行以禮起家著作佐郎後爲宋武帝太尉參軍中書黃門郎以方梗閑素爲武帝所知載遷太尉從事中郎未拜遭母憂性至孝三年不櫛沐殆不勝喪宋臺建爲侍中建議以爲鞫獄不宜令子孫下辭明言父祖之罪虧教傷情莫此爲大自今但令家人與囚相見無乞鞫之訴便足以明伏罪不須責家人下辭朝議從之世子左衞率謝靈運輒殺人御史中丞王准之坐不糾免官武帝以廓剛直補御史中丞多所糾奏百寮震肅時中書令傅亮任寄隆重學冠當時朝廷儀典皆取定於亮亮每事諮廓然後行亮意若有不同廓終不爲屈遷司徒左長史出爲豫章太守徵爲吏部尚書廓因北地傅隆問亮

選事若悉以見付不論不然不能拜也亮以語錄尚書徐羨之羨之曰黃門郎以下悉以委蔡吾徒不復厝懷自此以上故宜共參同異廓曰我不能爲徐干木署紙尾遂不拜干木羨之小字也選案黃紙錄尚書與吏部尚書連名故廓言署紙尾也羨之亦以廓正直不欲使居權要徙爲祠部尚書文帝入奉大統尚書令傅亮率百官奉迎廓亦俱行至尋陽遇疾不堪前亮將進路詣別廓謂曰營陽在吳宜厚加供奉一旦不幸卿諸人有殺主之名欲立於世將可得邪時亮已與羨之議害少帝乃馳信止之信至已不及羨之大怒曰與人共計云何裁轉背便賣惡於人及文帝卽位謝晦將之荆州與廓別屏人問曰吾其免乎廓曰卿受先帝顧命任以社稷廢昏立明義無不可但殺人二昆而以之北面挾震主之威據上流之重以古推今自免爲難也廓年位並輕而時流所推重每至時歲皆束帶詣門奉兄軌如父家事大小皆諮而後行公祿賞賜一皆入軌有所資須悉就典者請焉從武帝在彭城妻郗氏書求夏服廓答書曰知須夏服計給事自應相供無容別寄時軌爲給事中元嘉二年廓卒武帝常云

羊徽蔡廓可平世三公少子興宗

興宗字興宗幼爲父廓所重謂有己風與親故書曰小兒四歲神氣似可不入非類室不與小人游故以興宗爲之名以興宗爲之字年十歲喪父哀毀有異凡童廓罷豫章郡還起二宅先成東宅以與兄軌軌罷長沙郡還送錢五十萬以裨宅直興宗年十一白母曰一家由來豐儉必共今日宅直不宜受也母悅而從焉軌深有愧色謂其子淡曰我年六十行事不及十歲小兒尋又喪母少好學以業尚素立見稱爲中書侍郎中書令建平王宏侍中王僧綽並與之厚善元凶弒立僧綽被誅凶威方盛親故莫敢往興宗獨臨哭盡哀孝武踐阼累遷尚書吏部侍郎時尚書何偃疾患上謂興宗曰卿詳練清濁今以選事相付便可開門當之無所讓也後拜侍中每正言得失無所顧憚孝武新年拜陵興宗負璽陪乘及還上欲因以射雉興宗正色曰今致虔園陵情敬兼重從禽猶有餘日請待他辰上大怒遣令下車由是失旨竟陵王誕據廣陵爲逆事平孝武輿駕出宣陽門敕左右文武叫稱萬歲興宗時陪輦帝顧曰卿獨不叫興宗

從容正色答曰陛下今日政應涕泣行誅豈得軍中皆稱萬歲帝不悅與宗奉旨慰勞廣陵州別駕范義與與宗素善在城內同誅與宗至躬自收殯致喪還豫章舊墓上聞謂曰卿何敢故爾觸網與宗抗言答曰陛下自殺賊臣自葬周旋旣犯嚴制政當甘於斧鉞耳帝有慚色又廬江內史周朗以正言得罪鏁付寧州親戚故人無敢瞻送與宗時在直請急詣朗別上知尤怒坐屬疾多日白衣領職後爲廷尉卿有解士先者告申坦昔與丞相義宣同謀時坦已死子令孫作山陽郡自繫廷尉與宗議曰若坦昔爲戎首身今尚存累經肆眚猶應蒙宥令孫天屬理相爲隱況人亡事遠追相誣訐斷以禮律義有合關見從出爲東陽太守後爲左戶尚書轉掌吏部時上方盛淫宴虐侮羣臣自江夏王義恭以下咸加穢辱唯與宗以方直見憚不被侵媟尚書僕射顏師伯謂儀曹郎王耽之曰蔡尚書常免昵戲去人實遠耽之曰蔡豫章昔在相府亦以方嚴不狎武帝宴私之日未嘗相召每至官賭常在勝明蔡尚書今日可謂能荷矣大明末前廢帝卽位與宗告太宰江夏王義恭應須策文義恭曰建立儲副本爲今

曰復安用此與宗曰累朝故事莫不皆然近永初之末滎陽王卽位亦有文策
今在尙書可檢視也不從時義恭錄尙書受遺輔政阿衡幼主而引身避事政
歸近習越騎校尉戴法興中書舍人巢尙之專制朝權威行近遠與宗職管九
流銓衡所寄每至上朝輒與令錄以下陳欲登賢進士之意又箴規得失博論
朝政義恭素性恇撓阿順法興恆慮失㫖每聞與宗言輒戰懼無計先是大明
世奢侈無度多所造立賦調煩嚴徵役過苦至是發詔悉皆削除由是紫極殿
南北馳道之屬皆被毀壞自孝建以來至大明末凡諸制度無或存者與宗於
都坐慨然謂顏師伯曰先帝雖非盛德要以道始終三年無改古典所貴今殯
宮始撤山陵未遠而凡諸制度興造不論是非一皆刊削雖復禪代亦不至爾
天下有識當以此窺人師伯不能用與宗每奏選事法興尙之等輒點定回換
僅有存者與宗於朝堂謂義恭及師伯曰主上諒闇不親萬機選舉密事多被
删改非復公筆迹不知是何天子意王景文謝莊等遷授失序與宗又欲改爲
美選時薛安都爲散騎常侍征虜將軍太子率殷恆爲中庶子與宗先選安都

爲左衞將軍常侍如故殷恆爲黃門領校太宰嫌安都爲多欲單爲左衞興宗
曰率衞相去幾何之間且已失征虜非乃超越復奪常侍則頓爲降貶若謂安
都晚過微人本宜裁抑今名器不輕宜有選序謹依選體非私安都義恭曰若
宮官宜加越授者殷恆便應侍中那得爲黃門而已興宗又曰中庶侍中相去
實遠且安都作率十年殷恆中庶百日今又領校不爲少也使選令史顏禕之
薛慶先等往復論執義恭然後署案既而中旨以安都爲右衞加給事中由是
大忤義恭及法興等出興宗爲吳郡太守固辭又轉南東海太守又不拜苦求
益州義恭於是大怒上表言興宗之失詔付外詳議義恭因使尚書令柳元景
奏興宗及尚書袁愍孫私相許與自相選署亂羣害政混穢大猷於是除興宗
永昌太守郡屬交州朝廷喧然莫不嗟駭先是興宗納何后寺尼智妃爲妾姿
貌甚美迎車已去而師伯密遣人誘之潛往載取興宗迎人不得及興宗被徙
論者並言由師伯師伯甚病之法興等既不欲以徙大臣爲名師伯又欲止息
物議由此停行頃之法興見殺尚之被繫義恭師伯並誅復起興宗爲臨海王

子項前軍長史南郡太守行荊州事不行時前廢帝凶暴興宗外甥袁顗爲雍州刺史固勸興宗行曰朝廷形勢人情所見在內大臣朝夕難保舅今出居陝西爲八州行事顗在襄沔地勝兵強去江陵咫尺水陸通便若一朝有事可共立桓文之功豈與受制凶狂禍難不測同年而語乎興宗曰吾素門平進與主上甚踈未容有患宮省內外旣人不自保比者會應有變若內難得弭外釁未必可量汝欲在外求全我欲居內免禍各行所見不亦善乎時士庶危懼衣冠咸欲遠徙後皆流離外難百不一存重除吏部尚書太尉沈慶之深慮危禍閉門不通賓客嘗遣左右范羨詣興宗屬事興宗謂羨曰公闔門絕客以避悠悠之請謁耳身非有求何爲見拒羨復命慶之使要興宗興宗因說之曰主上比者所行人倫道盡今所忌憚唯在於公公威名素著天下所服今舉朝惶惶人懷危怖指撝之日誰不景從如其不斷旦暮禍及僕昔佐貴府蒙眷異常故敢盡言願思其計慶之曰僕比日前慮不復自保但盡忠奉國始終以之正當委天任命耳加老罷私門兵力頓闕雖有其意事亦無從興宗曰當今懷謀思奮

者非復要富貴期功賞各欲救死朝夕耳殿內將帥正聽外間消息若一人唱首則俯仰可定況公威風先著統戎累朝諸舊部曲布在宮省誰敢不從僕在尚書中自當唱率百寮案前世故事更簡賢明以奉社稷又朝廷諸所行造人間皆言公悉豫之今若沉疑不決當有先公起事者公亦不免附惡之禍也且車駕屢幸貴第酣醉彌留又聞斥屏左右獨入閤內此萬世一時機不可失僕荷眷深重故吐去梯之言公宜詳其禍福慶之曰此事大非僕所能行事至政當抱忠以沒耳頃之慶之果以見忌致禍時領軍將軍王玄謨大將有威名邑里訛言玄謨當建大事或言已見誅玄謨典籤包法榮家在東陽與宗故郡人也為玄謨所信使至與宗間與宗謂曰領軍比日殊當憂懼法榮曰頃者殆不復食夜亦不眠恆言收已在門不保俄頃與宗因法榮勸玄謨舉事玄謨又使法榮報曰此亦未易可行其當不泄君語右衞將軍劉道隆為帝所寵信專統禁兵乘輿當夜幸著作佐郎江斅宅與宗乘馬車從道隆從車後過與宗謂曰劉公比日思一閑道隆深達此音搯與宗手曰蔡公勿言時帝每因朝宴捶毆

羣臣自驃騎大將軍建安王休仁以下侍中袁愍孫等咸見陵曳唯興宗得免頃之明帝定大事玄謨責所親故吏郭季產女壻韋希真等曰當艱難時周旋輩無一言相和發者季產曰蔡尚書令包法榮所道非不會機但大事難行耳季產言亦何益玄謨有慚色當明帝起事之夜廢帝橫屍太醫閤口興宗謂尚書左僕射王景文曰此雖凶悖是天下之主宜使喪禮麤足者直如此四海必將乘人時諸方並舉兵反朝廷所保丹陽淮南數郡其間諸縣或已應賊東兵已至永世宮省危懼上集羣臣以謀成敗興宗曰宜鎮之以靜以至信待人比者逆徒親戚布在宮省若繩之以法則土崩立至宜明罪不相及之義上從之還尚書右僕射尋領衞尉明帝謂興宗曰頃日人情言何事當濟不興宗曰今米甚豐賤而人情更安以此算之清蕩可必但臣之所憂更在事後猶羊公言既平之後方當勞聖慮耳尚書褚彥回以手板築興宗興宗言之不已上曰如卿言褚圻平函送袁顗首敕從登南掖門樓以觀之興宗潸然流涕上不悅事平封興宗始昌縣伯固讓而許之封樂安縣伯國秩吏力終以不受時殷琰據

壽陽爲逆遣輔國將軍劉勔攻圍之四方旣平琰嬰城固守上使中書爲詔譬
琰與宗曰天下旣平是琰思順之日陛下宜賜手詔數行今直使中書爲詔彼
必疑非真不從琰得詔謂劉勔詐造果不敢降久乃歸順先是徐州刺史薛安
都據彭城反後遣使歸款泰始二年冬遣鎮軍將軍張永率軍迎之興宗曰安
都遣使歸順此誠不虛今不過須單使一人咫尺書耳若以重兵迎之勢必疑
懼或能招引北虜爲患不測時張永已行不見信安都聞大軍過淮果引魏軍
永戰大敗遂失淮北四州其先見如此初永敗問至上在乾明殿先召司徒建
安王休仁又召興宗謂休仁曰吾慚蔡僕射以敗書示興宗曰我愧卿三年出
爲郢州刺史初吳興丘珍孫言論常侵與宗珍孫子景先人才甚美興宗與之
周旋及景先爲鄱陽郡會晉安王子勛爲逆轉在竟陵爲吳喜所殺母老女幼
流離夏口興宗至郢州親自臨哭致其喪柩家累皆得東還遷會稽太守領兵
置佐加都督會稽多諸豪右不遵王憲幸臣近習參半宮省封略山湖妨人害
政興宗皆以法繩之又以王公妃主多立邸舍子息滋長督責無窮啓罷省之

舁陳原諸逋負解遣雜役並見從三吳舊有鄉射禮元嘉中羊玄保爲吳郡行之久不復修與宗行之禮儀甚整明帝崩與宗與尙書令袁粲右僕射褚彥回中領軍劉勔鎮軍將軍沈攸之同被顧命以與宗爲征西將軍開府儀同三司都督荆州刺史加班劍二十人被徵還都時右軍將軍王道隆任參國政權重一時躡履到與宗前不敢就席良久方去竟不呼坐元嘉初中書舍人秋當詣太子詹事王曇首不敢坐其後中書舍人弘與宗爲文帝所愛遇上謂曰卿欲作士人得就王球坐乃當判耳殷劉並雜無所益也若往詣球可稱旨就席及至球舉扇曰君不得爾弘還依事啓聞帝曰我便無如此何至是與宗復爾道隆等以與宗強正不欲使擁兵上流改爲中書監左光祿大夫開府儀同三司固辭不拜與宗行己恭恪光祿大夫北地傅隆與父廓善與宗常修父友之敬又太原孫敬玉常通與宗侍兒被禽反接與宗命與杖敬玉了無怍容與宗奇其言對命釋縛試以伎能高其筆札因以侍兒賜之爲立室宇位至尙書右丞其遏惡揚善若此敬玉子廉仕梁以清能位至御史中丞與宗家行尤謹奉歸

宗姑事寡嫂養孤兄子有聞於世太子左率王錫妻范聰明婦人也有才學書
讓錫弟僧達曰昔謝太傅奉寡嫂王夫人如慈母今蔡興宗亦有恭和之稱其
爲世所重如此妻劉氏早卒一女甚幼外甥袁顗始生子彖而妻劉氏亦亡興
宗姊卽顗母也一孫一姪躬自撫養年齒相比欲爲婚姻每見興宗輒言此意
大明初詔興宗女與南平王敬猷婚興宗以姊生平之懷屢經陳啓帝答曰卿
諸人欲各行己意則國家何由得婚且姊言豈是不可違之處邪舊意既乖彖
亦他娶其後彖家好不終顗又禍敗彖亦淪廢當時孤微理盡敬猷遇害興宗
女無子嫠居名門高胄多欲結姻明帝亦敕適謝氏興宗並不許以女適彖泰
豫元年卒年五十八遺命薄葬奉還封爵追贈後授子順固辭不受又奉表疏
十餘上詔特申其請以旌克讓之風初興宗爲郢州府參軍彭城顏敬以式卜
曰亥年當作公官有大字者不可受也及有開府之授而太歲在亥果薨於光
祿大夫云文集傳於世子順字景玄方雅有父風位太尉從事中郎昇明末卒
弟約

約字景撝少尙宋孝武女安吉公主拜駙馬都尉仕齊累遷太子中庶子領屯騎校尉永明八年八月合朔約旣武冠解劍於省眠至下鼓不起爲有司所奏贖論出爲宜都王冠軍長史淮南太守行府州事武帝謂曰今用卿爲近蕃上佐想副我所期約曰南豫密邇京師不化自理臣亦何人爝火不息時諸王行事多相裁割約居右任主佐之閒穆如也遷司徒左長史齊明帝爲錄尙書輔政百僚脫屐到席約躡屐不改帝謂江祏曰蔡氏是禮度之門故自可悅祏曰大將軍有揖客復見於今約好飲酒夷淡不與世雜永元二年卒於太子詹事年四十四贈太常弟撙

撙字景節少方雅退默與第四兄寅俱知名仕齊位給事黃門侍郎丁母憂廬于墓側齊末多難服闋因居墓所除太子中庶子太尉長史並不就梁臺建爲侍中遷臨海太守公事左遷太子中庶子復爲侍中吳興太守初撙在臨海百姓楊元孫以婢采蘭貼與同里黃權約生子酬乳哺直權死後元孫就權妻吳贖婢母子五人吳背約不還元孫訴撙判還本主吳能爲巫出入撙內以金釧

賂撙妾遂改判與吳元孫撾登聞鼓訟之爲有司劾時撙已去郡雖不坐而常以爲恥口不言錢及在吳興不飲郡井齋前自種白莧紫茄以爲常餌詔褒其清加信武將軍時帝將爲昭明太子納妃意在謝氏袁昂曰當今貞素簡勝唯有蔡撙乃遣吏部尚書徐勉詰之停車三通不報勉笑曰當須我召也遂投刺乃入天監九年宣城郡吏吳承伯挾祆道聚衆攻宣城殺太守朱僧勇轉寇吳興吏人並請避之撙堅守不動命衆出戰摧破斬承伯餘黨悉平累遷吏部尚書在選弘簡有名稱又爲侍中領祕書監武帝嘗謂曰卿門舊尚有堪事者多少撙曰臣門客沈約范岫各已被升擢此外無人約時爲太子少傅岫爲右衛將軍撙風骨梗正氣調英嶷當朝無所屈讓嘗奏用琅邪王筠爲殿中郎武帝嫌不取參掌通署乃推白牒於香橙地下曰卿殊不了事撙正色俯身拾牒起曰臣謂舉爾所知許允已有前事既是所知而用無煩參軍署名臣撙少而仕宦未嘗有不了事之目因捧牒直出便命駕而去仍欲抗表自解帝尋悔取事爲畫帝嘗設大臣麨撙在坐帝頻呼姓名撙竟不答食麨如故帝覺其負氣乃

改喚蔡尚書撙始放簡執笏曰爾帝曰卿向何聾今何聰對曰臣預爲右戚且職在納言陛下不應以名垂喚帝有慚色性甚凝厲善自居適女爲昭明太子妃自詹事以下咸來造謁往往稱疾相聞間遣之及其引進但暄寒而已此外無復餘言後爲中書令卒於吳郡太守諡曰康子司空袁昂嘗謂諸賓曰自蔡侯卒不復更見此人其爲名輩所知如此子彥深宣城內史彥深弟彥高給事黃門侍郎彥高子凝

凝字子居美容止及長博涉經傳有文詞尤工草隸陳太建元年累遷太子中舍人以名公子選尚信義公主拜駙馬都尉中書侍郎遷晉陵太守及將之郡更令左右修中書廨宇謂賓友曰庶來者無勞尋授吏部侍郎凝年位未高而才地爲時所重常端坐西齋自非素貴名流罕所交接趣時者多譏焉宣帝嘗謂凝曰我欲用義興主壻錢肅爲黃門侍郎卿意如何凝正色曰帝鄉舊戚恩由聖旨則無所復問若格以僉議黃散之職故須人門兼美帝默然而止肅聞而不平義興公主日譖之尋免官遷交趾頃之追還後主嗣位爲給事黃門侍

郎後主嘗置酒歡甚將移宴弘範宮衆人咸從唯凝與袁憲不行後主曰何爲
凝曰長樂尊嚴非酒後所過臣不敢奉詔衆人失色後主曰卿醉矣令引出他
日後主謂吏部尚書蔡徵曰蔡凝負地矜才無所用也尋遷信威晉熙王府長
史鬱鬱不得志乃喟然歎曰天道有廢興夫子云樂天知命斯理庶幾可達因
著小室賦以見志陳亡入隋道病卒年四十七子君知頗知名

論曰蔡廓體業弘正風格峻舉與宗出內所踐不隕家聲位在具臣而情懷伊
霍仁者有勇驗在斯乎然自廓及凝年移四代高風素氣無乏於時其所以取
貴不徒然矣至於矜倨之失蓋其風俗所通格以正道故亦名教之深尤也

南史卷二十九

南史卷二十九考證

蔡興宗傳蔡尚書今日可謂能荷矣○宋書荷字上有負字

使選令史顏禕之薛慶先等往復論執○一本無史字誤

蔡凝傳若格以僉議黄散之職故須人門兼美○僉一本作檢

南史卷二十九考證

南史卷三十

唐　李延壽　撰

列傳第二十

何尚之　子偃　孫戢　偃弟子求　求弟點　點弟胤　胤從弟烱　尚之弟子昌寓　昌寓子敬容

何尚之字彥德廬江灊人也曾祖準高尚不應徵辟祖恢南康太守父叔度恭謹有行業姨適沛郡劉璩與叔度母情愛甚篤叔度母早卒奉姨若所生姨亡朔望必往致哀幷設祭奠食並珍新躬自臨視若朔望應有公事則先遣送祭皆手自料簡流涕對之公事畢卽往致哀以此爲常三年服竟義熙五年吳興武康縣人王延祖爲劫父睦以告官新制凡劫身斬刑家人棄市睦既自告於法有疑時叔度爲尚書議曰設法止姦必本於情理非謂一人爲劫闔門應刑所以罪及同產欲開其相告以出造惡之身睦父子之至容可悉共逃亡而割其天屬還相縛送解腕求存於情可愍並合從原從之後爲金紫光祿大夫吳郡太守太保王弘每稱其清身潔己尚之少頗輕薄好摴蒱及長折節蹈道以

操立見稱爲陳郡謝混所知與之游處家貧初爲臨津令宋武帝領征西將軍
補主簿從征長安以公事免還都因患勞病積年飲婦人乳乃得差以從征之
勞賜爵都鄉侯少帝即位爲廬陵王義真車騎諮議參軍義真與司徒徐羨之
尙書令傅亮等不協每有不平之言尙之諫戒不納義真被廢入爲中書侍郎
遷吏部郎告休定省傾朝送别於冶渚及至郡叔度謂曰聞汝來此傾朝相送
可有幾客答曰殆數百人叔度笑曰此是送吏部郎耳非關何彥德也昔殷浩
亦嘗作豫章定省送別者甚衆及廢徙東陽船泊征虜亭積日乃至親舊無復
相窺者後拜左衛將軍領太子中庶子尙之雅好文義從容賞會甚爲文帝所
知元嘉十三年彭城王義康欲以司徒長史劉斌爲丹陽尹上不許乃以尙之
爲之立宅南郭外立學聚生徒東海徐秀廬江何曇黃穎川荀子華太原孫宗
昌王延秀魯郡孔惠宣並慕道來游謂之南學王球常云尙之西河之風不墜
尙之亦云球正始之風尙在尙之女適劉湛子黯而湛與尙之意好不篤湛欲
領丹陽乃徙尙之爲祠部尙書領國子祭酒尙之甚不平湛誅遷吏部尙書時

左衛將軍范曄任參機密尚之察其意趣異常白文帝宜出爲廣州若在內釁成不得不加以鈇鉞屢誅大臣有虧皇化上曰始誅劉湛等方欲引升後進曄事跡未彰便豫相黜斥萬姓將謂卿等不能容才以我爲信受讒說但使共知如此不憂致大也曄後謀反伏誅上嘉其先見二十三年爲尚書左僕射是歲造玄武湖上欲於湖中立方丈蓬萊瀛洲三神山尚之固諫乃止時又造華林園並盛暑役人尚之又諫上不許曰小人常日曝背此不足爲勞時上行幸還多侵夜尚之又表諫上優詔納之先是患貨少鑄四銖錢人閒頗盜鑄多翦鑿古錢以取銅上患之二十四年錄尚書江夏王義恭議以一大錢當兩以防翦鑿議者多同尚之議曰凡創制改法宜順人情未有違衆矯物而可久也泉布廢興驟議前代赤仄白金俄而罷息六貨憒亂人泣於市良由事不畫一難用遵行自非急病權時宜守長世之業若今制遂行富人之資自倍貧者彌增其困懼非所以欲均之意中領軍沈演之以爲若以大當兩則國傳難朽之寶家贏一倍之利不俟加憲巧源自絕上從演之議遂以一錢當兩行之經時公私

非便乃罷二十八年爲尚書令太子詹事二十九年致仕於方山著退居賦以明所守而議者咸謂尚之不能固志文帝與江夏王義恭詔曰羊孟尚不得告謝尚之任遇有殊便當未宜申許尚之還攝職羊即羊玄保孟即孟顗尚之既任事上待之愈隆於是袁淑乃錄古來隱士有迹無名者爲真隱傳以嗤焉時或遣軍北侵資給戎旅悉以委之元凶弑立進位司空尚書令時三方與義將佐家在都者劭悉欲誅之尚之誘說百端並得全免孝武即位復爲尚書令丞相南郡王義宣車騎將軍臧質反義宣司馬竺超質長史陸展兄弟並應從誅尚之上言於法爲重超從坐者由是得原時欲分荊州置郢州議其所居江夏王義恭蕭思話以爲宜在巴陵尚之議曰夏口在荊江之中正對沔口通接雍梁實爲津要於事爲允上從其議荊揚二州戶口居江南之半江左以來揚州爲根本委荊州以閫外至是並分欲以削臣下之權而荊揚並因此虛耗尚之建言宜復合二州上不許大明二年以左光祿開府儀同三司侍中如故尚之在家常著鹿皮帽及拜開府天子臨軒百僚陪位沈慶之於殿庭戲之曰今日

何不著鹿皮冠慶之累辭爵命朝廷敦勸甚苦尙之謂曰主上虛懷側席詎宜
固辭慶之曰沈公不效何公去而復還也尙之有愧色尙之愛尙文義老而不
休與太常顏延之少相好狎二人並短小尙之常謂延之爲猨延之目尙之爲
猴同游太子西池延之問路人云吾二人誰似猴路人指尙之爲似延之喜笑
路人曰彼似猴耳君乃眞猴有人常求爲吏部郞尙之歎曰此敗風俗也官當
圖人人安得圖官延之大笑曰我聞古者官人以才今官人以勢彼勢之所求
子何疑焉所與延之論議往反並傳於世尙之立身簡約車服率素妻亡不娶
又無姬妾執衡當朝畏遠權柄親故一無薦舉旣以此致怨亦以此見稱復以
本官領中書令薨年七十九贈司空諡曰簡穆公子偃
偃字仲弘元嘉中位太子中庶子元凶弑立以偃爲侍中掌詔誥時尙之爲司
空尙書令偃居門下父子並處權要時爲寒心而尙之及偃善攝機宜曲得時
譽會孝武卽位任遇無改歷位侍中領太子中庶子時求讜言偃以爲宜重農
邺本并官省事考課以知能否增奉以除吏姦責成良守久於其職都督刺史

宜别其任改領驍騎將軍親遇隆密有加舊臣轉吏部尚書尚之去選未五載
偃復襲其迹世以爲榮侍中顏竣至是始貴與偃俱在門下以文義賞會相得
甚歡竣既任遇隆密謂宜居重大而位次與偃等未殊意稍不悅及偃代竣領
選竣逾憤懣與偃遂隙竣時權傾朝野偃不自安遂發悸病意慮乖僻上表解
職告靈不仕孝武遇偃既深備加醫療乃得差偃素好談玄注莊子逍遙篇傳
於時卒官孝武與顏竣詔甚傷惜之諡曰靖子戢
戢字惠景選尚宋孝武長女山陰公主拜駙馬都尉累遷中書郎景和世山陰
主就帝求吏部郎褚彥回侍己彥回雖拘逼終不肯從與戢同居止月餘日由
是特申情好元徽初彥回參朝政引戢爲侍中時年二十九戢以年未三十苦
辭內侍改授司徒左長史齊高帝爲領軍與戢來往數申歡宴高帝好水引餅
戢每設上焉久之復爲侍中累遷高帝相國左長史建元元年遷散騎常侍太
子詹事尋改侍中詹事如故上欲轉戢領選問尚書令褚彥回以戢資重欲加
散騎常侍彥回曰宋時王球從侍中中書令單作吏部尚書資與戢相似領選

職方昔小輕不容頓加常侍聖旨每以蟬冕不宜過多臣與王儉旣已左珥若
復加戢則八座便有三蟬若帖以驍游亦不爲少迺以戢爲吏部尚書加驍騎
將軍戢美容儀動止與褚彥回相慕時人號爲小褚公家業富盛性又華侈衣
被服飾極爲奢麗出爲吳興太守上頗好畫扇宋孝武賜戢蟬雀扇善畫者顧
景秀所畫時吳郡陸探微顧彥先皆能畫歎其巧絕戢因王晏獻之上令晏厚
酬其意卒年三十六謚懿子女爲鬱林王后父追贈侍中右光祿大夫
求字子有偃弟子也父鑠仕宋位宜都太守求元嘉末爲文帝挽郎歷位太子
洗馬丹陽郡丞清退無嗜慾後爲太子中舍人泰始中妻亡還吳葬舊墓除中
書郎不拜仍住吳隱居波若寺足不踰戶人莫見其面宋明帝崩出奔國哀除
永嘉太守求時寄住南澗寺不肯詣臺乞於野外拜受見許一夜忽乘小船逃
歸吳隱武丘山齊永明四年拜太中大夫不就卒初求父鑠素有風疾無故害
求母王氏坐法死求兄弟以此無宦情求弟點
點字子晳年十一居父母憂幾至滅性及長感家禍欲絕昏宦尚之強爲娶琅

邪王氏禮畢將親迎點畏涕泣求執本志遂得罷點明目秀眉容貌方雅真素通美不以門戶自矜博通羣書善談論家本素族親姻多貴仕點雖不入城府性率到好狎人物遨游人間不簪不帶以人地並高無所與屈大言踑踞公卿敬下或乘柴車躡草屩恣心所適致醉而歸故世論以點爲孝隱士弟胤爲小隱士大夫多慕從之時人稱重其通號曰游俠處士兄求亦隱吳郡武丘山求卒點菜食不飲酒訖于三年腰帶減半宋太始末徵爲太子洗馬齊初累徵中書侍郎太子中庶子並不就與陳郡謝瀹吳國張融會稽孔德璋爲莫逆友點門世信佛從弟遁以東籬門園居之德璋爲築室焉園有卞忠貞冢點植花於冢側每飲必舉酒酹之招攜勝侶及名德桑門清言賦詠優游自得初褚彥回王儉爲宰相點謂人曰我作齊書已竟贊云回既世族儉亦國華不賴舅氏遑恤國家王儉聞之欲候點知不可見乃止豫章王嶷命駕造點點從後門遁去司徒竟陵王子良聞之曰豫章王尙望塵不及吾當望岫息心後點在法輪寺子良就見之點角巾登席子良欣悅無已遺點嵆叔夜酒盃徐景山酒鎗點少

時嘗患渴利積歲不愈後在吳中石佛寺建講於講所晝寢夢一道人形貌非
常授丸一掬夢中服之自此而差時人以爲淳德所感性通脫好施遠近致遺
一無所逆隨復散焉嘗行經朱雀門街有自車後盜點衣者見而不言旁人禽
盜與之點乃以衣施盜盜不敢受點令告有司盜懼乃受之點雅有人倫鑒多
所甄拔知吳興丘遲於幼童稱濟陽江淹於寒素悉如其言哀樂過人嘗行逢
葬者歎曰此哭者之懷豈可思邪於是悲慟不能禁老又娶魯國孔嗣女嗣亦
隱者點雖昏亦不與妻相見築別室以處之人莫諭其意吳國張融少時免官
而爲詩有高言點答詩曰昔聞東都日不在簡書前雖戲而融久病之及點後
昏融始爲詩贈點曰惜哉何居士薄暮遘荒淫點亦病之永元中崔惠景圍城
人間無薪點悉伐園樹以贍親黨惠景性好佛義先慕交點點不顧之至是乃
逼召點點裂裂爲袴往赴其軍終日談說不及軍事其語默之迹如此惠景平
後東昏大怒欲誅之王瑩爲之懼求計於蕭暢暢謂茹法珍曰點若不誘賊共
講未必可量以此言之乃應得封東昏乃止梁武帝與點有舊及踐阼手詔諭

舊賜以鹿皮巾等并召之點以巾褐引入華林園帝贈詩酒恩禮如舊仍下詔
徵爲侍中捋帝鬚曰乃欲臣老子辭疾不起復下詔詳加資給並出在所日費
所須大官別給天監二年卒詔給第一品材具喪事所須內監經理點弟胤
胤字子季出繼叔父曠故更字胤叔年八歲居憂毀若成人及長輕薄不羈晚
乃折節好學師事沛國劉瓛受易及禮記毛詩又入鍾山定林寺聽內典其業
皆通而縱情誕節時人未之知也唯瓛與汝南周顒深器異之仕齊爲建安太
守政有恩信人不忍欺每伏臘放囚還家依期而反歷黃門侍郎太子中庶子
尚書令王儉受詔撰新禮未就而卒又使特進張緒續成緒又卒屬在司徒竟
陵王子良子良以讓胤乃置學士二十人佐胤撰錄後以國子祭酒與太子中
庶子王瑩並爲侍中時胤單作祭酒疑所服陸澄博古多該亦不能據遂以玄
服臨試爾後詳議乃用朱服祭酒朱服自此始也及鬱林嗣位胤爲后族甚見
親待爲中書令領臨海巴陵王師胤雖貴顯常懷止足建武初已築室郊外恆
與學徒游處其內至是遂賣園宅欲入東未及發聞謝朏罷吳興郡不還胤恐

後之乃拜表解職不待報輒去明帝大怒使御史中丞袁昂奏收胤尋有詔許之胤以會稽山多靈異往游焉居若邪山雲門寺初胤二兄求點並棲遁求先卒至是胤又隱世號點爲大山胤爲小山亦曰東山兄弟發迹雖異克終皆隱世謂何氏三高永元中徵爲太常太子詹事並不就梁武帝霸朝建引爲軍謀祭酒幷與書詔不至及帝踐阼詔爲特進光祿大夫遣領軍司馬王杲之以手敕諭意幷徵謝朏杲之先至胤所胤恐朏不出先示以可起乃單衣鹿皮巾執經卷下牀跪受詔出就席伏讀胤因謂杲之曰吾昔於齊朝欲陳三兩條事一者欲正郊丘二者欲更鑄九鼎三者欲樹雙闕世傳晉室欲立闕王丞相指牛頭山云此天闕也是則未明立闕之意闕者謂之象魏懸法於其上浹日而收之象者法也魏者當塗而高大貌也鼎者神器有國所先圓丘國郊舊典不同南郊祠五帝靈威仰之類圓丘祠天皇大帝北極大星是也往代合之郊丘先儒之巨失今梁德告始不宜遂因前謬卿宜陳之杲之曰僕之鄙劣豈敢輕議國典此當敬俟叔孫生耳及杲之從謝朏所還問胤以出期胤知朏已應召答

杲之曰吾年已五十七月食四斗米不盡何容復有宦情杲之失色不能答胤反謂曰卿何不遣傳詔還朝拜表留與我同游邪杲之愕然曰古今不聞此例胤曰檀弓兩卷皆言物始自卿而始何必有例胤朏俱前代高士胤處名譽尤邁矣杲之還以胤意奏聞有敕給白衣尚書祿胤固辭又敕山陰庫錢月給五萬又不受乃敕何子朗孔壽等六人於東山受學太守衡陽王元簡深加禮敬月中常命駕式閭談論終日胤以若邪處勢迫隘不容學徒乃還秦望山山有飛泉迺起學舍卽林成援因巖爲堵別爲小閣室寢處其中躬自啓閉僮僕無得至者山側營田二頃講隙從生徒游之胤初還將築室忽見二人著玄冠容貌甚偉問胤曰君欲居此邪乃指一處云此中殊吉忽不復見胤依言而卜焉尋而山發洪水樹石皆倒拔唯胤所居室巋然獨存元簡乃命記室參軍鍾嶸作瑞室頌刻石以旌之及元簡去郡入山與胤別胤送至都賜埭去郡三里因曰僕自棄人事交游路斷自非降貴山藪豈容復望城邑此埭之游於今絕矣執手涕零何氏過江自晉司空充並葬吳西山胤家世年皆不永唯祖尚之至

七十二胤年登祖壽乃移還吳作別山詩一首言甚悽愴至吳居虎丘山西寺講經論學僧復隨之東境守宰經途者莫不畢至胤常禁殺有虞人逐鹿鹿徑來趨胤伏而不動又有異鳥如鶴紅色集講堂馴狎如家禽初開善寺藏法師與胤遇於秦望山後還都卒於鍾山死日胤在波若寺見一名僧授胤香爐奩并函書云貧道發自揚都呈何居士言訖失所在胤開函乃是大莊嚴論世中未有訪之香爐乃藏公所常用又於寺內立明珠柱柱乃七日七夜放光太守何遠以狀啓昭明太子太子欽其德遣舍人何思澄致手令以褒美之中大通三年卒年八十六先是胤疾妻江氏夢神告曰汝夫壽盡旣有至德應獲延期爾當代之妻覺說焉俄得患而卒胤疾乃瘳至是胤夢見一神女并八十許人並衣帢行列在前俱拜牀下覺又見之便命營凶具旣而疾困不復瘳初胤侈於味食必方丈後稍欲去其甚者猶食白魚䱇脯糖蟹以爲非見生物疑食蚶蠣使門人議之學生鍾岏曰䱇之就脯驟於屈申蟹之將糖躁擾彌甚仁人用意深懷如恒至於車螯蚶蠣眉目內闕慚渾沌之奇獷殼外緘非金人之慎不

悴不榮曾草木之不若無馨無臭與瓦礫其何算故宜長充庖廚永爲口實竟陵王子良見疵議大怒汝南周顒與胤書勸令食菜曰變之大者莫過死生生之所重無逾性命性命之於彼極切滋味之在我可賒若云三世理誣則幸矣良快如使此道果然而受形未息一往一來生死常事則傷心之慘行亦自及丈人於血氣之類雖不身踐至於晨鳧夜鯉不能不取備屠門財貝之經盜手猶爲廉士所棄生性之一啓鸞刀寧復慈心所忍騶虞雖飢非自死之草不食聞其風者豈不使人多媿丈人得此有素聊復片言發起耳故胤末年遂絕血味胤注百法論十二門論各一卷註周易十卷毛詩總集六卷毛詩隱義十卷禮記隱義二十卷禮答問五十五卷子撰亦不仕有高風

何炯字士光胤從弟也父撙太中大夫炯年十五從胤受業一期並通五經章句白皙美容貌從兄求點每曰叔寶神清杜乂膚清今觀此子復見衞杜在目從兄戢謂人曰此子非止吾門之寶亦爲一代偉人炯常慕恬退不樂進仕從叔昌㝢謂曰求點皆已高蹈汝無宜復爾且君子出處亦各一途年十九解褐

揚州主簿舉秀才累遷梁仁威南康王限內記室書侍御史以父疾陳解𠪳侍疾踰旬衣不解帶頭不櫛沐信宿之間形貌頓改及父卒號慟不絕聲藉地腰脚虛腫醫云須服猪蹄湯𠪳以有肉味不肯服親友請譬終於不回遂以毀卒先是謂家人曰王孫玄晏所尚不同長魚慶緒於事爲得必須儉而中禮無取苟異月朝十五日可置一甌鱺粥如常日所進又傷兩兄並淡仕進故祿所不及恐而今而後溫飽無資乃潸然下泣自外無所言

何昌寓字儼望尙之弟子也父佟之位侍中昌寓少而清靖獨立不羣所交者必當世清名是以風流籍甚仕宋爲尙書儀曹郎建平王景素征北南徐州府主簿以風素見重母老求祿出爲湘東太守還爲齊高帝驃騎功曹昌寓在郡景素被誅昌寓痛之至是啓高帝理其冤又與司空褚彥回書極言之高帝嘉其義歷位中書郎王儉衞軍長史儉謂昌寓曰後任朝事者非卿而誰臨海王昭秀爲荆州以昌寓爲西中郎長史南郡太守行荆州事明帝將踐阼先使裴叔業往密敕昌寓令以便宜從事昌寓拒之曰國家委身以六尺之孤付身以

萬里之事臨海王未有失寧得從君單詔行事吾自有啓聞須反更議叔業曰若爾便是拒詔拒詔恐非佳事耳答曰能見殺者君也能拒詔者僕也君不能見殺僕有泝流之計耳昌寓素有名德叔業不敢逼而退上聞而嘉之昭秀由此得還都昌寓後爲吏部尚書嘗有一客姓閔求官昌寓謂曰君是誰後答曰子騫後昌寓團扇掩口而笑謂坐客曰遙遙華胄昌寓不雜交游通和汎愛歷郡皆以清白稱後卒於侍中領驍騎將軍贈太常謚曰簡子子敬容

敬容字國禮弱冠尚齊武帝女長城公主拜駙馬都尉梁天監中爲建安內史清公有美績吏人稱之累遷守吏部尚書銓序明審號爲稱職出爲吳郡太守爲政勤恤人隱辯訟如神視事四年政爲天下第一吏人詣闕請樹碑詔許之復爲吏部尚書侍中領太子中庶子敬容身長八尺白晳美鬚眉性矜莊衣冠鮮麗武帝雖衣浣衣而左右衣必須潔嘗有侍臣衣帶卷摺帝怒曰卿衣帶如繩欲何所縛敬容希旨故益鮮明常以膠清刷鬢衣裳不整伏牀熨之或暑月背爲之焦每公庭就列容止出人爲尚書右僕射參掌選事遷左僕射丹陽尹

並參掌大選如故敬容接對賓朋言詞若訥訓答二宮則音韻調暢大同中朱雀門災武帝謂羣臣曰此門制狹我始欲改構遂遭天火相顧未答敬容獨曰此所謂先天而天不違時以爲名對五年改爲尚書令參選事如故敬容久處臺閣詳悉晉魏以來舊事且聰明識達勤於簿領詰朝理事日旰不休職隆任重專預機密而拙於草隸淺於學術通苞苴餉餽無賄則略不交語自晉宋以來宰相皆文義自逸敬容獨勤庶務貪悋爲時所嗤鄙其署名敬字則大作苟小爲文容字大作父小爲口陸倕戲之曰公家苟既奇大父亦不小敬容遂不能答又多漏禁中語故嘲誚曰至嘗有客姓吉敬容問卿與邴吉遠近答曰如明公之與蕭何時蕭琛子巡頗有輕薄才因制卦名離合等詩嘲之亦不屑也帝嘗夢具朝服入太廟拜伏悲感旦於延務殿說所夢敬容對曰臣聞孝悌之至通於神明陛下性與天通故應感斯夢上極然之便有拜陵之議後坐妾弟費惠明爲導倉丞夜盜官米爲禁司所執送領軍府時河東王譽爲領軍敬容以書解惠明譽前經屬事不行因此即封書以奏帝大怒付南司推劾御史中

丞張綰奏敬容恊私罔上合棄市詔特免職到溉謂朱异曰天時便覺開霽其
見嫉如此初沙門釋寶誌嘗謂敬容曰君後必貴終是何敗耳及敬容爲宰相
謂何姓當召其禍故抑沒宗族無仕進者至是竟爲河東所敗中大同元年三
月武帝幸同泰寺講金字三惠經敬容啓預聽敕許之又起爲金紫光祿大夫
未拜又加侍中敬容舊時賓客門生諠譁如昔冀其復用會稽謝郁致書戒之
曰草萊之人聞諸道路君侯已得瞻望朝夕出入禁門醉尉將不敢呵灰然不
無其漸甚休敢賀於前又將弔也昔流言裁至公旦東奔燕書始來子孟不入
夫聖賢被虛過以自斥未有嬰時疊而求親者也且暴鰓之魚不念杯酌之水
雲霄之翼豈顧籠樊之糧何者所託已盛也昔君侯納言加首鳴玉在腰回豐
貂以步文昌聳高蟬而趨武帳可謂盛矣不以此時薦才拔士少報聖主之恩
今卒如爰絲之說受責見過方復欲更窺朝廷觖望萬分竊不爲左右取也昔
竇嬰楊惲亦得罪明時不能謝絕賓客猶交黨援卒無後福終益前禍僕之所
弔實在於斯人人所以顒猶有踵君侯之門者未必皆感惠懷仁有灌夫任安

之義乃戒翟公之大署冀君侯之復用也夫在思過之日而挾復用之意未可
爲智者說矣夫君侯宜杜門念失無有所通築茅茨於鍾阜聊優游以卒歲見
可憐之意著待終之情復仲尼能改之言惟子貢更也之譬少戢言於衆口微
自救於竹帛所謂失之東隅收之桑榆如此令明主聞知尚有冀也僕東皐鄙
人入穴幸無銜轡恥天下之士不爲執事道之故披肝膽示情素君侯豈能鑒
焉太淸元年還太子詹事侍中如故二年侯景襲建鄴敬容自府移家臺內初
景渦陽退敗未得審實傳者乃云其將暴顯反景身與衆並沒朝廷以爲憂敬
容尋見東宮簡文謂曰淮北始更有信侯景定得身免敬容曰得景遂死深是
朝廷之福簡文失色問其故對曰景翻覆叛臣終當亂國是年簡文頻於玄圃
自講老莊二書學士吳孜時寄詹事府每日入聽敬容謂孜曰昔晉氏喪亂頗
由祖尚虛玄胡賊遂覆中夏今東宮復襲此殆非人事其將爲戎乎俄而侯景
難作其言有徵也三年卒于圍內何氏自晉司空充宋司空尚之奉佛法並建
立塔寺至敬容又捨宅東爲伽藍趨權者因助財造構敬容並不拒故寺堂宇

頗爲宏麗時輕薄者因呼爲衆造寺及敬容免職出宅止有常用器物及囊衣

而已竟無餘財貨時亦以此稱之敬容特爲從兄胤所親愛胤在若邪山嘗疾

篤有書云田疇館宇悉奉衆僧書經並歸從弟敬容其見知如此敬容唯有一

子年始八歲在吳臨還與胤別胤問名敬容曰仍欲就兄求名胤卽命紙筆名

曰轂曰書云兩玉曰轂吾與弟二家共此一子所謂轂也位祕書丞早卒

論曰尙之以雅道自居用致公輔行己之迹動不踰閑及乎洗閤取譏皮冠獲

誚貞粹之地高人未之全許然父子一時並處權要雖經屯詖咸以功名自卒

古之所謂巧宦此之謂乎點胤弟兄俱云遁逸求其蹈履則非曰山林察其持

身則未捨名譽觀夫子晳之赴惠景子秀之矯敬沖以迹以心居然可測而高

自標致一代歸宗以之入用未知所取斯殆虛勝之風江東所尙不然何以至

於此也昌寓雅仗名節殆曰人望敬容材實幹蠱賄而敗業惜乎

南史卷三十考證

何尙之傳尙之立身簡約車服率素○簡監本作節今從宋書

何偃傳親遇隆密有加舊臣○密監本訛宓今從閣本

何點傳性通脫好施○脫監本訛悅今改正

何胤傳迺起學舍即林成援○援監本訛授今改正

並衣帢行列在前○帢監本訛恰今改從梁書

鮑之就脯驟於屈申○鮑監本訛鮔今從閣本

何昌寓傳景素被誅昌寓痛之○景監本訛尹今從上文建平王景素改正

高帝義之○高帝監本作彥回今從閣本

帝將踐阼先使裴叔業往密敕昌寓○往密敕昌寓一本作賚旨詔昌寓

寧得從君單詔行事吾自有啓聞須反更議○一本作寧得從軍單詔行專耶自有啓文須反更議

拒詔恐非佳事耳○一本作拒詔軍法從事耳

僕有泓流之計耳○僕一本作政

何敬容傳嘗有侍臣衣帶卷摺○帶監本訛冠今從閣本

南史卷三十考證

南史卷三十一

唐　李延壽　撰

列傳第二十一

張裕 子永 岱 岱兄子緒 緒子充 永子瓌 瓌子率 率弟盾 瓌弟稷 稷子嵊 永從孫種

張裕字茂度吳郡吳人也名與宋武帝諱同故以字稱曾祖澄晉光祿大夫祖彭祖廣州刺史父敞侍御史度支尚書吳國內史茂度仕爲宋武帝太尉主簿揚州中從事累遷別駕武帝西伐劉毅北伐關洛皆居守留任州事出爲都督廣州刺史平越中郎將綏靜百越嶺外安之元嘉元年爲侍中都督益州刺史帝討荊州刺史謝晦詔益州遣軍襲江陵晦平西軍始至白帝茂度與晦素善議者疑其出軍遲留弟邵時爲湘州刺史起兵應大駕上以邵誠節故不加罪累還太常以脚疾出爲義興太守上從容謂曰勿以西蜀介懷對曰臣不遭陛下之明墓木拱矣後爲都官尚書以疾就拜光祿大夫加金章紫綬茂度內足於財自絕人事經始本縣之華山爲居止優游野澤如此者七年十八年除會

稽太守素有吏能職事甚理卒於官謚曰恭子子演位太子中舍人演四弟鏡永辯岱俱知名時謂之張氏五龍鏡少與光祿大夫顏延之鄰居顏談義飲酒喧呼不絕而鏡靜默無言聲後鏡與客談延之從籬邊聞之取胡牀坐聽辭義清玄延之心服謂客曰彼有人焉由是不復酣叫仕至新安太守演鏡兄弟中名最高餘並不及初裕曾祖澄當葬父郭璞爲占墓地曰葬某處年過百歲位至三司而子孫不蕃某處年幾減半位裁卿校而累世貴顯澄乃葬其劣處位光祿年六十四而亡其子孫遂昌云

永字景雲初爲郡主簿累遷尙書中兵郎先是尙書中條制繁雜元嘉十八年欲加脩撰徙永爲刪定郎掌其任二十二年除建康令所居皆有稱績又除廣陵王誕北中郎錄事參軍永涉獵書史能爲文章善隸書騎射雜藝觸類兼善又有巧思益爲文帝所知紙墨皆自營造上每得永表啓輒執玩咨嗟自嘆供御者了不及也二十三年造華林園玄武湖並使永監統凡所制置皆受則於永永既有才能每盡心力文帝謂堪爲將二十九年以永爲揚威將軍冀州刺

史加都督王玄謨申坦等諸將經略河南進攻碻磝累旬不拔爲魏軍所殺甚
衆永卽夜撤圍退軍不報告諸將衆軍驚擾爲魏所乘死敗塗地永及申坦並
爲統府撫軍將軍蕭思話所收繫於歷城獄文帝以屢征無功諸將不可任詔
責永等與思話又與江夏王義恭書曰早知諸將輩如此恨不以白刃驅之今
者悔何所及三十年元凶弑立起永爲青州刺史及司空南譙王義宣起義又
改永爲冀州刺史加都督永遣司馬崔勳之中兵參軍劉宣則二軍馳赴國難
時蕭思話在彭城義宣慮二人不相諧緝與思話書勸與永坦懷又使永從兄
長史張暢與永書勖之使遠慕廉藺在公之德近効平勃亡私之美事平召爲
江夏王義恭大司馬從事中郎領中兵孝武孝建元年臧質反遣永輔武昌王
渾鎭京口大明三年累遷廷尉上謂曰卿旣與釋之同姓欲使天下復無寃人
永曉音律太極殿前鐘聲嘶孝武嘗以問永永答鐘有銅滓乃扣鐘求其處鑿
而去之聲遂淸越明帝卽位爲靑冀二州刺史監四州諸軍事統諸將討徐州
刺史薛安都累戰尅捷破薛索兒又還鎭軍將軍尋爲南兗州刺史加都督時

薛安都據彭城請降而誠心不款明帝遣永與沈攸之重兵迎之加督前鋒諸
軍事進軍彭城安都招引魏兵既至永狼狽引軍還爲魏軍追大敗復遇寒雪
士卒離散永脚指斷落僅以身免失其第四子三年徙會稽太守加都督將軍
如故以北行失律固求自貶降號左將軍永痛悼所失之子有兼常哀服制雖
除猶立靈坐飲食衣服待之如生每出行常別具名車好馬號曰侍從有軍事
輒語左右報郎君知也以破薛索兒功封孝昌縣侯在會稽賓客有謝方童阮
須何逹之等竊其權臟貨盈積方童等坐下獄死永又降號冠軍將軍廢帝即
位爲右光祿大夫侍中領安成王師出爲吳郡太守元徽二年爲征北將軍南
兗州刺史加都督永少便驅馳志在宣力其爲將帥能與士卒同甘苦朝廷所
給賜脯餼必棋坐齊割手自頒賜年雖已老志氣未衰優游閑任意甚不樂及
有此授喜悅非常即日命駕還都未之鎮遇桂陽王休範作亂永率所領屯白
下休範至新亭前鋒攻南掖門永遣人覘賊既反唱言臺城陷永衆潰棄軍還
以舊臣不加罪止免官削爵以愧發病卒

岱字景山州辟從事累遷東遷令時殷沖爲吳興太守謂人曰張東遷親貧須養所以棲遲下邑然名器方顯終當大至後爲司徒左西曹掾母年八十籍注未滿岱便去官從實還養有司以岱違制將欲糾舉宋孝武曰觀過可以知仁不須案也累遷山陰令職事閑理巴陵王休若爲北徐州未親政事以岱爲冠軍諮議參軍領彭城太守行府州國事後臨海王爲征虜將軍廣州豫章王爲車騎揚州晉安王爲征虜南兗州岱歷爲三府諮議三王行事與典籤主帥共事事舉而情得或謂岱曰主王既幼執事多門而每能緝和公私云何致此岱曰古人言一心可以事百君我爲政端平待物以禮悔吝之事無由而及明闇短長更是才用多少耳入爲黃門郎新安王子鸞以盛寵爲南徐州割吳郡屬焉高選佐史孝武召岱謂曰卿美効夙著兼資宦已多今欲用卿爲子鸞別駕總刺史之任無謂小屈終當大申也帝崩累遷吏部郎泰始末爲吳興太守元徽中爲益州刺史加都督數年益土安其政累遷吏部尚書王儉爲吏部郎時專斷曹事岱每相違執及儉爲宰相以此頗不相善兄子瓌弟恕誅吳郡太守

劉遐齊高帝欲以恕爲晉陵郡岱曰恕未閑從政美錦不宜濫裁高帝曰恕爲人我所悉其又與璣同勳自應有賞岱曰若以家貧賜祿此所不論語功推事臣門之恥加散騎常侍建元元年中詔序朝臣欲以右僕射擬岱褚彥回謂得此過優若別有忠誠特宜升引者別是一理詔更量出爲吳郡太守高帝知岱歷任清直至郡未幾手敕曰大郡任重乃未欲回換但總戎務殷宜須望實今用卿爲護軍加給事中岱拜竟詔以家爲府武帝即位復爲吳興太守岱晚節在吳興更以寬恕著名還南兗州刺史未拜卒岱初作遺命分張家財封置箱中家業張減隨復改易如此十數年謚曰貞子

緒字思曼岱兄子也父演宋太子中舍人緒少知名清簡寡欲從伯敷及叔父鏡從叔暢並貴異之鏡比之樂廣敷云是我輩人暢言於孝武帝用爲尙書倉部郎都令史諮詳郡縣米事緒蕭然直視不以經懷宋明帝每見緒輒歎其清淡轉太子中庶子本州大中正遷司徒左長史吏部尙書袁粲言於帝曰臣觀張緒有正始遺風宜爲宮職復轉中庶子後爲侍中遷吏部郎參掌大選元徽

初東宮官罷選曹擬舍人王儉爲格外記室緒以儉人地兼美宜轉祕書丞從
之緒又遷侍中嘗私謂客曰一生不解作諾有以告袁粲褚彥回者由是出爲
吳郡太守緒初不知也昇明二年自祠部尙書爲齊高帝太傅長史建元元年
爲中書令緒善談玄深見敬異僕射王儉嘗云緒過江所未有北士可求之耳
不知陳仲弓黃叔度能過之不駕幸莊嚴寺聽僧達道人講維摩坐遠不聞緒
言上難移緒乃還僧達以近之時帝欲用緒爲右僕射以問王儉儉曰緒少有
清望誠美選也南士由來少居此職褚彥回曰儉少年或未憶耳江左用陸玩
顧和皆南人也儉曰晉氏衰政不可爲則先是緒諸子皆輕俠中子充少時又
不護細行儉又以爲言乃止及立國學以緒爲太常卿領國子祭酒以王延之
代緒爲中書令何點歎曰晉以子敬季琰爲此職今以王延之張緒爲之可謂
清官後接之者實爲未易緒長於周易言精理奧見宗一時常云何平叔不解
易中七事武帝卽位轉吏部尙書祭酒如故永明二年領南郡王師加給事中
三年轉太子詹事師給事如故緒每朝見武帝目送之謂王儉曰緒以位尊我

我以德貴緒遷散騎常侍金紫光祿大夫師如故給親信二十人復領中正長
沙王晃屬選用吳郡聞人邕爲州議曹緒以資籍不當執不許晃遣書於緒固
請之緒正色謂晃信曰此是身家州鄉殿下何得見逼乃止緒吐納風流聽者
皆忘飢疲見者肅然如在宗廟雖終日與居莫能測焉劉悛之爲益州獻蜀柳
數株枝條甚長狀若絲縷時舊宮芳林苑始成武帝以植於太昌靈和殿前常
賞玩咨嗟曰此楊柳風流可愛似張緒當年時其見賞愛如此王儉爲尚書令
丹陽尹時諸令史來問訊有一令史善俯仰進止可觀儉賞異之問曰經與誰
共事答云十餘歲在張令門下儉目送之時尹丞殷存至在坐曰是康成門人
也七年竟陵王子良領國子祭酒武帝敕王晏曰吾欲令司徒辭祭酒以授張
緒物議以爲如何子良竟不拜以緒領國子祭酒緒口不言利有財輒散之清
談端坐或竟日無食門生見緒飢爲之辦飡然未嘗求也死之日無宅以殯遺
命凶事不設柳翣上以蘆葭轜車引柩靈上置盃水香火不設祭從弟融敬緒
事之如親兄齎酒於緒靈前酌飲慟哭曰阿兄風流頓盡追贈散騎常侍特進

光祿大夫諡簡子子完宋後廢帝時爲正員郎險行見寵坐廢錮完弟允丞明中安西功曹淫通殺人伏法允兄充知名

充字延符少好逸遊緒嘗告歸至吳始入西郭逢充獵右臂鷹左牽狗遇緒船至便放紲脫韝拜於水次緒曰一身兩役無乃勞乎充跪曰充聞三十而立今充二十九矣請至來歲緒曰過而能改顏氏子有焉及明年便脩改多所該通尤明老易能清言與從叔稷俱有令譽歷尚書殿中郎武陵王友時尚書令王儉當朝用事齊武帝皆取決焉儉方聚親賓充轂巾葛帔至便求酒言論放逸一坐盡傾及聞武帝欲以緒爲尚書僕射儉執不可充以爲慍與儉書曰頃日路長霖霞韜晦涼暑未平想無虧攝充幸以漁釣之閑鎌採之暇時復引軸以自娛逍遙乎前史從橫萬古動默之路多端紛綸百年升降之塗不一故金剛水柔性之別也圓行方止器之異也善御性者不違金水之質善爲器者不易方圓之用充生平少偶不以利欲干懷三十六年差得以棲貧自澹介然之志峭聳霜崖確乎之情峯橫海岸至如影纓天閣既謝廊廟之華綴組雲臺終愧

衣冠之秀實由氣岸疎凝情塗猶隔獨師懷抱不見許於俗人孤秀神崖每邅回於在世長羣魚鳥畢景松阿雖復玉沒於訪珪之辰桂掩於搜芳之日汎濫於漁父之遊偃息於卜居之會如此而已充何識哉若夫驚巖罩日吐海逢天竦石崩尋分危落仞桂蘭綺靡叢雜於山幽松柏陰森相繚於澗側元卿於是乎不歸伯休亦以茲長往至於飛竿釣渚濯足滄洲獨浪煙霞高臥風月悠悠琴酒岫遠誰來灼灼文言空擬方寸不覺鬱然千里路隔江川每至西風何嘗不歎丈人歲路未強學優而仕道佐蒼生功横海望可謂德感當時孤松獨秀者也而茂陵之彥望冠蓋而長懷渭川之甿佇簪裾而竦歎得無惜乎充嵋西百姓岱表一人蠶而衣耕而食不能事王侯覓知己造時人騁游說容與於屠博之間其憔甚矣然舉世皆謂充爲狂充亦何能與諸君道之哉是以披聞見掃心胸述平生論語默所可通夢交魂推襟送抱者唯丈人而已關廷敻阻書罷莫因儻遇樵夫妄塵執事儉以爲脫略弗之重仍以書示緒緒杖之一百又爲御史中丞到撝所奏免官禁錮沈約見其書歎曰充始爲之敗終爲之成久

之爲司徒諮議參軍與琅邪王思遠同郡陸慧曉等並爲司徒竟陵王賓客累遷義興太守爲政清淨吏人便之後爲侍中梁武帝兵至建鄴東昏逢殺百官集西鍾下召充充不至武帝霸府建以充爲大司馬諮議參軍天監初歷太常卿吏部尚書居選以平允稱再遷散騎常侍國子祭酒登堂講說皇太子以下皆至時王侯多在學執經以拜充朝服而立不敢當再遷尚書僕射頃之出爲吳郡太守下車恤貧老故舊莫不忻悅卒於吳郡謚曰穆子子最嗣

瓌字祖逸宋征北將軍南兗州刺史永之子也仕宋累遷桂陽內史不欲前兄瑋處祿自免不拜後爲司徒右長史通直散騎常侍驍騎將軍初瓌父永拒桂陽王休範於白下敗績阮佃夫等欲加罪齊高帝固申明之瓌由此感恩自結後遭父母喪還吳持服昇明元年劉彥節有異圖弟遐爲吳郡潛相影響高帝密遣殿中將軍卞白龍令瓌取遐諸張世有豪氣瓌宅中常有父時舊部曲數百遐召瓌委以軍事瓌僞受命與叔恕領兵十八人入郡斬之郡內莫敢動事捷高帝以告左軍張沖沖曰瓌以百口一擲出手得盧矣卽授吳郡太守錫以

嘉名封義城縣侯從弟融聞之與瓌書曰吳郡何晚何須王反聞之嗟驚乃是阿兄郡人顧暠陸閑並少年未知名瓌並引爲綱紀後並立名世以爲知人齊建元元年改封平都侯遷侍中與侍中沈文季俱在門下高帝常謂曰卿雖我臣我親卿不異賾嶷等文季每還直器物若遷瓌止朝服而已時集書每兼門下東省實多清貧有不識瓌者常呼爲散騎出爲吳興太守瓌以既有國秩不取郡奉高帝敕上庫別藏其奉以表其清武帝即位爲寧蠻校尉雍州刺史加都督徵拜左戶尚書加右軍將軍還後安陸王緬臨雍州行部登蔓山有野老來乞緬問何不事產而行乞邪答曰張使君臨州理物百姓家得相保後人政嚴故至行乞緬由是深加嗟賞後拜太常自謂閑職輒歸家武帝曰卿輩未富貴謂人不與既富貴那復欲委去瓌曰陛下御臣等若養馬無事就閑廐有事復牽來帝猶怒遂以爲散騎常侍光祿大夫鬱林之廢朝臣到宮門參承明帝瓌託脚疾不至海陵立明帝疑外藩起兵以瓌鎮石頭督衆軍事瓌見朝廷多難遂恆臥疾建武末屢啓求還吳見許居室豪富伎妾盈房或有譏其衰暮畜

伎褱曰我少好音律老而方解平生嗜欲無復一存唯未能遣此耳明帝疾甚
防疑大司馬王敬則授褱平東將軍吳郡太守以爲之備及敬則反褱遣兵迎
拒於松江聞敬則軍鼓聲一時散走褱棄郡逃人間事平乃還郡爲有司奏免
官削爵永元初爲光祿大夫三年梁武帝起兵東昏假褱節戍石頭尋棄城還
宮梁天監元年拜給事中右光祿大夫以脚疾拜於家四年卒褱有子十二人
常云中應有好者子率知名
率字士簡性寬雅十二能屬文常日限爲詩一篇或數日不作則追補之稍進
作賦頌至年十六向作二千餘首有虞訥者見而詆之率乃一旦焚毀更爲詩
示焉託云沈約訥便句句嗟稱無字不善率曰此吾作也訥慚而退時陸少玄
家有父澄書萬餘卷率與少玄善遂通書籍盡讀其書建武三年舉秀才除太
子舍人與同郡陸倕陸厥幼相友狎嘗同載詣左衞將軍沈約遇任昉在焉約
謂昉曰此二子後進才秀皆南金也卿可識之由此與昉友梁天監中爲司徒
謝朏掾直文德待詔省敕使抄乙部書又使撰古婦人事使工書人瑯邪王琛

吳郡范懷約等寫給後宮率取假東歸論者謂爲傲世率懼乃爲待詔賦奏之
甚見稱賞手敕答曰相如工而不敏枚臯速而不工卿可謂兼二子於金馬矣
又侍宴賦詩武帝別賜率詩曰東南有才子故能服官政余雖慚古昔得人今
爲盛率奏詩往反六首後引見於玉衡殿謂曰卿東南物望朕宿昔所聞卿言
宰相是何人不從天下不由地出卿名家奇才若復以禮律爲意便是其人祕
書丞天下清官東南望冑未有爲之者今以相處爲卿定名譽尋以爲祕書丞
掌集書詔策四年禊飲華光殿其日河南國獻赤龍駒能拜伏善舞詔率與到
溉周興嗣爲賦武帝以率及興嗣爲工其年父憂去職有父時妓數十人其善
謳者有色貌邑子儀曹郎顧玩之求娉謳者不願遂出家爲尼嘗因齋會率宅
玩之乃飛書言與率姦南司以事奏聞武帝惜其才寢其奏然猶致時論服闋
久之不仕七年除中權建安王中記室參軍俄直壽光省脩丙丁部書抄累遷
晉安王宣惠諮議參軍率在府十年恩禮甚篤後爲揚州別駕率雖歷居職務
未嘗留心簿領及爲別駕奏事武帝覽牒問之並無對但答云事在牒中帝不

悅後歷黃門侍郎出爲新安太守丁所生母憂卒率嗜酒不事於家務尤忘懷
在新安遣家僮載米三千石還宅及至遂耗太半率問其故答曰雀鼠耗率笑
而言曰壯哉雀鼠竟不研問自少屬文七略及藝文志所載詩賦今無其文者
並補作之所著文衡十五卷文集四十卷行於世子長公率弟盾
盾字士宣以謹重稱爲無錫令遇劫問劫何須劫以刀斫其頰眉目咄咄不易
餘無所言於是生資皆盡不以介懷爲湘東王記室出監富陽令廓然獨處無
所用心身死之日家無遺財唯有文集幷書千餘卷酒米數甕而已
稷字公喬瓌弟也幼有孝性所生母劉無寵遘疾時稷年十一侍養衣不解帶
每劇則累夜不寢及終毀瘠過人杖而後起見年輩幼童輒哽咽泣淚州里謂
之淳孝長兄瑋善彈箏稷以劉氏先執此伎聞瑋爲清調便悲感頓絕遂終身
不聽之性疎率朗悟有才略起家著作佐郎不拜父永及嫡母丘相繼殂六年
廬于墓側齊永明中爲豫章王嶷主簿與彭城劉繪俱見禮接未嘗被呼名每
呼爲劉四張五以貧求爲剡令略不視事多爲小山遊會山賊唐寓之作亂稷

率厲部人保全縣境所生母劉先假葬瑯邪黃山建武中改申葬禮賻助委積
於時雖不拒絕事畢隨以還之自幼及長數十年中常設劉氏神坐出告反面
如事生焉歷給事中黃門侍郎新興永寧二郡太守郡犯私諱改永寧爲長寧
永元末爲侍中宿衞宮城梁武師至兼衞尉江淹出奔稷兼衞尉卿副王瑩都
督城內諸軍事時東昏淫虐北徐州刺史王珍國就稷謀乃使直閤張齊行弒
于含德殿稷乃召右僕射王亮等列坐殿前西鍾下議遣國子博士范雲中書
舍人裴長穆等使石頭城詣武帝以稷爲侍中左衞將軍遷大司馬左司馬梁
朝建爲散騎常侍中書令及上即位封江安縣子位領軍將軍武帝常於樂壽
殿內宴稷醉後言多怨辭形於色帝時亦酣謂曰卿兄殺郡守弟殺其君袖提
帝首衣染天血如卿兄弟有何名稱稷曰臣乃無名稱至於陛下不得言無勳
東昏暴虐義師亦來伐之豈在臣而已帝捋其鬚曰張公可畏人中丞陸杲彈
稷云領軍張稷門無忠貞官必險達殺君害主業以爲常武帝留中竟不問累
遷尚書左僕射帝將幸稷宅以盛暑留幸僕射省舊臨幸供具皆酬太官饌直

帝以稷清貧手詔不受宋時武帝經造張永至稷三世並降萬乘論者榮之稷
雖居朝右每慚口實乃名其子伊字懷尹霍字希光畯字農人同字不見見字
不同以旌其志既懼且恨乃求出許之出爲青冀二州刺史不得志常閉閤讀
佛經禁防寬弛僚吏頗致侵擾州人徐道角等夜襲州城乃害之有司奏削爵
土稷性明烈善與人交歷官無畜聚奉祿皆頒之親故家無餘財爲吳興太守
下車存問遺老引其子孫置之右職政稱寬恕初去郡就僕射徵道由吳鄉人
候稷者滿水陸稷單裝徑還都下人莫之識其率素如此稷長女楚媛適會稽
孔氏無子歸宗至逢稷見害女以身蔽刃先父卒稷與族兄充融卷俱知名時
目云充融卷稷爲四張卷字令遠少以和理著稱能清言位都官尚書天監初
卒稷子嵊
嵊字四山稷初爲剡令至嵊亭生之因名嵊字四山少敦孝行年三十餘猶班
衣受稷杖動至數百收淚歡然方雅有志操能清言感家禍終身蔬食布衣手
不執刀刃不聽音樂弟淮言氣不倫嵊垂泣訓誘起家祕書郎累遷鎮南湘東

王長史尋陽太守王暇曰玄言因爲之筮得節卦謂嵊曰卿後當東入爲郡恐不得終其天年嵊曰貴得其所耳時伏挺在坐曰君王可畏人也還爲太府卿吳興太守侯景圍建鄴遣弟伊率郡兵赴援城陷御史中丞沈浚違難東歸嵊往見之謂曰賊臣憑陵人臣効命之日今欲收集兵刃保據貴鄉雖復萬死誠亦無恨浚固勸嵊舉義時邵陵王綸東奔至錢唐聞之遣前舍人陸丘公板授嵊征東將軍嵊曰天子蒙塵今日何情復受榮號留板而已賊行臺劉神茂攻破義與遣使說嵊嵊斬其使仍遣軍破神茂侯景乃遣其中軍侯子鑒助神茂擊嵊嵊軍敗乃釋戎服坐於聽事賊臨以刃終不屈執以送景景將舍之嵊曰死爲幸乃殺之子弟遇害者十餘人景欲存其一子嵊曰吾一門已在鬼錄不就爾處求恩於是皆死賊平元帝追贈侍中中衛將軍開府儀同三司謚忠貞

子嵊弟羣知名

種字士苗永從孫也祖辯宋大司農廣州刺史父略太子中庶子臨海太守種少恬靜居處雅正傍無造請時人語曰宋稱敷演梁則卷充清虛學尚種有其

風仕梁爲中軍宣城王府主簿時已四十餘家貧求爲始豐令及武陵王紀爲益州刺史重選府僚以種爲左西曹掾種辭以母老爲有司奏坐黜免侯景之亂奉母東奔鄉里母卒種時年五十而毁瘠過甚又迫以凶荒未葬服雖畢居家飲食恆若在喪景平初司徒王僧辯以狀奏起爲中從事幷爲具葬禮葬訖種方即吉僧辯又以種年老無子賜以妾及居處之具陳武帝受禪爲太常卿歷位左戶尚書侍中中書令金紫光祿大夫種沉深虛靜識量宏博時以爲宰相之器僕射徐陵嘗抗表讓位於種以爲宜居左執其爲時所推如此卒贈特進謚元子種仁恕寡欲雖歷顯位家產屢空終日晏然不以爲病太建初女爲始興王妃以居處僻陋特賜宅一區又累賜無錫嘉興縣秩嘗於無錫見重囚在獄天寒呼囚暴日遂失之帝大笑而不深責有集十四卷種弟稜亦清靜有識度位司徒左長史贈光祿大夫

論曰張裕有宋之初早參霸政出內所歷莫非清顯諸子並荷崇搆克舉家聲其美譽所歸豈徒然也思曼立身簡素殆人望乎夫濯纓從事理存無二取信

一主義終百心以永元之末人憂塗炭公喬重圍之內首創大謀而旋見猜嫌又況異於斯也然則士之行己可無深議四山赴蹈之方可謂嬌其違矣

南史卷三十一

南史卷三十一考證

張岱傳隨復改易如此十數年○復監本訛後今改從齊書

張充傳充生平少偶不以利欲干懷三十六年差得以棲貧自澹○少字下一本有長字蓋以生平少長爲句而偶字連下與下差字對也

張嵊傳嵊曰死爲幸乃殺之○一本死字上有速字

張種傳其爲時所推如此○一本無時字誤

種弟稜亦清靜有識度○監本脫種弟二字今增正

史臣論取信一主義絕百心○絕監本訛終今從閣本

南史卷三十一考證

南史卷三十二

唐　李　延　壽　撰

列傳第二十二

張邵 子敷 孫沖 兄子暢 暢子融 融弟寶積 徐文伯 文伯從弟嗣伯

張邵字茂宗會稽太守裕之弟也初爲晉琅邪內史王誕龍驤府功曹桓玄徙誕於廣州親故皆離棄之唯邵情禮彌謹流涕追送時寇亂年饑邵又資饋其妻子桓玄篡位父敞先爲尚書以答事微謬降爲廷尉卿及宋武帝討桓玄邵白敞表獻忠款帝大悅命署寺門曰有犯張廷尉家者軍法論事平以敞爲吳郡太守及王謐爲揚州召邵補主簿劉毅位居亞相好士愛才當世莫不輻湊唯邵不往親故怪而問之邵曰主公命世人傑何煩多問劉穆之言於帝帝益親之轉太尉參軍署長流賊曹盧循至蔡洲武帝至石頭使邵守南城時百姓水際望賊帝不解其意以問邵邵曰節鉞未反奔散之不暇亦何暇觀望今當無復恐耳帝以邵勤練憂公重補州主簿邵悉心政事精力絕人及誅劉藩邵

時在西州直廬卽夜誡衆曹曰大軍當大討可各各條倉庫及舟船人領至曉
取辦旦日帝求諸簿最應時卽至恠問其速諸曹荅曰宿受張主簿處分帝曰
張邵可謂同人憂慮矣九年世子始開征虜府以邵補錄事參軍轉號中軍遷
諮議參軍領記室十二年武帝北伐邵請見曰人生危脆宜有遠慮若劉穆之
邂逅不幸誰可代之尊業如此若有不諱則處分云何帝曰此自委穆之與卿
耳青州刺史檀祗鎭廣陵輒率衆至滁中掩討亡命劉穆之慮其爲變議欲遣
軍邵曰檀韶據中流道濟爲軍首若有相疑之跡則大府立危不如逆遣慰勞
必無患也祗果不動及穆之暴卒朝廷恇懼便發詔以司馬徐羡之代邵獨曰
今誠急病任終在徐然世子無專行之義宜須諮信反方使世子出命曰朝廷
及大府事悉諮徐司馬其餘啓還武帝善其臨事不撓得大臣節十四年世子
改授荆州邵諫曰儲貳之重四海所繫不宜外出敢以死請世子竟不行文帝
爲中郎將荆州刺史以邵爲司馬領南郡相衆事悉決於邵武帝受命以佐命
功封臨沮伯分荆州立湘州以邵爲刺史將署府邵以長沙內地非用武之國

置府舫人乖爲政要從之荆州刺史謝晦反遺書要邵邵不發函使呈文帝元
嘉五年轉征虜將軍領寧蠻校尉雍州刺史加都督初王華與邵不和及華參
要親舊爲之危心邵曰子陵方弘至公豈以私隙害正義是任也華實舉之及
至襄陽築長圍脩立堤堰創田數千頃公私充給丹淅二州蠻屢爲寇邵誘其
帥並出因大會誅之遣軍掩其村落悉禽旣失信羣蠻所在並起水陸路斷七
年子敷至襄陽定省當還都羣蠻欲斷取之會蠕蠕國獻使下蠻以爲是敷因
掠之邵坐降號揚烈將軍江夏王義恭鎭江陵以邵爲撫軍長史持節南蠻校
尉九年坐在雍州營私畜取贓貨二百四十五萬下廷尉免官削爵土後爲吳
與太守卒追復爵邑謚曰簡伯邵臨終遺命祭以菜果葦席爲轜車諸子從焉

長子敷

敷字景胤生而母亡年數歲問知之雖童蒙便有感慕之色至十歲許求母遺
物而散施已盡唯得一扇乃緘錄之每至感思輒開笥流涕見從母悲感哽咽
性整貴風韻甚高好讀玄言兼屬文論初父邵使與高士南陽宗少文談繫象

往復數番少文每欲屈握麈尾歎曰吾道東矣於是名價日重宋武帝聞其美召見奇之曰眞千里駒也以爲世子中軍參軍數見接引累遷江夏王義恭撫軍記室參軍義恭就文帝求一學義沙門會敷赴假還江陵入辭文帝令以後車載沙門往謂曰道中可得言晤敷不奉詔曰臣性不耐雜上甚不悅還正員中書郎敷小名檀父邵小名黎文帝戲之曰檀何如黎答曰黎是百果之宗檀何敢比也中書舍人狄當周赳並管要務以敷同省名家欲詣之赳曰彼若不相容接便不如勿往詎可輕行當曰吾等並已員外郎矣何憂不得共坐敷先旁設二牀去壁三四尺二客就席敷呼左右曰移我遠客赳等失色而去其自標遇如此善持音儀盡詳緩之致與人別執手曰念相聞餘響久之不絕張氏後進皆慕之其源起自敷也還黃門侍郎始興王濬後將軍司徒左長史未拜父在吳興亡成服凡十餘日始進水漿葬畢不進鹽菜遂毀瘠成疾伯父茂度每止譬之輒更感慟絕而復續茂度曰我冀譬汝有益但更甚耳自是不復往未朞而卒孝武即位詔旌其孝道追贈侍中改其所居稱孝張里敷弟柬襲父

封位通直郎東勇力手格猛獸元凶以爲輔國將軍孝武至新亭東出奔墜淮而死子式嗣弟沖

沖字思約出繼伯父敷沖母戴顒女有儀範張氏內取則焉沖少有至性隨從叔永爲將帥除盱台太守永征彭城遇寒軍人足脛凍斷者十七八沖足指皆墮齊永明八年爲假節監青冀二州行刺史事沖父初卒遺命祭我必以鄉土所産無用牲物沖在鎭四時還吳國取果菜每至烝嘗輒流涕薦焉仍轉刺史永元二年爲南兗州刺史還司州裴叔業以壽春降魏又遷沖南兗州刺史並未拜崔慧景事平徵建安王寶寅還都以沖爲舒州刺史一歲之中頻授四州刺史至是乃受任封定襄侯梁武帝起兵手書喻意又遣辯士說之沖確然不回東昏遣驍騎將軍薛元嗣制局監暨榮伯領兵及糧運送沖使拒西師元嗣等懲劉山陽之敗疑沖不敢進停住夏首浦聞梁武師將至元嗣榮伯相率入郢城時竟陵太守房僧寄被代還至郢東昏敕僧寄留守魯山除驍騎將軍僧寄謂沖曰下官雖未荷朝廷深恩實蒙先帝厚澤陰其樹者不折其枝實欲微

立壓劾沖深相許諾共結盟誓分部拒守遣軍主孫樂祖數千人助僧寄援魯山岸立城壘明年二月梁武圍魯山城遣軍主曹景宗等過江攻郢城沖中兵參軍陳光靜等間出擊之光靜戰死沖固守不出病將死厲府僚以誠節言終而卒元嗣榮伯與沖子孜及長史江夏程茂固守東昏詔贈沖散騎常侍護軍將軍元嗣等處圍城之中無他經略唯迎蔣子文及蘇侯神日禺中於州聽上祀以求福鈴鐸聲晝夜不止又使子文導從登陴巡行旦日輒復如之識者知其將亡僧寄病死孫樂祖竊以城降郢被圍二百餘日士庶病死者七八百家魯山陷後二日程茂及元嗣等議降使孜為書與梁武帝沖故吏青州中從事房長瑜謂孜曰前使君忠貫昊天操愈松竹郎君但當端坐畫一以荷析薪若天運不與幅巾待命以下從使君今若隨諸人之計非唯郢州士女失高山之望亦恐彼所不取也不從卒以郢城降時以沖及房僧寄比臧洪之被圍也贈僧寄益州刺史

暢字少微邵兄褘子也褘少有操行為晉琅邪王國郎中令從王至洛還京都

宋武帝封藥酒一罌付禕使密加酖毒受命於道自飲而卒暢少與從兄敷演鏡齊名爲後進之秀起家爲太守徐佩之主簿佩之被誅暢馳出奔赴制服盡哀爲論者所美弟牧嘗爲猘犬所傷醫云宜食蝦蟆牧甚難之暢含笑先嘗牧因此乃食創亦即愈累遷太子中庶子孝武鎭彭城暢爲安北長史沛郡太守元嘉二十七年魏太武南征太尉江夏王義恭統諸軍出鎭彭城太武親率大衆去彭城數十里彭城衆力雖多軍食不足義恭欲棄彭城南歸計議彌日不定時歷城衆少食多安北中兵參軍沈慶之議欲以車營爲函箱陳精兵爲外翼奉二王及妃媛直趨歷城分城兵配護軍將軍蕭思話留守太尉長史何勖不同欲席卷奔鬱洲自海道還都二議未決更集羣僚謀之暢曰若歷城鬱洲有可至之理下官敢不高讚今城內乏食百姓咸有走情但以關局嚴固欲去莫從耳若一旦動脚則各自散走欲至所在何由可得今軍食雖寡朝夕猶未窘罄豈有捨萬安之術而就危亡之道若此計必用下官請以頸血汚君馬跡孝武聞暢議謂義恭曰張長史言不可異也義恭乃止魏太武得至仍登城南

亞父冢於戲馬臺立氈屋先是隊主蒯應見執其日晡時太武遣送應至小市門致意求甘蔗及酒孝武遣人送酒二器甘蔗百挺求駱駝明日太武又自上戲馬臺復遣使至小市門求與孝武相見遣送駱駝并致雜物使於南門受之暢於城上與魏尚書李孝伯語孝伯問君何姓答云姓張孝伯曰張長史暢曰君何得見識孝伯曰君聲名遠聞足使我知因言說久之城內有具思者嘗在魏義恭遣視知是孝伯乃開門進餉物太武又求酒及甘橘暢宣孝武旨又致螺盃雜粽南土所珍太武復令孝伯傳語曰魏主有詔借博具暢曰博具當為申致有詔之言政可施於彼國何得稱之於此孝伯曰鄰國之君何為不稱詔於鄰國之臣暢曰君之此稱尚不可聞於中華況在諸王之貴而猶曰鄰國之君邪孝伯曰魏主言太尉鎮軍久闕南信殊當憂邑苦欲遣信當為護送暢曰此方閒路甚多不復以此勞魏主孝伯曰亦知有水路似為白賊所斷暢曰君著白衣故稱白賊邪孝伯大笑曰今之白賊亦不異黃巾赤眉暢曰黃巾赤眉似不在江南孝伯曰亦不離青徐暢曰今者青徐實為有賊但非白賊耳又求

博具俄送與太武又遣送氈及九種鹽并胡豉云此諸鹽各有所宜白鹽是魏主所食黑者療腹脹氣滿細刮取六銖以酒服之胡鹽療目痛柔鹽不用食療馬脊創赤鹽駮鹽臭鹽馬齒鹽四種並不中食胡豉亦中噉又求黃甘并云魏主致意太尉安北何不遣人來至我閒彼此之情雖不可盡要須見我小大知我老少觀我爲人若諸佐不可遣亦可使僮來暢又宣旨答曰魏主形狀才力久爲來往所具李尚書親自銜命不患彼此不盡故不復遣信又云魏主恨向所送馬殊不稱意安北若須大馬當更送之脫須蜀馬亦有佳者暢曰安北不乏良駟送自彼意非此所求義恭又餉炬燭十挺孝武亦致錦一匹又曰知更須黃甘誠非所吝但會不足周彼一軍向給魏主未應便乏故不復重付太武復求甘蔗安石榴暢曰石榴出自鄴下亦當非彼所乏孝伯曰君南土膏粱何爲著屩君而著此使將士云何暢曰膏粱之言誠爲多愧但以不武受命統軍戎陣之閒不容緩服太武又遣就二王借箜篌琵琶箏笛等器及棋子孝伯辭辯亦北土之美暢隨宜應答吐屬如流音韻詳雅風儀華潤孝伯及左右人並

相視歎息時魏聲云當出襄陽故以暢爲南譙王義宣司空長史南郡太守三十年元凶弒逆義宣發哀之日卽便舉兵暢爲元佐位居僚首哀容俯仰蔭映當時舉哀畢改服著黃袴褶出射堂簡人音姿容止莫不矚目見者皆願爲盡命事平徵爲吏部尚書封夷道縣侯義宣既有異圖蔡超等以暢人望勸義宣留之乃解南蠻校尉以授暢加冠軍將軍領丞相長史暢遣門生荀僧寶下都因顏竣陳義宣釁狀僧寶有私貨停巴陵不時下會義宣起兵津路斷絕僧寶遂不得去義宣將爲逆遣嬖人翟靈寶告暢暢陳必無此理請以死保之靈寶知暢不回勸義宣殺以狥衆賴丞相司馬竺超人得免進號撫軍別立軍部以收人望暢雖署文檄而飲酒常醉不省文書隨義宣東下梁山戰敗於亂兵自歸爲軍人所掠衣服都盡遇右將軍王玄謨乘輿出營暢已得敗衣因排玄謨上輿玄謨意甚不悅諸將請殺之隊主張世營救得免執送都下廷尉尋見原起爲都官尚書轉侍中代子淹領太子右衛率孝武宴朝賢暢亦在坐何偃因醉曰張暢故是奇才同義宣作賊亦能無咎非才何以致此暢乃厲聲曰太初

之時誰黃其閤帝曰何事相苦初元凶時僞父尙之爲元凶司空義師至新林門生皆逃尙之父子與婢妾共洗黃閤故暢譏之孝建二年出爲會稽太守卒諡曰宣暢愛弟子輯臨終遺命與輯合墳論者非之暢弟悅亦有美稱歷侍中臨海王子頊前軍長史南郡太守晉安王子勛建僞號召拜爲吏部尙書與鄧琬共輔僞政事敗悅殺琬歸降復爲太子中庶子後拜雍州刺史泰始六年明帝於巴郡置三巴校尉以悅補之加持節輔師將軍領巴郡太守未拜卒暢子浩官至義陽王昶征北諮議參軍浩弟淹黃門郎封廣晉縣子太子左衞率東陽太守逼郡吏燒臂照佛百姓有罪使禮佛贖愆動至數千拜坐免官禁錮起爲光祿勳臨川內史後與晉安王子勛同逆軍敗見殺淹弟融

融字思光弱冠有名道士同郡陸修靜以白鷺羽麈尾扇遺之曰此旣異物以奉異人解褐爲宋新安王子鸞行參軍王母殷淑儀薨後四月八日建齋幷灌佛僚佐儭者多至一萬少不減五千融獨注儭百錢帝不悅曰融殊貧當序以佳祿出爲封溪令從叔永出後渚送之曰似聞朝旨汝尋當還融曰不患不還

政恐還而復去及行路經嶂嶮獠賊執融將殺食之融神色不動方作洛生詠賊異之而不害也浮海至交州於海中遇風終無懼色方詠曰乾魚自可還其本鄉肉脯復何爲者哉又作海賦文辭詭激獨與衆異後以示鎮軍將軍顧顗之顗之曰卿此賦實超玄虛但恨不道鹽耳融卽求筆注曰漉沙構白熬波出素積雪中春飛霜暑路此四句後所足也顗之與融兄有恩好顗之卒融身負墳土在南與交趾太守卞展善展於嶺南爲人所殺融挺身奔赴舉秀才對策中第爲尚書殿中郎不就改爲儀曹郎尋請假奔叔父喪道中罰幹錢敬道鞭杖五十寄繫延陵獄大明五年制二品清官行僮幹杖不得出十爲左丞孫緬所奏免官復位攝祠部倉部二曹時領軍劉勔戰死融以祠部議上應哭勔見從又俗人忌以正月開太倉融議不宜拘束小忌尋兼掌正廚見宰殺回車逕去自表解職再還南陽王友融父暢爲丞相長史義宣事難暢將爲王玄謨所殺時玄謨子瞻爲南陽王長史融啓求去官不許融家貧欲祿乃與從叔征北將軍永書曰融昔幼學早訓家風雖則不敏率以成性布衣韋帶弱年所安簞

食瓢飲不覺不樂但世業清貧人生多待榛栗棗脩女贄既長束帛禽鳥男禮
已大勉身就官十年七仕不欲代耕何至此事昔求三吳一丞雖屬舛錯今聞
南康缺守願得爲之融不知階級階級亦可不知融政以求丞不得所以求郡
求郡不得亦可復求丞又與吏部尚書王僧虔書曰融天地之逸人也進不辨
貴退不知賤實以家貧累積孤寡傷心八姪俱孤二弟頻弱豈能山海陋祿申
融情累阮籍愛東平土風融亦欣晉平閑外時議以融非御人才竟不果辟齊
太傅掾稍遷中書郎非其所好乞爲中散大夫不許張氏自敷以來並以理音
辭脩儀範爲事至融風止詭越坐常危膝行則曳步翹身仰首意制甚多見者
驚異聚觀成市而融了無慚色隨例同行常稽遲不進高帝素愛融爲太尉時
與融款接見融常笑曰此人不可無一不可有二郎位後手詔賜融衣曰見卿
衣服纜故誠乃素懷有本交爾藍縷亦虧朝望今送一通故衣意謂雖故乃勝
所也是吾所著已令裁減稱卿之體并履一量高帝出太極殿西室融入問訊
彌時方登階及就席上曰何乃遲爲對曰自地升天理不得速時魏主至淮而

退帝問何意忽來忽去未有答者融時下坐抗聲曰以無道而來見有道而去
公卿咸以爲捷融善草書常自美其能帝曰卿書殊有骨力但恨無二王法答
曰非恨臣無二王法亦恨二王無臣法融假還鄉詣王儉別儉立此地舉袂不
前融亦舉手呼儉曰歔曰王前儉不得已趨就之融曰使融不爲慕勢而令君
爲趨士豈不善乎常歎云不恨我不見古人所恨古人又不見我融與吏部尚
書何戢善往詣戢誤通尚書劉澄下車入門乃曰非是至戶望澄又曰非是既
造席視澄曰都自非是乃去其爲異如此又爲長沙王鎮軍竟陵王征北諮議
並領記室司徒從事中郎永明二年總明觀講敕朝臣集聽融扶入就榻私索
酒飲之事畢乃長歎曰嗚呼仲尼獨何人哉爲御史中丞到撝所奏免官尋復
職融形貌短醜精神清徹王敬則見融革帶寬殆將至髀謂曰革帶太急融曰
既非步吏急帶何爲融假東出武帝問融住在何處答曰臣陸處無屋舟居無
水後上問其從兄緒緒曰融近東出未有居止權牽小船於岸上住上大笑後
使融接對北使李道固就席道固顧而言曰張融是宋彭城長史張暢子不融

嚬蹙久之曰先君不幸名達六夷豫章王大會賓僚融食炙始行畢行炙人便去融欲求鹽蒜口終不言方搖食指半日乃息出入朝廷皆拭目驚觀之八年朝臣賀衆瑞公事融扶入拜起復爲有司所奏見原遷司徒兼右長史竟陵張欣時爲諸曁令坐罪當死欣時父與世討宋南譙王義宣官軍欲殺融父暢與世以袍覆暢而坐之以此得免與世卒融著高屐爲負土成墳至是融啓竟陵王子良乞代欣時死子良答曰此乃是長史美事恐朝有常典不得如長史所懷遷黃門郎太子中庶子司徒左長史融有孝義忌月三旬不聽樂事嫂甚謹父暢臨終謂諸子曰昔丞相事難吾以不同將見殺緣司馬竺超人得活爾等必報其子後超人孫微冬月遭母喪居貧融弔之悉脫衣以爲賻披牛被而反常以兄事微豫章王嶷竟陵王子良薨自以身經佐吏哭輒盡慟建武四年病卒遺令建白旐無旒不設祭令人捉麈尾登屋復魂曰吾生平所善自當凌雲一笑三千買棺無製新衾左手執孝經老子右手執小品法華經妾二人事哀畢各遣還家曰吾生平之風調何至使婦人行哭失聲不須暫停閨閤融玄義

無師法而神解過人高談鮮能抗拒永明中遇疾爲問律自序云吾文章之體多爲世人所驚汝可師耳以心不可使耳爲心師也夫文豈有常體但以有體爲常政當有其體丈夫當删詩書制禮樂何至因循寄人籬下臨卒又戒其子曰手澤存焉父書不讀況文音情婉在其韻吾意不然别遺爾旨吾文體英變變而屢奇豈吾天挺蓋不隤家聲汝可號哭而看之融文集數十卷行於世自名其集爲玉海司徒褚彦回問其故融云蓋玉以比德海崇上善耳張氏前有敷演鏡暢後有充融卷稷第六弟寶積建武中出爲廬陵太守時名流謝瀹何點陸惠曉孔珪集融弟鐵之舍點造坐便曰今日可謂盛集二五我兄弟之流阿六張氏保家之子顧見王思遠曰卿詐作善非實得也二五謂孔珪及融並第五寶積永元中爲湘州行事蕭穎胄於江陵乘詈輿詣穎胄舉動自若穎胄問何至之晚答曰本朝危亂四海横流既不能爲比干之死實未忍爲微子之去是以至晚穎胄深以爲善即用爲相府諮議後位御史中丞融與東海徐文伯兄弟厚文伯字德秀濮陽太守熙曾孫也熙好黄老隱於秦望山有道士過

求飲留一瓠𤬛與之曰君子孫宜以道術救世當得二千石熙開之乃扁鵲鏡經一卷因精心學之遂名震海內生子秋夫彌工其術仕至射陽令嘗夜有鬼呻聲甚悽愴秋夫問何須答言姓某家在東陽患腰痛死雖爲鬼痛猶難忍請療之秋夫曰云何厝法鬼請爲芻人案孔穴針之秋夫如言爲灸四處又針肩井三處設祭埋之明日見一人謝恩忽然不見當世伏其通靈秋夫生道度叔嚮皆能精其業道度有脚疾不能行宋文帝令乘小輿入殿爲諸皇子療疾無不絕驗位蘭陵太守宋文帝云天下有五絕而皆出錢唐謂杜道鞠彈棋范悅詩褚欣遠模書褚胤圍碁徐道度療疾也道度生文伯叔嚮生嗣伯文伯亦精其業兼有學行倜儻不屈意於公卿不以醫自業融謂文伯嗣伯曰昔王微嵇叔夜並學而不能殷仲堪之徒故所不論得之者由神明洞徹然後可至故非吾徒所及且褚侍中澄當貴亦能救人疾卿此更成不達答曰唯達者知此可宗不達者多以爲深累既鄙之何能不恥之文伯爲効與嗣伯相埒宋孝武路太后病衆醫不識文伯診之曰此石搏小腸耳乃爲水劑消石湯病即愈除鄱

陽王常侍遺以千金旬日恩意隆重宋明帝宮人患腰痛牽心每至輒氣欲絕衆醫以爲肉癥文伯曰此髮癥以油投之即吐得物如髮稍引之長三尺頭已成蛇能動挂門上適盡一髮而已病都差宋後廢帝出樂遊苑門逢一婦人有娠帝亦善胗之曰此腹是女也問文伯曰腹有兩子一男一女男右邊青黑形小於女帝性急便欲使剖文伯惻然曰若刀斧恐其變異請針之立落便寫足太陰補手陽明胎便應針而落兩兒相續出如其言子雄亦傳家業尤工診察位奉朝請能清言多爲貴遊所善事母孝謹母終毀瘠幾至自滅俄而兄亡扶杖臨喪撫膺一慟遂以哀卒嗣伯字叔紹亦有孝行善清言位正員郎諸府佐彌爲臨川王映所重時直閣將軍房伯玉服五石散十許劑無益更患冷夏日常複衣嗣伯爲診之曰卿伏熱應須以水發之非冬月不可至十一月冰雪大盛令二人夾捉伯玉解衣坐石取冷水從頭澆之盡二十斛伯玉口噤氣絕家人啼哭請止嗣伯遣人執杖防閤敢有諫者撾之又盡水百斛伯玉始能動而見背上彭彭有氣俄而起坐曰熱不可忍乞冷飲嗣伯以水與之一飲一升病

都差自爾恆發熱冬月猶單褌衫體更肥壯常有嫗人患滯冷積年不差嗣伯爲診之曰此尸注也當取死人枕煑服之乃愈於是往古冢中取枕枕已一邊腐缺服之卽差後秣陵人張景年十五腹脹面黃衆醫不能療以問嗣伯嗣伯曰此石蚘耳極難療當死人枕煑之依語煑枕以湯投之得大利幷蚘蟲頭堅如石五升病卽差後沈僧翼患眼痛又多見鬼物以問嗣伯嗣伯曰邪氣入肝可覓死人枕煑服之竟可埋枕於故處如其言又愈王晏問之曰三病不同而皆用死人枕而俱差何也答曰尸注者鬼氣伏而未起故令人沉滯得死人枕投之魂氣飛越不得復附體故尸注可差石蚘者久蚘也醫療既癖蚘中轉堅世間藥不能遣所以須鬼物驅之然後可散故令煑死人枕也夫邪氣入肝故使眼痛而見魍魎應須邪物以鉤之故用死人枕也氣因枕去故令埋於冢間也又春月出南籬門戲聞笪屋中有呻聲嗣伯曰此病甚重更二日不療必死乃往視見一老姥稱體痛而處處有䵳黑無數嗣伯還煑斗餘湯送令服之服訖痛勢愈甚跳投床者無數須臾所䵳處皆拔出釘長寸許以膏塗諸瘡口三

日而復云此名釘疽也時又薛伯宗善徙癰疽公孫泰患背伯宗爲氣封之徙置齋前柳樹上明旦癰消樹邊便起一瘤如拳大稍稍長二十餘日瘤大膿爛出黃赤汁斗餘樹爲之痿損

論曰有晉自宅淮海張氏無乏賢良及宋齊之間雅道彌盛其前則云敷演鏡暢蓋其尤著者也然景胤敬愛之道少微立履所由其殆優矣思光行己卓越非常俗所遵齊高帝所云不可有二不可無一斯言其幾得矣徐氏妙理通靈蓋非常所至雖古之和鵲何以加茲融與文伯欵好故附之云爾

南史卷三十二

南史卷三十二考證

張邵傳初爲晉瑯邪內史王誕龍驤府功曹桓玄徙誕於廣州○監本脫第二誕字今從晉書增正

張敷傳櫨何如梨○何監本作可今從閣本

其自標遇如此○標一本作寵誤

伯父茂度每止譬之輒更感慟絕而復續茂度曰我冀譬汝有益但更甚耳○冀監本訛異今改從閣本

張暢傳義恭又餉炬燭十挺○十一本作千今從魏書

張融傳出爲封溪令從叔永出後渚送之○後監本訛夜今改正

後以示鎮軍將軍顧顗之○顗一本作覬

顗之與融兄有恩好顗之卒融身負墳土○監本脫兩之字今從齊書增入

今聞南康缺守願得爲之○願監本訛應今從閣本

南史卷三十二考證

唐　李延壽　撰

列傳第二十三

范泰 子曄　荀伯子 族子萬秋　徐廣 郗紹　廣兄子豁
鄭鮮之　裴松之 孫昭明　曾孫子野　何承天 曾孫遜

范泰字伯倫順陽人也祖汪晉安北將軍徐兗二州刺史父寧豫章太守並有名前代泰初爲太學博士外弟荆州刺史王忱請爲天門太守忱嗜酒醉輒累旬及醒則儼然端肅泰陳酒既傷生所宜深誡其言甚切忱嗟歎久之曰見規者衆未有若此者也或問忱范泰何如謝邈忱曰茂度漫又問何如殷覬忱曰伯道易忱常有意立功謂泰曰今城池既立軍甲亦充將欲掃除中原以申宿昔之志伯道意銳當令擁戈前驅以君持重欲相委留事何如泰曰百年逋寇前賢挫屈者多矣功名雖貴鄙生所不敢謀會忱病卒召泰爲驃騎諮議參軍遷中書郎時會稽世子元顯專權內外百官請假不復表聞唯籤元顯而已泰

言以爲非宜元顯不納以父憂去職襲爵遂鄉侯桓玄輔晉使御史中丞祖台之奏泰及前司徒左長史王淮之輔國將軍司馬珣之並居喪無禮泰坐廢徙丹徒宋武帝義旗建累遷黃門侍郎御史中丞坐議殷祠事謬白衣領職出爲東陽太守歷侍中度支尚書時僕射陳郡謝混後進知名武帝嘗從容問混泰名輩誰比對曰王元一流人也徙爲太常初司徒道規無子養文帝及道規薨以兄道憐第二子義慶爲嗣武帝以道規素愛文帝又令居重及道規追封南郡公應以先華容縣公賜文帝泰議以爲禮無二主由是文帝還本屬後加散騎常侍爲尚書兼司空與右僕射袁湛授宋公九錫隨軍到洛陽武帝還彭城與泰登城泰有足疾特命乘輿泰好酒不拘小節通率任心雖公坐笑言不異私室武帝甚賞愛之然短於爲政故不得在政事官武帝受命議建國學以泰領國子祭酒泰上表陳奬進之道時學竟不立又言事者多以錢貨減少國用不足欲更造五銖泰又諫曰臣聞爲國拯弊莫若務本百姓不足君孰與足未有人貧而國富本不足而末有餘者也故囊漏貯中識者不吝反裘負薪存毛

實難王者不言有無諸侯不說多少食祿之家不與百姓爭利故拔葵所以明政織蒲謂之不仁是以貴賤有章職分無爽今之所憂在農人尚寡倉廩未充轉運無已資食者衆家無私積難以禦荒耳夫貨存貿易不在少多昔日之貴今者之賤彼此共之其揆一也但令官人均通則無患不足若使必資貨廣以收國用者則龜貝之屬自古所行尋銅之爲器在用也博矣鐘律所通者遠機衡所揆者大夏鼎負圖實冠衆瑞晉鐸呈象亦啓休徵器有要用則貴賤同資物有適宜則家國共急今毀必資之器而爲無施之錢於貨則功不補勞在用則君人俱困校之以實損多益少伏願思可久之道探欲速之情弘山海之納擇芻牧之說景平初加位特進明年致仕解國子祭酒少帝在位多諸愆失泰上封事極諫少帝雖不能納亦不加譴徐羨之傅亮等與泰素不平及廬陵王義真少帝見害泰謂所親曰吾觀古今多矣未有受遺顧託而嗣君見殺賢王嬰戮者也元嘉二年泰表賀元正幷陳旱災多所奬勸拜表遂輕舟遊東陽任心行止不關朝廷有司劾奏之文帝不問時文帝雖當陽親覽而羨之等猶執

重權泰復上表論得失言及執事諸子禁之表竟不奏三年羨之伏誅進位侍中左光祿大夫國子祭酒領江夏王師特進如故上以泰先朝舊臣恩禮甚重以有脚疾宴見之日特聽乘輿到坐所陳時事上每優容之其年秋旱蝗又上表言有蝗之處縣官多課人捕之無益於枯苗有傷於殺害又女人被宥由來尚矣謝晦婦女猶在尚方匹婦一至亦能有所感激書奏上乃原謝晦婦女時司徒王弘輔政泰謂弘曰彭城王帝之次弟宜徵還入朝共參朝政弘納其言時旱災未已加以疾疫泰又上表有所勸誡泰博覽篇籍好爲文章愛獎後生孜孜無倦撰古今善言二十四篇及文集傳於世暮年事佛甚精於宅西立祗洹精舍五年卒初議贈開府殷景仁曰泰素望不重不可擬議台司竟不果及葬王弘撫棺哭曰君生平重殷鐵今以此爲報追贈車騎將軍謚曰宣侯第四子曄最知名

曄字蔚宗母如廁產之額爲塼所傷故以塼爲小字出繼從伯弘之後襲封武興縣五等侯少好學善爲文章能隸書曉音律爲祕書丞父憂去職服闋爲征

南大將軍檀道濟司馬領新蔡太守後爲尙書吏部郎元嘉元年彭城太妃薨
將葬祖夕僚故並集東府曄與司徒左西屬王深及弟司徒祭酒廣夜中酣飲
開北牖聽挽歌爲樂彭城王義康大怒左遷宣城太守不得志乃删衆家後漢
書爲一家之作至於屈伸榮辱之際未嘗不致意焉遷長沙王義欣鎭軍長史
兄暠爲宜都太守嫡母隨暠在官亡報之以疾曄不時奔赴及行又攜伎妾自
隨爲御史中丞劉損所奏文帝愛其才不罪也服闋累遷左衞將軍太子詹事
曄長不滿七尺肥黑禿眉鬚善彈琵琶能爲新聲上欲聞之屢諷以微旨曄僞
若不曉終不肯爲上嘗宴飲歡適謂曄曰我欲歌卿可彈曄乃奉旨上歌既畢
曄亦止弦初魯國孔熙先博學有從横才志文史星算無不兼善爲員外散騎
侍郎不爲時知久不得調初熙先父默之爲廣州刺史以贓貨下廷尉大將軍
彭城王義康保持之故免及義康被黜熙先密懷報効以曄志意不滿欲引之
無因進說曄甥謝綜雅爲曄所知熙先藉嶺南遺財家甚富足乃傾身事綜始
與綜諸弟共博故爲拙行以物輸之情意稍款綜乃引熙先與曄戲熙先故爲

不敵前後輸曄物甚多曄既利其財寶又愛其文藝遂與申莫逆之好熙先始以微言動曄曄不回曄素有閨庭論議朝野所知故門胄雖華而國家不與姻以此激之曰丈人若謂朝廷相待厚者何故不與丈人婚爲是門戶不得邪人作犬豕相遇而丈人欲爲之死不亦惑乎曄默然不答其意乃定時曄與沈演之並爲上所知待每被見多同曄若先至必待演之演之先至常獨被引曄又以此爲怨曄累經義康府佐見待素厚及宣城之授意好乖離綜爲義康大將軍記室參軍隨鎮豫章綜還申義康意於曄求解晚隙復敦往好曄既有逆謀欲探時旨乃言於上曰臣歷觀前史二漢故事諸蕃王政以妖詛幸災便正大逆之罰況義康姦心釁跡彰著遐邇而至今無恙臣竊惑焉且大梗常存將成亂階上不納熙先素善天文云文帝必以非道晏駕當由骨肉相殘江州應出天子以爲義康當之綜父述亦爲義康所遇綜弟約又是義康女夫故文帝使綜隨從南上既爲熙先獎說亦有酬報之心廣州人周靈甫有家兵部曲熙先以六十萬錢與之使於廣州合兵靈甫一去不反大將軍府史仲承祖義康舊

所信念屢銜命下都亦潛結腹心規有異志聞熙先有誠密相結納丹陽尹徐湛之素爲義康所愛雖爲舅甥恩過子弟承祖因此結事湛之告以密計承祖南下申義康意於蕭思話及曄云本欲與蕭結婚恨始意不果與范本情不薄中間相失傍人爲之耳有法略道人先爲義康所養粗被知待又有王國寺法靜尼出入義康家內皆感激舊恩規相拯拔並與熙先往來使法略罷道法略本姓孫改名景玄以爲臧質寧遠參軍熙先善療病兼能診脈法靜尼妹夫許耀領隊在臺宿衞殿省嘗有疾因法靜尼就熙先乞療得損因成周旋熙先以耀膽幹因告逆謀耀許爲內應豫章胡藩子遵世與法靜甚款亦密相酬和法靜尼南上熙先遣婢采藻隨之付以牋書陳說圖讖法靜還義康餉熙先銅七銅鑷袍段棋奩等物熙先慮事泄酖采藻殺之湛之又謂曄等臧質見與異常質與蕭思話款密二人並受大將軍眷遇必無異同不憂兵力不足但當勿失機耳乃備相署置湛之爲撫軍將軍揚州刺史曄中軍將軍南徐州刺史熙先左衞將軍其餘皆有選擬凡素所不善及不附義康者又有別簿並入死目熙

先使弟休先豫爲檄文言賊臣趙伯符肆兵犯蹕禍流儲宰乃奉戴義康又以既爲大事宜須義康意旨乃作義康與湛之書宣示同黨二十二年九月征北將軍衡陽王義季右將軍南平王鑠出鎮上於虎帳岡祖道曄等期以其日爲亂許耀侍上扣刀以目曄曄不敢視俄而坐散差互不得發十一月徐湛之上表告狀於是悉出檄書選事及同惡人名手迹詔收綜等並皆款服唯曄不首上頻使窮詰乃曰熙先苟誣引臣熙先聞曄不服笑謂殿中將軍沈邵之曰凡諸處分符檄書疏皆曄所造及改定云何方作此抵上示以曄墨迹曄乃引罪明日送曄付廷尉入獄然後知爲湛之所發熙先望風吐款辭氣不撓上奇其才使謂曰以卿之才而滯於集書省理應有異志此乃我負卿也熙先於獄中上書陳謝幷陳天文占候誡上有骨肉相殘之禍其言深切曄後與謝綜等得隔壁遙問綜曰疑誰所告綜曰不知曄乃稱徐湛之小名曰乃是徐僮也在獄爲詩曰禍福本無兆性命歸有極必至定前期誰能延一息在生已可知來緣憧無識好醜共一丘何足異枉直豈論東陵上寧辯首山側雖無嵇生琴庶同

夏侯色寄言生存子此路行復卽上有白團扇甚佳送曄令書出詩賦美句曄
受旨援筆而書曰去白日之炤炤襲長夜之悠悠上循覽悽然曄本謂入獄便
死而上窮其獄遂經二旬曄便有生望獄吏因戲之曰外傳詹事或當長繫曄
聞之驚喜綜熙先笑之曰詹事嘗共論事無不攘袂瞋目及在西池射堂上躍
馬顧眄自以爲一世之雄而今擾攘紛紜畏死乃爾設令今時賜以性命人臣
圖主何顏可以生存曄謂衞獄將曰惜哉埋如此人將曰不忠之人亦何足惜
曄曰大將言是也及將詣市曄最在前於獄門顧謂綜曰次第當以位邪綜曰
賊帥當爲先在道語笑初無慚恥至市問綜曰時欲至未綜曰勢不復久曄既
食又苦勸綜綜曰此異疾篤何事強飯曄家人悉至市監刑職司問曰須相見
不曄問綜曰家人已來幸得相見將不暫別綜曰別與不別亦何所在來必當
號泣正足亂人意曄曰號泣何關人向見道邊親故相瞻望吾意故欲相見於
是呼前曄妻先撫其子回罵曄曰君不爲百歲阿家不感天子恩遇身死固不
足塞罪奈何枉殺子孫曄乾笑云罪至而已曄所生母對泣曰主上念汝無極

汝曾不能感恩又不念我老今日奈何仍以手擊曄頸及頰曄妻云罪人阿家莫憶莫念妹及妓妾來別曄乃悲泣流漣綜曰舅殊不及夏侯色曄收淚而止綜母以子弟自陷逆亂獨不出視曄語綜曰姊今不來勝人多也曄轉醉子藹亦醉取地土及果皮以擲曄呼爲別駕數十聲曄問曰汝瞋我邪藹曰今日何緣復瞋但父子同死不能不悲耳曄常謂死爲滅欲著無鬼論至是與徐湛之書當相訟地下其謬亂如此又語人寄語何僕射天下決無佛鬼若有靈自當相報收曄家樂器服玩並皆珍麗妓妾亦盛飾母住止單陋唯有二廚盛樵薪弟子冬無被叔父單布衣曄及黨與並伏誅曄時年四十八謝綜弟緯徙廣州藹子魯連吳興昭公主外孫請全生命亦得遠徙孝武即位乃還曄性精微有思致觸類多善衣裳器服莫不增損制度世人皆法學之撰和香方其序之曰麝本多忌過分必害沉實易和盈斤無傷零藿虛燥詹唐黏溼甘松蘇合安息鬱金柰多和羅之屬並被珍於外國無取於中土又棗膏昏鈍甲煎淺俗非唯無助於馨烈乃當彌增於尤疾也所言悉以比類朝士麝本多烈比庾仲文零

藿虛燥比何尙之詹唐黏溼比沈演之棗膏昏鈍比羊玄保甲煎淺俗比徐湛之甘松蘇合比慧琳道人沈實易和以自比也曄獄中與諸生姪書以自序其略曰吾少嬾學問年三十許始有尙耳自爾以來轉爲心化至於所通處皆自得之胸懷常謂情志所託故當以意爲主以文傳意以意爲主則其旨必見以文傳意則其辭不流然後抽其芬芳振其金石耳觀古今文人多不全了此處年少中謝莊最有其分手筆差易於文不拘韻故也吾思乃無定方但多公家之言少於事外遠致以此爲恨亦由無意於文名故也本未關史書政恆覺其不可解耳旣造後漢轉得統緒詳觀古今著述及評論殆少可意者班氏最有高名旣任情無例唯志可推耳博贍可不及之整理未必愧也吾雜傳論皆有精意深旨至於循吏以下及六夷諸序論筆勢縱放實天下之奇作其中合者往往不減過秦篇嘗共比方班氏所作非但不愧之而已欲徧作諸志前漢所有者悉令備雖事不必多且使見文得盡又欲因事就卷內發論以正一代得失意復不果贊自是吾文傑思殆無一字空設奇變不窮同合異體乃自不知

所以稱之此書行故應有賞音者紀傳例爲舉其大略耳諸細意甚多自古體
大而思精未有此也恐世人不能盡之多貴古賤今所以稱情狂言耳吾於音
樂聽功不及自揮但所精非雅聲爲可恨然至於一絕處亦復何異邪其中體
趣言之不可盡絃外之意虛響之音不知所從而來亦嘗以授人士庶中未有
一毫似者此永不傳矣吾書雖小小有意筆勢不快餘竟不成就每愧此名曄
自序並實故存之藹幼而整潔衣服竟歲未嘗有塵點死時年二十曄少時兄
晏常云此兒進利終破門戶果如其言初何尚之處銓衡自謂天下無滯才及
熙先就拘帝詰尚之曰使孔熙先年三十猶作散騎侍郎那不作賊熙先死後
又謂尚之曰孔熙先有美才地胄猶可論而翳迹仕流豈非時匠失乎尚之曰
臣昔謬得待罪選曹誠無以濯汙揚清然君子之有智能猶鷄鳳之有文采俟
時而振羽翼何患不出雲霞之上若熙先必蘊文采自棄於汙泥終無論矣上
曰昔有良才而不遇知己者何嘗不遺恨於後哉
荀伯子潁川潁陰人晉驃騎將軍羨之孫也父猗祕書郎伯子少好學博覽經

傳而通率好爲雜語遨遊閭里故以此失淸途解褐駙馬都尉奉朝請員外散騎侍郎著作郎徐廣重其才學舉伯子及王韶之並爲佐郎同撰晉史及著桓玄等傳遷尙書祠部郎義熙元年上表稱故太傅鉅平侯羊祜勳參佐命功威平吳而享嗣闕然蒸嘗莫寄漢以蕭何元功故絕世輒紹愚謂鉅平之封宜同酇國故太尉廣陵公陳淮黨翼孫秀禍加淮南竊饗大國因罪爲利會西朝政刑失裁中興復因而不奪今王道惟新豈可不大判臧否謂廣陵之國宜在削除故太保衞瓘本爵菑陽縣公旣被橫禍乃進第秩加贈蘭陵又轉江夏中朝公輔多非理終瓘功德不殊亦無緣獨受偏賞宜復本封以正國章詔付門下前散騎常侍江夏公衞璵及潁川陳茂先各自陳先代勳不伏貶降詔皆付門下並不施行伯子爲妻弟謝晦薦達爲尙書左丞出補臨川內史車騎將軍王弘稱伯子沉重不華有平陽侯之風伯子常自矜藉蔭之美謂弘曰天下膏粱唯使君與下官耳宣明之徒不足數也遷散騎常侍又上表曰百官位次陳留王在零陵王上臣愚竊以爲疑昔武王克殷封神農後於焦黃帝後於祝帝堯

後於薊帝舜後於陳夏后後於杞殷後於宋杞陳並爲列國而薊祝焦無聞斯則褒崇所承優於遠代之顯驗也是以春秋次序諸侯宋居杞陳之上考之近代事亦有徵晉泰始元年詔賜山陽公劉康子弟一人爵關內侯衞公姬署宋侯孔紹子弟一人駙馬都尉又泰始三年太常上言博士劉嘉等議稱衞公署於大晉在三恪之數應降稱侯臣以爲零陵王位宜在陳留之上從之爲御史中丞莅職勤恪有匪躬之稱立朝正色衆咸憚之凡所奏劾莫不深相訶毀或延及祖禰示其切直又頗雜嘲戲故世人以此非之補司徒左長史卒於東陽太守文集傳於世子赤松爲尚書右丞以徐湛之黨爲元凶所殺伯子族弟昶字茂祖與伯子絶服元嘉初以文義至中書郎昶子萬秋萬秋字元寶亦用才學自顯昶見釋慧琳謂曰昨萬秋對策欲以相示答曰此不須看若非先見而答貧道不能爲若先見而答貧道奴皆能爲昶曰此將不傷道德耶答曰大德所以不德乃相對笑竟不看焉萬秋孝武初爲晉陵太守坐於郡立華林閤置主衣主書下獄免前廢帝末爲御史中丞卒官

徐廣字野人東莞姑幕人也父藻都水使者兄邈太子前衛率家世好學至廣尤精百家數術無不研覽家貧未嘗以產業爲意妻中山劉謐之女忿之數以相讓廣終不改如此數十年家道日弊遂與廣離後晉孝武帝以廣博學除爲祕書郎校書祕閣增置職僚隆安中尚書令王珣舉爲祠部郎李太后崩廣議服曰太皇太后名位既正體同皇極理制備盡情禮彌申陽秋之義母以子貴既稱夫人禮服從正故成風顯夫人之號昭公服三年之喪子於父之所生體尊義重且禮祖不厭孫固宜遂服無屈而緣情立制若嫌明文不存則疑斯從重謂應同於爲祖母後齊衰三年時從其議及會稽王世子元顯錄尚書欲使百僚致敬臺內使廣立議由是內外並執下官禮廣常爲愧恨義熙初宋武帝使撰車服儀注仍除鎭軍諮議參軍領記室封樂成縣五等侯轉員外散騎常侍領著作郎二年尚書奏廣撰成晉史六年遷驍騎將軍時有風雹爲災廣獻言武帝多所勸免又轉大司農領著作郎遷祕書監初桓玄篡位安帝出宮廣陪列悲慟哀動左右及武帝受禪恭帝遜位廣又哀感涕泗交流謝晦見之謂

曰徐公將無小過廣收淚答曰身與君不同君佐命與王逢千載嘉運身世荷晉德眷戀故主因更歔欷永初元年詔除中散大夫廣言墳墓在晉陵丹徒又生長京口息道玄忝宰此邑乞隨之官歸終桑梓許之贈賜甚厚性好讀書年過八十猶歲讀五經一遍元嘉二年卒廣所撰晉紀四十二卷義熙十二年成表上之又有答禮問百餘條行於世時有高平郗紹亦作晉中興書數以示何法盛法盛有意圖之謂紹曰卿名位貴達不復俟此延譽我寒士無聞於時如袁宏干寶之徒賴有著述流聲於後宜以爲惠紹不與至書成在齋內廚中法盛詣紹紹不在直入竊書紹還失之無復兼本於是遂行何書

徐豁字萬同廣兄子也父邈晉太子前衛率豁宋永嘉初爲尚書左丞山陰令精練法理爲時所推元嘉初爲始興太守表陳三事文帝嘉之賜絹二百匹穀一千斛徙廣州刺史未拜卒

鄭鮮之字道子滎陽開封人魏將作大匠渾之玄孫也祖襲大司農經爲江乘令因居縣境父遵尚書郎鮮之下帷讀書絕交遊之務初爲桓偉輔國主簿先

是兗州刺史滕恬為丁零翟所沒屍喪不反恬子羨仕宦不廢論者嫌之桓玄在荊州使羣僚博議鮮之議曰名教大極忠孝而已至乎變通抑引每事輒殊本而尋之皆求心而遺迹迹之所乘遭遇或異故聖人或就迹以助教或因迹以成罪屈申與奪難可等齊舉其阡陌皆可終言矣天可逃乎而伊尹廢君君可脅乎而鬻拳見善忠可愚乎而箕子同仁自此以還殊實而齊聲異譽而等美者不可勝言令如滕羨情事者或終身隱處不關人事或升朝理務無譏前哲通滕者則以無譏為證塞滕者則以隱處為美折其兩中則異同之情可見矣大聖人立教猶言有禮無時君子不行有禮無時政以事有變通不可宗一故耳宋武帝起義兵累遷御史中丞性剛直甚得司直之體外甥劉毅權重當時朝野莫不歸附鮮之盡心武帝獨不屈意於毅毅甚恨焉以與毅舅甥制不相糺使書侍御史丘洹奏彈毅輒宥傳詔羅道感詔無所問時新制長吏以父母疾去官禁錮三年山陰令沈淑任父疾去職鮮之因此上議曰父母之疾而加以罪名悖義疾理莫此為大謂宜從舊於義為允從之於是自二品以上父

母及爲祖父母後者墳墓崩毀及疾病族屬輒去並不禁錮劉毅當鎮江陵武帝會於江寧朝士畢集毅素好摴蒱於是會戲帝與毅斂局各得其半積錢隱人毅呼帝併之先擲得雉帝甚不悅良久乃答之四坐傾屬既擲得盧毅意大惡謂帝曰知公不以大坐席與人鮮之大喜徒跣繞床大叫聲聲相續毅甚不平謂之曰此鄭君何爲者無復甥舅之敬帝少事戎旅不經涉學及爲宰相頗慕風流時或談論人皆依違不敢難鮮之難必切至未嘗寬假與帝言要須帝理屈然後置之帝有時慚恧變色感其輸情時人謂爲格佞十二年武帝北伐以爲右長史鮮之曾祖晉江州長史哲墓在開封求拜省帝以騎送之及入咸陽帝遍視阿房未央故地悽愴動容問鮮之秦漢所以得喪鮮之具以賈誼過秦對帝曰及子嬰而亡已爲晚矣然觀始皇爲人智足見是非所任不得人何也答曰夫佞言似忠奸言似信中人以上乃可語上始皇未及中人所以暗於識士前至渭濱帝復歎曰此地寧復有呂望邪鮮之曰昔葉公好龍而真龍見燕昭市骨而駿足至明公以旰食待士豈患海內無人帝稱善者久之宋國初

建轉奉常赫連勃勃陷關中武帝復欲北討鮮之表諫及踐阼遷太常都官尚書時傅亮謝晦位遇日隆范泰嘗衆中讓誚鮮之曰卿與傅謝俱從聖主有功關洛卿乃居僚首今日答颯去人遼遠何不肖之甚鮮之熟視不對鮮之爲人通率在武帝坐言無所隱晦亦甚憚焉而隱厚篤實贍恤親故遊行命駕或不知所適隨御者所之尤爲武帝所狎上曾內殿宴飲朝貴畢至唯不召鮮之坐定謂羣臣曰鄭鮮之必當自來俄而外啓尚書鄭鮮之詣神獸門求啓事帝大笑引入其被遇如此以從征功封龍陽縣五等子景平中徐傅當權出爲豫章太守時王弘爲江州刺史竊謂人曰鄭公德素先朝所禮方於前代鍾元常王景興之流今徐傅出以爲郡抑當有以尋有廢立事元嘉三年弘入爲相舉鮮之爲尚書右僕射四年卒文集行於世子愔始安太守

裴松之字世期河東聞喜人也祖昧光祿大夫父珪正員外郎松之博覽墳籍立身簡素年二十拜殿中將軍此官直衛左右晉孝武太元中革選名家以參顧問始用琅邪王茂之會稽謝輶皆南北之望義熙初爲吳興故鄣令在縣有

續入爲尚書祠部郎松之以世立私碑有乖事實上表陳之以爲諸欲立碑者
宜悉令言上爲朝議所許然後聽之庶可以防遏無徵顯彰茂實由是普斷武
帝北伐領司州刺史以松之爲州主簿轉中從事既剋洛陽松之居州行事宋
國初建毛德祖使洛陽武帝敕之曰裴松之廊廟之才不宜久居邊務今召爲
太子洗馬與殷景仁同可令知之時議立五廟樂松之以妃臧氏廟用樂亦宜
與四廟同除零陵內史徵爲國子博士元嘉三年誅司徒徐羨之等分遣大使
巡行天下並兼散騎常侍班宣二十四條詔書松之使湘州甚得奉使之義論
者美之轉中書侍郎上使注陳壽三國志松之鳩集傳記廣增異聞既成奏之
上覽之曰裴世期爲不朽矣出爲永嘉太守勤恤百姓吏人便之後爲南琅邪
太守致仕拜中散大夫尋爲國子博士進太中大夫使續成何承天國史未及
撰述卒子駰南中郎參軍松之所著文論及晉紀駰注司馬遷史記並行於世
駰子昭明
昭明少傳儒史之業宋泰始中爲太學博士有司奏太子婚納徵用玉璧虎皮

未詳何所準擬昭明議禮納徵儷皮鄭云皮爲庭實鹿皮也晉太子納妃注以虎皮二太元中公主納徵虎豹皮各一此豈謂婚禮不詳王公之差故取虎豹文蔚以尊其事虎豹雖文而徵禮所不言熊羆雖古而婚禮所不及珪璋雖美或爲用各異今宜準經誥凡諸僻繆一皆詳正於是有司參議加珪璋豹熊羆皮各二元徵中出爲長沙郡丞罷任刺史王藴之謂曰卿清貧必無還資湘中人士有須一禮之命者我不愛也昭明曰下官忝爲郡佐不能光益上府豈以鴻都之事仰累清風歷祠部通直郎齊永明二年使魏武帝謂曰以卿有將命之才使還當以一郡相賞還爲始安內史郡人龔玄宜云神人與其玉印玉板書不須筆吹紙便成字自稱龔聖人以此惑衆前後郡太守敬事之昭明付獄案罪及還甚貧罄武帝曰裴昭明當罷郡還遂無宅我不讀書不知古人中誰可比之遷射聲校尉九年復北使建武初爲王玄邈安北長史廬陵太守明帝以其在事無啓奏代還責之昭明曰臣不欲競執關鍵故耳昭明歷郡皆清勤常謂人曰人生何事須聚畜一身之外亦復何須子孫若不才我聚彼散若能

自立則不如一經故終身一不事產業中興二年卒子子野
子野字幾原生而母魏氏亡爲祖母殷氏所養殷柔明有文義以章句授之年
九歲殷氏亡泣血哀慟家人異之少好學善屬文仕齊爲江夏王行參軍遭父
憂去職初父寢疾彌年子野禱請備至涕泗霑濡父夜夢見其容且召視如夢
俄而疾間以爲至孝所感命著孝感傳固辭乃止及居喪每之墓所草爲之枯
有白兔白鳩馴擾其側梁天監初尚書僕射范雲嘉其至行將表奏之會雲卒
不果樂安任昉有盛名爲後進所慕遊其門者昉必推薦子野於昉爲從中表
獨不至昉亦恨焉故不之善久之兼廷尉正時三官通署獄子野嘗不在同僚
輒署其名奏有不允子野從坐免職或勸言請有司可無咎子野笑曰雖慚柳
季之道豈因訟以受服自此免黜久之終無恨意中書郎范縝與子野未遇聞
其行業而善焉會遷國子博士乃上表讓之有司以資歷非次不爲通後爲諸
暨令在縣不行鞭罰人有爭者示之以理百姓稱悅合境無訟初子野曾祖松
之宋元嘉中受詔續修何承天宋史未成而卒子野常欲繼成先業及齊永明

末沈約所撰宋書稱松之已後無聞焉子野更撰為宋略二十卷其敘事評論多善而云戮淮南太守沈璞以其不從義師故也約懼徒跣謝之請兩釋焉歎其述作曰吾弗逮也蘭陵蕭琛言其評論可與過秦王命分路揚鑣於是吏部尚書徐勉言之於武帝以為著作郎掌修國史及起居注頃之兼中書通事舍人尋除通直員外著作舍人如故敕又掌中書詔誥時西北遠邊有白題及滑國遣使由岷山道入貢此二國歷代弗賓莫知所出子野曰漢潁陰侯斬胡白題將一人服虔注云白題胡名也又漢定遠侯擊虜入滑此其後乎時人服其博識敕仍使撰方國使圖廣述懷來之盛自要服至于海表凡二十國子野與沛國劉顯南陽劉之遴陳郡殷芸陳留阮孝緒吳郡顧協京兆韋稜皆博學深相賞好顯尤推重之時長平侯蕭勱范陽張纘每討論墳籍咸折衷於子野繼母曹氏亡居喪過禮服闋再遷員外郎普通七年大舉北侵敕子野為移魏文受詔立成武帝以其事體大召尚書僕射徐勉太子詹事周捨鴻臚卿劉之遴中書侍郎朱异集壽光殿以觀之時並歎服武帝目子野曰其形雖弱其文甚

壯俄又敕爲書喻魏相元又其夜受旨子野謂可待旦方奏未之爲也及五鼓
敕催令速上子野徐起操筆昧爽便就及奏武帝深嘉焉自是諸符檄皆令具
草子野爲文典而速不尚靡麗制多法古與今文體異當時或有詆訶者及其
末翕然重之或問其爲文速者子野答云人皆成於手我獨成於心還中書侍
郎鴻臚卿領步兵校尉子野在禁省十餘年默靜自守未嘗有所請謁外家及
中表貧乏所得奉悉給之無宅借官地二畝起茅屋數間妻子恆苦饑寒唯以
教誨爲本子姪祗畏若奉嚴君劉顯常以師道推高之末年深信釋教終身飯
麥食蔬中大通二年卒先是子野自占死期不過戊戌歲是年自省移疾謂同
官劉之亨曰吾其逝矣遺命務存儉約武帝悼惜爲之流涕贈散騎常侍卽日
舉哀先是五等君及侍中以上乃有謚及子野特以令望見嘉賜謚貞子子野
少時集注喪服續裴氏家傳各二卷抄合後漢事四十餘卷又敕撰衆僧傳二
十卷百官九品二卷附益謚法一卷方國使圖一卷文集二十卷並行於世又
欲撰齊梁春秋始草創未就而卒及葬湘東王爲之墓誌銘陳于藏內邵陵王

又立墓誌堙于羨道羨道列誌自此始焉子鸞官至通直郎
何承天東海郯人也五歲喪父母徐廣姊也聰明博學故承天幼漸訓義宋武
起義初撫軍將軍劉毅鎭姑熟板爲行參軍毅嘗出行而鄢陵縣吏陳滿射鳥
箭誤中直帥雖不傷人處法棄市承天議曰獄貴情斷疑則從輕昔有驚漢文
帝乘輿馬者張釋之劾以犯蹕罪止罰金何者明其無心於驚馬也故不以乘
輿之重加於異制今滿意在射鳥非有心於中人案律過誤傷人三歲刑況不
傷乎徵罰可也宋臺建爲尚書祠部郎與傅亮共撰朝儀謝晦鎭江陵請爲南
蠻長史晦進號衞將軍轉諮議參軍領記室元嘉三年晦將見討問計於承天
曰大小既殊逆順又異境外求全上計也以腹心領兵戍義陽將軍率衆於夏
口一戰若敗卽趨義陽以出北境此其次也晦良久曰荊楚用武之國且當決
戰走不晚也及晦下承天留府不從到彥之至馬頭承天自詣歸罪見宥後兼
尚書左丞吳興餘杭人薄道舉爲劫制同籍朞親補兵道舉從弟代公道生等
並爲劫大功親非應在補謫之例法以代公等母存爲朞親則子宜隨母補兵

承天議曰尋劫制同籍朞親補兵大功則不在例婦人三從既嫁從夫夫死從子今道舉爲劫若其叔父尚存應制補讁妻子營居固其宜也但爲劫之時叔父已殁代公道生並是從弟大功之親不合補讁今若以叔母爲朞親令代公隨母補兵既乖大功不讁之制又失婦人三從之道由於主者守朞親之文不辯男女之異謂代公等母子並宜見原承天爲性剛愎不能屈意朝右頗以所長侮同列不爲僕射殷景仁所平出爲衡陽內史昔在西方與士人多不協在郡又不公清爲州司所糾被收繫獄會赦免十六年除著作佐郎撰國史承天年已老而諸佐郎並名家年少潁川荀伯子嘲之常呼爲妳母承天曰卿當云鳳凰將九子妳母何言邪尋轉太子率更令著作如故時丹陽溧陽丁況等久喪而不葬承天議曰禮云還葬當謂荒儉一時故許其稱財而不求備丁況三家數十年中葬輒無棺櫬實由淺情薄恩同於禽獸者耳竊以丁寶等同伍積年未嘗勸之以義繩之以法十六年冬既無新科又未申明舊制有何嚴切歘然相糾或由隣曲分爭以與此言如聞在東諸處比例既多江西淮北尤爲不

少若但讁此三人殆無所肅開其一端則互相恐動臣愚爲況等三家且可勿問因此附定制旨若人葬不如法同伍當即糾言三年除服之後不得追相告引十九年立國子學以本官領國子博士皇太子講孝經承天與中庶子顏延之同爲執經頃之遷御史中丞時魏軍南伐文帝訪羣臣捍禦之略承天上安邊論凡陳四事其一移遠就近以實內地其二浚復城隍以增阻防其三纂偶車牛以飾戎械其四計丁課仗勿使有闕文多不載承天素好弈棋頗用廢事又善彈箏文帝賜以局子及銀裝箏承天奉表陳謝上答曰局子之賜何必非張武之金邪承天博見古今爲一時所重張永嘗開玄武湖遇古冢冢上得一銅斗有柄文帝以訪朝士承天曰此亡新威斗王莽三公亡皆賜之一在冢外一在冢內時三台居江左者唯甄邯爲大司徒必邯之墓俄而永又啓冢內更得一斗復有一石銘大司徒甄邯之墓時帝每有疑議必先訪之信命相望於道承天性褊促嘗對主者厲聲曰天何言哉四時行焉百物生焉文帝知之應遣先戒曰善候伺顏色如其不悅無須多陳二十四年承天遷廷尉未拜上欲

以爲吏部郎已受密旨承天宣漏之坐免官卒於家年七十八先是禮論有八百卷承天删減并各以類相從凡爲三百卷并前傳雜語所纂文及文集並傳於世又改定元嘉曆改漏刻用二十五箭皆從之曾孫遜

遜字仲言八歲能賦詩弱冠州舉秀才南鄉范雲見其對策大相稱賞因結忘年交謂所親曰頃觀文人質則過儒麗則傷俗其能含清濁中今古見之何生矣沈約嘗謂遜曰吾每讀卿詩一日三復猶不能已其爲名流所稱如此梁天監中兼尙書水部郎南平王引爲賓客掌記室事後薦之武帝與吳均俱進倖後稍失意帝曰吳均不均何遜不遜未若吾有朱异信則異矣自是疎隔希復得見卒於仁威廬陵王記室初遜爲南平王所知深被恩禮及聞遜卒命迎其柩而殯藏焉并餼其妻子東海王僧孺集其文爲八卷初遜文章與劉孝綽並見重時謂之何劉梁元帝著論論之云詩多而能者沈約少而能者謝朓何遜

遜從叔僩字彥夷亦以才著聞宦遊不達作拍張賦以喻意末云東方曼倩發憤於侏儒遂與火頭食子稟賜不殊位至臺郎時有會稽虞騫工爲五言名與

遜埒官至王國侍郎後又有會稽孔翁歸濟陽江避並爲南平王大司馬府記室翁歸工爲詩避博學有思理注論語孝經二人並有文集

論曰夫令問令望詩人所以作詠有禮有法前哲由斯播美觀夫范荀二公並以學業自著而干時之譽不期俱不爲弘雖才則有餘而望乃不足蔚宗藝用有過人之美迹其行事何利害之相傾徐廣動不違仁義兼儒行鮮之時稱格佞斯不佞矣松之雅道爲貴實光載德承天素訓所資無慚舅氏美矣乎

南史卷三十三

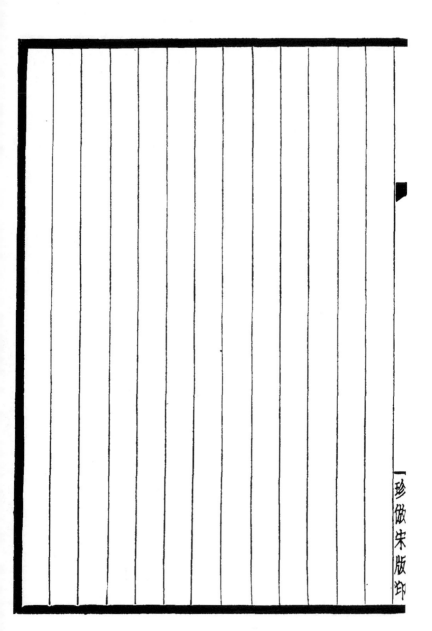

南史卷三十三考證

范泰傳上每優容之○容監本訛遊今改从宋書

匹婦一至亦能有所感激○匹監本訛疋今改正

范曄傳在生已可知來緣懥無識○懥監本訛慺今從宋書改正

姉今不來勝人多也○姉監本訛妹今改从宋書及閣本

荀伯子傳故太保衛瓘本爵菑陽縣公○菑宋書作蕭誤

鄭鮮之傳先是兗州刺史滕恬爲丁零翟所没○恬一本作恬

使羣僚博議○博監本訛溥今改從宋書

政以事有變通不可宗一故耳○宗宋書作守今各本俱同仍之

使書侍御史丘洹奏彈毅輒宥傳詔羅道盛○洹一本作恆

裴松之傳義熙初爲吳興故彰令○彰一本作鄣

裴子野傳從坐免職或勸言請有司可無咎○請梁書作諸

中書郎范縝與子野未遇聞其行業而善焉○梁書無郎字

何承天傳丁況三家數十年中葬輒無棺櫬○丁監本訛下令據上文丁況等

久喪而不葬改正

遇古冢冢上得一銅斗○遇一本作過

何遜傳頃觀文人質則過儒麗則傷俗○儒一本作懦

南史卷三十三考證

南史卷三十四

唐　李　延　壽　撰

列傳第二十四

顏延之子竣 從子師伯　沈懷文子沖 從兄曇慶　周朗族孫顒 顒子捨 捨弟子弘正 弘正弟弘讓 弘直 弘直子確　弘直

顏延之字延年瑯邪臨沂人也曾祖含晉右光祿大夫祖約零陵太守父顯護軍司馬延之少孤貧居負郭好讀書無所不覽文章冠絕當時好飲酒不護細行年三十猶未昏妹適東莞劉穆之子憲之穆之聞其美才將仕之先欲相見延之不往也後爲宋武帝豫章公世子中軍行參軍及武帝北伐有宋公之授府遣延之慶殊命行至洛陽周視故宮室盡爲禾黍悽然詠黍離篇道中作詩二首爲謝晦傅亮所賞武帝受命補太子舍人鴈門周續之隱廬山儒學著稱永初中徵詣都下開館以居之武帝親幸朝彥畢至延之宮官列卑引升上席上使問續之三義續之雅杖辭辯延之每以簡要連挫續之上又使還自敷釋

言約理暢莫不稱善再遷太子中舍人時尙書令傅亮自以文義一時莫及延之負其才不爲之下亮甚疾焉廬陵王義眞待之甚厚徐羨之等疑延之爲同異意甚不悅少帝卽位累遷始安太守領軍將軍謝晦謂延之曰昔荀勖忌阮咸斥爲始平郡今卿又爲始安可謂二始黃門郎殷景仁亦謂之曰所謂人惡俊異世疵文雅延之之郡道經汨潭爲湘州刺史張邵祭屈原文以致其意元嘉三年羨之等誅徵爲中書侍郎轉太子中庶子領步兵校尉賞遇甚厚延之既以才學見遇當時多相推服唯袁淑年倍小延之不相推重延之忿於衆中折之曰昔陳元方與孔元駿齊年文學元駿拜元方於牀下今君何得不見拜淑無以對延之疎誕不能取容當世見劉湛殷景仁專當要任意有不平常言天下事豈一人之智所能獨了辭意激揚每犯權要又少經爲湛父柳後將軍主簿至是謂湛曰吾名器不升當由作卿家吏耳湛恨焉言於彭城王義康出爲永嘉太守延之甚怨憤乃作五君詠以述竹林七賢山濤王戎以貴顯被黜詠嵇康云鸞翮有時鎩龍性誰能馴詠阮籍云物故不可論途窮能無慟詠阮

咸云屢薦不入官一麾乃出守詠劉伶云韜精日沉飲誰知非荒宴此四句蓋
自序也湛及義康以其辭旨不遜大怒欲黜爲遠郡文帝與義康詔曰宜令思
衍里閭猶復不悛當驅往東土乃至難恕者自可隨事錄之於是延之屏居不
豫人間者七載中書令王球以名公子遺務事外與延之雅相愛好每振其罄
匱晉恭思皇后葬應須百官皆取義熙元年除身以延之兼持邑吏送札延之
醉投札於地曰顏延之未能事生焉能事死文帝嘗召延之傳詔頻不見常日
但酒店裸袒挽歌了不應對他日醉醒乃見帝嘗問以諸子才能延之曰竣得
臣筆測得臣文奐得臣義躍得臣酒何尚之嘲曰誰得卿狂答曰其狂不可及
尚之爲侍中在直延之以醉詣焉尚之望見便陽眠延之發簾熟視曰朽木難
彫尚之謂左右曰此人醉甚可畏閑居無事爲庭誥之文以訓子弟劉湛誅後
起延之爲始與王濬後軍諮議參軍御史中丞在任從容無所舉奏遷國子祭
酒司徒左長史何尚之素與延之狎書與王球曰延之有後命教府無復光暉
坐啓買人田不肯還直尚書左丞荀赤松奏之曰求田問舍前賢所鄙延之唯

利是視輕冒陳聞依傍詔恩抵捍餘直垂及周年猶不畢了昧利苟得無所顧忌延之昔坐事屏斥復蒙抽進而曾不悛革怨誹無已交游闒茸沉迷麴蘖橫興譏謗詆毀朝士仰竊過榮增憤薄之性私恃顧眄成彊梁之心外示寡求內懷奔競干祿祈遷不知極已預宴班觴肆詈上席山海容含每存遵養愛兼雕蟲未忍遐棄而驕放不節日月彌甚臣聞聲問過情孟軻所恥況聲非外來問由己出雖心智薄劣而高自比擬客氣虛張曾無愧畏豈可復弼亮五教增耀台階請以延之訟田不實妄干天聽以強凌弱免所居官詔可後爲祕書監光祿勳太常時沙門釋慧琳以才學爲文帝所賞朝廷政事多與之謀遂士庶歸仰上每引見常升獨榻延之甚疾焉因醉白上曰昔同子參乘袁絲正色此三台之坐豈可使刑餘居之上變色延之性既褊激兼有酒過肆意直言曾無回隱故論者多不與之謂之顏彪居身儉約不營財利布衣蔬食獨酌郊野當其爲適傍若無人三十年致事元凶弒立以爲光祿大夫長子竣爲孝武南中郎諮議參軍及義師入討竣定密謀兼造書檄劭召延之示以檄文問曰此筆誰

造延之曰竣之筆也又問何以知之曰竣筆體臣不容不識劭又曰言辭何至乃爾延之曰竣尚不顧老臣何能爲陛下劭意乃釋由是得免孝武登阼以爲金紫光祿大夫領湘東王師嘗與何偃同從上南郊偃於路中遙呼延之曰顏公延之以其輕脫怪之答曰身非三公之公又非田舍之公又非君家阿公何以見呼爲公偃羞而退竣既貴重權傾一朝凡所資供延之一無所受器服不改宅宇如舊常乘羸牛車逢竣鹵簿卽屏住道側又好騎馬遨游里巷遇知舊輒據鞍索酒得必傾盡欣然自得嘗語竣曰平生不喜見要人今不幸見汝見竣起宅謂曰善爲之無令後人笑汝拙也表解師職加給親信二十人嘗早候竣遇賓客盈門竣方臥不起延之怒曰恭敬撙節福之基也驕佷傲慢禍之始也況出糞土之中而升雲霞之上傲不可長其能久乎延之有愛姬非姬食不飽寢不安姬憑寵嘗盪延之墜牀致損竣殺之延之痛惜甚至常坐靈上哭曰貴人殺汝非我殺汝以冬日臨哭忽見妾排屏風以壓延之延之懼墜地因病孝建三年卒年七十三贈特進諡曰憲子延之與陳郡謝靈運俱以辭采齊名

而遲速縣絶文帝嘗各勑擬樂府北上篇延之受詔便成靈運久之乃就延之嘗問鮑照己與靈運優劣照曰謝五言如初發芙蓉自然可愛君詩若鋪錦列繡亦雕繢滿眼延之每薄湯惠休詩謂人曰惠休制作委巷中歌謡耳方當誤後事是時議者以延之靈惠自潘岳陸機之後文士莫及江右稱潘陸江左稱顏謝焉

竣字士遜延之長子也早有文義爲宋孝武帝撫軍主簿甚被嘉遇竣亦盡心補益元嘉中上不欲諸王各立朋黨將召竣補尚書郎江湛以爲在府有稱不宜回改乃止隨府轉安北領軍北郎中府主簿初沙門釋僧含精有學義謂竣曰貧道常見讖記當有真人應符名稱次第屬在殿下後竣在彭城嘗於親人敘之言遂宣布聞於文帝時元凶巫蠱事已發故上不加推案孝武鎮尋陽遷南中郎記室三十年春以父延之致仕固求解職賜假未發而文帝崩問至孝武舉兵入討轉諮議參軍領軍錄事任總内外并造檄書孝武發尋陽便有疾自沈慶之以下並不堪相見唯竣出入臥内斷決軍機時孝武屢經危篤不任

諮稟凡厥衆務竣皆專斷施行孝武踐阼歷侍中左衞將軍封建城縣侯孝建
元年轉吏部尚書領驍衞將軍留心選舉自強不息任遇既隆奏無不可後謝
莊代竣領選意多不行竣容貌嚴毅莊風姿甚美賓客喧訴常歡笑答之人言
顏竣瞋而與人官謝莊笑而不與人官南郡王義宣臧質等反以竣兼領右將
軍義宣質諸子藏匿建康秣陵湖熟江寧縣界孝武大怒免丹陽尹褚湛之官
收四縣官長以竣爲丹陽尹加散騎常侍先是竣未有子而司馬江夏王義恭
諸子爲元凶所殺至是各產男上自爲制名名義恭子爲伯禽以比魯公伯禽
周公之子名竣子爲辟彊以比漢侍中辟彊張良之子也先是元嘉中鑄四銖
錢輪郭形制與五銖同用費無利故百姓不盜鑄及孝武卽位又鑄孝建四銖
所鑄錢形式薄小輪郭不成於是人間盜鑄者雜以鉛錫並不牢固又翦鑿古
錢以取其銅錢轉薄小稍違官式雖重制嚴刑人吏官長坐死免者相係而盜
鑄彌甚百物踊貴人患苦之乃立品格薄小無輪郭者悉加禁斷始興公沈慶
之議宜聽人鑄錢置署樂鑄之家皆居署內去春所禁新品一時施用今鑄悉

依此格萬稅三千嚴檢盜鑄并禁翦鑿數年之間公私豐贍銅盡事息姦僞自
止禁鑄則銅轉成器開鑄則器化爲財上下其事於公卿竣議曰今云開署放
鑄誠所欲同但慮采山事絶器用日耗銅既轉少器亦彌貴設器直一千則鑄
之減半爲之無利雖令不行時議者又以銅難得欲鑄二銖錢竣又議曰今鑄
二銖恣行新細於官無解於乏而人大與天下之貨將糜碎至盡空曰嚴禁而
利深難絶不過一二年間其弊不可復救此其甚不可一也使姦人意騁而貽
厥愆謀此又甚不可二也富商得志貧人困窘此又甚不可三也若使交益深
重尙不可行況又未見利而衆弊如此失算當時取笑百代乎前廢帝卽位鑄
二銖形式轉細官錢每出人間卽模効之而大小厚薄皆不及也無輪郭不磨
鑢如今之翦鑿者謂之耒子錢景和元年沈慶之啓通私鑄由是錢貨亂敗一
千錢長不盈三寸大小稱此謂之鵝眼錢劣於此者謂之綖環錢貫之以縷入
水不沉隨手破碎市井不復料數十萬錢不盈一掬斗米一萬商貨不行明帝
初唯禁鵝眼綖環其錢皆通用復禁人鑄官署亦廢尋復普斷唯用古錢竣自

散騎常侍丹陽尹加中書令表讓中書令見許時歲旱人飢竣上言禁餳一月息米近萬斛復代謝莊爲吏部尚書領太子右衛率未拜丁父憂裁踰月起爲右將軍丹陽尹如故竣固辭表十上不許遣中書舍人戴寶明抱竣登車載之郡舍賜以布衣一襲絮以綵綸遣主衣就衣諸體竣藉藩朝之舊臣每極陳得失上自即吉之後宮內頗有醜論又多所興造竣諫爭懇切並無所回避上意甚不悅多不見從竣自謂才足幹時恩舊莫比當務居中永執朝政而所陳多不被納疑上欲疎之乃求出以卜時旨大明元年以爲東揚州刺史所求既許便憂懼無計至州又丁母艱不許去職聽送喪還都恩待猶厚竣彌不自安每對親故頗懷怨憤又言朝廷違謬人主得失及王僧達被誅謂爲所讒搆臨死陳竣前後忿懟恨言不見從僧達所言頗相符會上乃使御史中丞庾徽之奏竣窺覘國柄潛圖久執受任選曹驅扇滋甚出尹京輦形勢彌放傳詔犯憲舊須啓聞而竣以通訴忤己輒加鞭辱罔顧威靈莫此爲甚懷挾姦數包藏隱慝豫聞中旨罔不宣露罰則委上善必歸己脅懼上宰激動閭閻末慮上聞內懷

猜懼僞請東牧以卜天旨旣獲出藩怨詈方肆反脣腹誹方之已輕前冬母亡
詔賜還葬事畢不去盤桓經時方搆間勳貴造立同異遂以已被斥外國道將
顛兼行闕於家早負世議天倫怨毒親交震駭街談道說非復風聲宜加顯戮
以昭盛化請以見事免竣所居官下太常削爵土上未欲便加大戮且止免官
竣頻啓謝罪幷乞性命上愈怒詔答曰憲司所奏非宿昔所以相期卿受榮遇
政當極此訕訐怨憤已孤本望乃復過煩思慮懼不全立豈爲下事上誠節之
至邪及竟陵王誕爲逆因此陷之言通於誕召御史中丞庾徽之於前立奏奏
成詔先打折足然後於獄賜死妻息宥之以遠子辟彊徙交州又於宮亭湖沉
殺之竣文集行於世竣弟測亦以文章見知官至江夏王義恭大司馬錄事參
軍以兄貴爲憂先竣卒明帝卽位詔曰延之昔師訓朕躬情契兼重前記室參
軍濟陽太守奐伏事藩朝綢繆恩舊可擢爲中書侍郎奐延之第三子也
顏師伯字長深竣族兄也父邵剛正有局力爲謝晦領軍司馬晦鎮江陵請爲
諮議參軍領錄事軍府之務悉委焉邵慮晦有禍求爲竟陵太守未及之郡會

晦見討邵飲藥死師伯少孤貧涉獵書傳頗解聲樂弟師仲妻臧質女也質爲
徐州辟師伯爲主簿孝武爲徐州師伯仍爲輔國安北行參軍王景文時爲諮
議參軍愛其諧敏進之孝武以爲徐州主簿善於附會大被知遇及去鎭師伯
以主簿送故孝武鎭尋陽啓文帝請爲南中郎府主簿文帝不許謂典籤曰中
郎府主簿那得用顏師伯孝武啓爲長流正佐帝又曰朝廷不能除之卿可自
板然亦不宜署長流乃板爲參軍刑獄及討元凶轉主簿孝武踐阼以爲黃門
侍郎累遷侍中大明元年封平都縣子親幸隆密羣臣莫二多納貨賄家累千
金孝武嘗與師伯摴蒱帝擲得雉大悅謂必勝師伯後得盧帝失色師伯遽斂
子曰幾作盧爾日師伯一輸百萬仍遷吏部尚書右軍將軍上不欲威權在下
前後領選者唯奉行文書師伯專精獨斷奏無不可七年爲尚書右僕射時分
置二選陳郡謝莊琅邪王曇生並爲吏部尚書師伯子舉周旋寒人張奇爲公
車令上以奇資品不當使兼市買丞以蔡道惠代之令史潘道栖諸道惠顏禕
之元從夫任澹之石道兒黃難周公選等抑道惠敕使奇先到公車不施行奇

兼市買丞事師伯坐以子預職莊曇生免官道棲道惠棄市禕之等六人鞭杖
一百師伯尋領太子中庶子雖被黜挫愛任如初孝武臨崩師伯受遺詔輔幼
主尚書侍中事專以委之廢帝即位復還即真加領衞尉師伯居權日久天下
輻湊游其門者爵位莫不踰分多納貨賄家產豐積妓妾聲樂盡天下之選園
池第宅冠絕當時驕奢淫恣爲衣冠所疾又遷尚書僕射領丹陽尹廢帝欲親
朝政轉師伯爲左僕射以吏部尚書王景文爲右僕射奪其京尹又分臺任師
伯至是始懼與柳元景謀廢立初師伯專斷朝事不與沈慶之參懷謂令史曰
沈公爪牙者耳安得預政事慶之聞而切齒乃泄其謀尋與太宰江夏王義恭
同誅六子皆見殺明帝即位謚曰荒
沈懷文字思明吳興武康人也祖寂晉光祿勳父宣新安太守懷文少好玄理
善爲文章爲楚昭王二妃詩見稱於世爲江夏王義恭東閤祭酒丁父憂新安
郡送故豐厚奉終禮畢餘悉班之親戚一無所留文帝聞而嘉之賜奴婢六人
服闋除尚書殿中郎隱士雷次宗被徵居鍾山後南還廬江何尚之設祖道文

義之士畢集為連句詩懷文所作尤美辭高一坐隨王誕領襄陽出爲後軍主
簿與諮議參軍謝莊共掌辭令領義成太守元嘉二十八年誕嘗爲廣州欲以
懷文爲安南府記室先除通直郎懷文固辭南行上不悅弟懷遠納東陽公主
養女王鸚鵡爲妾元凶行巫蠱鸚鵡預之事洩懷文因此失調爲治書侍御史
元凶弒立以爲中書侍郎孝武入討呼之使作符檄固辭忤大怒會殷冲救得
免託疾落馬閒行奔新亭以爲竟陵王誕驃騎錄事參軍淮陵太守時國哀未
釋誕欲起內齋懷文以爲不可乃止尋轉揚州中從事史時議省錄尙書懷文
以爲非宜上議不從遷別駕從事史及江夏王義恭遷西陽王子尙爲揚州居
職如故時熒惑守南斗上乃廢西州舊館使子尙移居東城以厭之懷文曰天
道示變宜應之以德今雖空西州恐無益也不從而西州竟廢大明二年遷尙
書吏部郎時朝議欲依古制置立王畿揚州移居會稽猶以星變故也懷文曰
周制封畿漢置司隸各因時宜非存相反安人定國其揆一也苟人心所安天
必從之必改今追古乃致平一神州舊壤歷代相承異於邊州或置或罷旣物

情不悅容虧化本又不從三年子尚移鎮會稽遷撫軍長史行府州事時囚繫甚多動經年月懷文到任訊五郡九百三十六獄衆咸稱平入爲侍中寵待隆密竟陵王誕據廣陵反及城陷士庶皆裸身鞭面然後加刑聚所殺人首於石頭南岸謂之髑髏山懷文陳其不可上不納孝武嘗有事圓丘未至期而雨晦竟夜明旦風霽雲色甚美帝升壇悅懷文稱慶曰昔漢后郊祀太一白日重輪神光四燭今陛下有事茲禮而膏雨迎夜清景麗朝斯實聖明幽感所致臣願與侍臣賦之上笑稱善揚州移會稽忿浙江東人情不和欲貶其勞祿唯西州舊人不改懷文曰揚州徙居既乖人情一州兩格尤失大體上不從懷文與顏竣周朗素善竣以失旨見誅朗亦以忤意得罪上謂懷文曰竣若知我殺之亦當不敢如此懷文嘿然又嘗以歲夕與謝莊王景文顏師伯被勑入省未及進景文因談言次稱竣朗人才之美懷文與相酬和師伯後因語次白上敍景文等此言懷文屢經犯忤至此上倍不悅上又壞諸郡士族以充將吏並不服役至悉逃亡加以嚴制不能禁乃改用軍法得便斬之莫不奔竄山湖聚爲盜賊

懷文又以爲言齊庫上絹年調鉅萬疋綿亦稱此期限嚴峻人間買絹一疋至三二千綿一兩三四百貧者賣妻子甚者或自縊死懷文具陳人困由是綿絹薄有所減俄復舊子尚等諸皇子皆置邸舍逐什一之利爲患徧天下懷文又曰列肆販賣古人所非卜式明不雨之由弘羊受致旱之責若以用度不充故宜量加減省不聽孝建以來抑黜諸弟廣陵平後復欲更峻其科懷文曰漢明不使其子比光武之子前史以爲美談陛下既明管蔡之誅願崇唐衞之寄及海陵王休茂誅欲遂前議太宰江夏王義恭探得密旨先發議端懷文固請不可由是得息時游幸無度太后六宮常乘副車在後懷文與王景文每諫不宜亟出後因從坐松樹下風雨甚驟景文曰卿可以言矣懷文曰獨言無繼宜相與陳之江智深臥草側亦謂之善俄而被召俱入雉場懷文曰風雨如此非聖躬所宜景文又曰懷文所啓宜從智深未及有言上方注怒作色曰卿欲效顏竣邪何以恆知人事又曰顏竣小子恨不得鞭其面上每宴集在坐者咸令沉醉懷文素不飲酒又不好戲上謂故欲異己謝莊常誡懷文曰卿每與人異亦

何可久懷文曰吾少來如此豈可一朝而變非欲異物性之所不能耳五年出爲晉安王子勛征虜長史廣陵太守明年坐朝正事畢被遣還北以女病求申臨辭又乞停三日訖猶不去爲有司所糾免官禁錮十年既被免賣宅還東上大怒收付廷尉賜死弟懷遠爲始興王濬征北長流參軍深見親待坐納王鸚鵡爲妾孝武徙之廣州刺史宗慤欲殺之會南郡王義宣反懷遠頗閑文筆慤起義使造檄書并銜命至始興與始興相沈法系論起義事事平慤具爲陳請由此見原終孝武世不得還前廢帝世歸位武康令撰南越志及懷文文集並傳於世懷文三子淡深沖

沖字景綽涉獵文義仕宋歷位撫軍正佐兼記室及懷文得罪被繫沖兄弟行謝情哀貌苦見者傷之柳元景欲救懷文言於孝武曰沈懷文三子塗炭不可見願陛下速正其罪帝曰宜急殺之使其意分竟殺之元景爲之歎息沖兄弟以此知名累遷司徒錄事齊武帝爲江州沖爲征虜長史尋陽太守齊建元中累遷太子中庶子武帝在東宮待以恩舊及即位轉御史中丞侍中永明四年

爲五兵尚書沖與兄淡深名譽有優劣世號爲腰鼓兄弟淡深並歷御史中丞兄弟三人皆爲司直晉宋所未有也中丞案裁之職袪惡者多結怨永明中深彈吳興太守袁彖建武中彖從弟昂爲中丞到官數日奏彈深子績父在傲白幰車免官禁錮沖母孔氏在東鄰家失火疑爲人所焚爇大呼曰我三兒皆作御史中丞與人豈有讎者方恐肌分骨散何但焚如兄弟後並歷侍中武帝方欲任沖尋卒追贈太常謚曰恭子

曇慶懷文從父兄也父發員外散騎侍郎曇慶仕宋位尚書左丞時歲有水旱曇慶議立常平倉以救人急文帝納其言而事不行大明元年爲徐州刺史時殿中員外將軍裴景仁助戍彭城景仁本北人多悉關中事曇慶使撰秦記十卷敍苻氏事其書傳於世曇慶謹實清正所莅有稱績常謂子弟曰吾處世無才能圖作大老子耳世以長者稱之卒於祠部尚書

周朗字義利汝南安成人也父淳宋初歷位侍中太常兄嶠尚武帝第四女宣城德公主二女適建平王宏廬江王禕以貴戚顯官朗少而愛奇雅有風氣與

嶠志趣不同嶠甚疾之爲江夏王義恭太尉參軍元嘉二十七年春朝議北侵魏當遣義恭出鎮彭城爲諸軍大統朗聞之解職及義恭出鎮府主簿羊希從行與朗書戲之勸令獻奇進策朗報書援引古義辭意倜儻孝武即位除建平王宏中軍錄事參軍時普責百官讜言朗上書陳述得失多自矜誇書奏忤旨自解去職後爲廬陵內史郡界荒蕪頗有野獸母薛氏欲見獵朗乃合圍縱火令母觀之火逸燒郡解朗悉以秩米起屋償所燒之限稱疾去官爲州司所糾還都謝孝武曰州司舉臣愆失多不允臣在郡猛獸三食人蟲鼠犯稼以此二事上負陛下上變色曰州司不允或可有之蟲獸之災寧關卿小物朗尋丁母憂每哭必慟其餘頗不依居喪常節大明四年上使有司奏其居喪無禮詔曰朗悖禮利口宜合翦戮微物不足亂典刑特鎖付邊郡於是傳送寧州於道殺之朗族孫顒

顒字彥倫晉左光祿大夫顗七世孫也祖虎頭員外常侍父恂歸鄉相顒少爲族祖朗所知解褐海陵國侍郎益州刺史蕭惠開賞異顒攜入蜀爲厲鋒將軍

帶肥鄉成都二縣令仍爲府主簿常謂惠開性太險每致諫惠開不悅答顒曰天險地險王侯設險但問用險何如耳隨惠開還都宋明帝頗好玄理以顒有辭義引入殿內親近宿直帝所爲慘毒之事顒不敢顯諫輒誦經中因緣罪福事帝亦爲之小止元徽中詔爲剡令有恩惠百姓思之齊高帝輔政爲齊殿中郎建元初爲長沙王後軍參軍山陰令還爲文惠太子中軍錄事參軍文惠在東宮顒還正員郎始與王前軍諮議直侍殿省深見賞遇顒音辭辯麗長於佛理著三宗論言空假義西涼州智林道人遺顒書深相贊美言捉麈尾來四十餘載頗見宗錄唯此塗白黑無一人得者爲之發病非意此音猥來入耳其論見重如此顒於鍾山西立隱舍休沐則歸之轉太子僕兼著作撰起居注遷中書郎兼著作常游侍東宮少從外氏車騎將軍臧質家得衞恆散隸書法學之甚工文惠太子使顒書玄圃茅齋壁國子祭酒何胤以倒薤書求就顒換之顒笑答曰天下有道丘不與易也每賓友會同顒虛席晤語辭韻如流聽者忘倦兼善老易與張融相遇輒以玄言相滯彌日不解清貧寡欲終日長蔬雖有妻

子獨處山舍甚機辯衞將軍王儉謂顒曰卿山中何所食顒曰赤米白鹽綠葵紫蓼文惠太子問顒菜食何味最勝顒曰春初早韭秋末晚菘何胤亦精信佛法無妻太子又問顒卿精進何如何胤顒曰三塗八難共所未免然各有累太子曰累伊何對曰周妻何肉其言辭應變如此轉國子博士兼著作太學諸生慕其風爭事華辯始著四聲切韻行於時後卒於官子捨

捨字昇逸幼聰穎顒異之臨終謂曰汝不患不富貴但當將之以道德及長博學尤精義理善誦詩書音韻清辯弱冠舉秀才除太學博士從兄綿爲剡縣贓汙不少籍沒資財捨乃推宅助焉建武中魏人吳苞南歸有儒學尚書僕射江祏招苞講捨造坐折苞辭理遒逸由是名爲口辯王亮爲丹陽尹聞而悅之辟爲主簿政事多委焉還太常丞梁武帝卽位吏部尚書范雲與顒素善重捨才器言之武帝召拜尚書祠部郎禮儀損益多自捨出先是帝與諸王及吳平侯書皆云弟捨立議引武王周公故事皆曰汝從之累還鴻臚卿時王亮得罪歸家故人莫至捨獨敦恩舊及亮卒身營殯葬時人稱之還尚書吏部郎太子右

衛率右衛將軍雖居職屢徙而常留省內罕得休下國史詔誥儀體法律軍旅謀謨皆兼掌之日夜侍上預機密二十餘年未嘗離左右帝以爲有公輔器初范雲卒僉以沈約允當樞管帝以約輕易不如徐勉於是勉捨同參國政勉小嫌中廢捨專掌權轄雅量不及勉而清簡過之兩人俱稱賢相時議國史疑文帝紀傳之名捨以爲帝紀之籠百事如乾象之包六爻今若追而爲紀則事無所包若直書功德則傳而非紀應於上紀之前略有仰述從之捨占對辯捷嘗居直廬語及嗜好裴子野言從來不嘗食薑捨應聲曰孔稱不徹裴乃不嘗一坐皆悅與人論謔終日不絕而竟不言漏泄機事衆尤服之性儉素衣服器用居處牀席如布衣之貧者每入官府雖廣夏華堂閨閤重邃捨居之則塵埃滿積以荻爲障壞亦不修歷侍中太子詹事普通五年南津校尉郭祖深獲始與相白渦書餉捨衣履及婢以聞坐免官以右驍衛將軍知詹事卒上臨哭哀動左右追贈侍中護軍將軍謚曰簡子初帝銳意中原羣臣咸言不可唯捨贊成之大通中累獻捷帝思其功下詔述其德美以爲往者南司白渦之劾恐外議

謂朕有私致此黜免追愧若人一介之善外可量加褒異以旌善人捨集二十
卷二子弘義弘信弟子弘正

弘正字思行父寶始梁司徒祭酒弘正幼孤及弟弘讓弘直俱爲伯父捨所養年十歲通老子周易捨每與談論輒異之曰觀汝清理警發後世知名當出吾右河東裴子野深相賞納請以女妻之十五召補國子生仍於國學講易諸生傳習其義以季春入學孟冬應舉學司以日淺不許博士到洽曰周郎弱冠講經豈俟策試普通中初置司文義郎直壽光省以弘正爲司義侍郎弘正醜而不陋吃而能談俳諧似優剛腸似直善玄理爲當世所宗藏法師於開善寺講說門徒數百弘正年少未知名著紅褌錦絞髻踞門而聽衆人蔑之弗譴也既而乘間進難舉坐盡傾法師疑非世人覘知大相賞狎劉顯將之尋陽朝賢畢祖道顯縣帛十匹約曰險衣來者以賞之衆人競改常服不過長短之間顯曰將有甚於此矣既而弘正綠絲布袴繡假種軒昂而至折標取帛大通三年昭明太子薨其嗣華容公不得立乃以晉安王綱爲皇太子弘正奏記請抗目夷

上仁之義執子臧之節其抗直守正如此常自稱有才無相僕射徐勉掌選以其陋不堪爲尙書郎乃獻書於勉其言甚切稍遷國子博士學中有宋元凶講孝經碑歷代不改弘正始到官卽表刊除時於城西立士林館弘正居以講授聽者傾朝野焉弘正啓周易疑義凡五十條又請釋乾坤二繫復詔答之後爲平西邵陵王府諮議參軍有罪應流徙勑以賜干陁利國未去寄繫尚方於獄上武帝講武詩降勑原罪仍復本位弘正博物知玄象善占候大同末嘗謂弟弘讓曰國家阨在數年當有兵起吾與汝不知何所逃之及武帝納侯景弘正謂弘讓曰亂階此矣臺城陷弘正諂附王偉又與周石珍合族避景諱改姓姬氏拜太常景將篡之際使掌禮儀及王僧辯東討元帝謂僧辯曰王師近次朝士孰當先來王僧辯曰其周弘正乎弘正智不後機體能濟勝無妻子之顧有獨決之明其餘碌碌不逮也俄而前部傳云弘正至僧辯飛騎迎之及見歡甚曰吾固知王僧達非後機者公可坐吾膝上對曰可謂進而若將加諸膝老夫何足以當僧辯卽日啓元帝手書與弘正仍遣使迎之謂朝士曰晉氏平吳喜

獲二陸今我討賊亦得兩周及至禮數甚優朝臣無比授黃門侍郎直侍中省
俄還左戸尚書加散騎常侍夏月著犢鼻褌衣朱衣爲有司所彈其作達如此
元帝嘗著金樓子曰余於諸僧重招提琰法師隱士重華陽陶貞白士大夫重
汝南周弘正其於義理情轉無窮亦一時之名士也弘正善清談梁末爲玄宗
之冠及侯景平僧辯啓送祕府圖籍勑弘正讎校時朝議遷都但元帝再臨荆
陜前後二十餘年情所安戀不欲歸建業兼故府臣僚皆楚人並欲即都江陵
云建康蓋是舊都彫荒已極且王氣已盡兼與北止隔一江若有不虞悔無所
及且臣等又聞荆南有天子氣今其應矣元帝無去意時尚書左僕射王裒及
弘正咸侍帝顧曰卿意何如裒等以帝猜忌弗敢衆中公言唯唯而已裒後因
清閒密諫還丹陽甚切帝雖納之色不悅及明日衆中謂裒曰卿昨勸還建鄴
不爲無理吾昨夜思之猶懷疑惑裒知不引納乃止他日弘正乃正色諫至于
再三曰若如士大夫唯聖王所都本無定處至如黔首未見入建鄴城便謂未
是天子猶列國諸王今日赴百姓之心不可不歸建鄴當時頗相酬許弘正退

後黃羅漢宗懍乃言弘正王褒並東人仰勸東下非爲國計弘正竊知其言他
日乃復上前面折二人曰若東人勸下東謂之私計西人勸住西亦是私計不
衆人默然而人情並勸還都上又曾以後堂大集文武其預會者四五百人帝
欲徧試人情曰勸吾去者左袒於是左袒者過半武昌太守朱買臣上舊左右
而閹人也頗有幹用故上擢之及是勸上還曰買臣家在荊州豈不願官長住
但恐是買臣富貴非官富貴邪上深感其言卒不能用及魏平江陵弘正遁歸
建鄴太平元年授侍中領國子祭酒遷太常卿都官尚書陳武帝授太子詹事
天嘉元年遷侍中國子祭酒往長安迎宣帝三年自周還廢帝嗣位領都官尚
書總知五禮事宣帝卽位遷特進領國子祭酒加扶大建二年授尙書右僕射
尋勑侍東宮講論語孝經太子以弘正德望素重有師資之敬焉弘正特善玄
言兼明釋典雖碩德名僧莫不請質疑滯六年卒官年七十九贈侍中中書監
謚曰簡子所著周易講疏十六卷論語疏十一卷莊子疏八卷老子疏五卷孝
經疏二卷集二十卷行于代子豫玄年十四與俱載入東乘小船度岸見藤花

弘正挽之船覆俱溺弘正僅免豫玄遂得心驚疾次子墳尙書吏部郎
弘讓性簡素博學多通始仕不得志隱於句容之茅山頻徵不出晚仕侯景爲
中書侍郎人問其故對曰昔王道正直得以禮進退今乾坤易位不至將害於
人吾畏死耳始彭城劉孝先亦辭辟命隨兄孝勝在蜀武陵建號仕爲世子府
諮議參軍二隱並獲譏於代弘讓承聖初爲國子祭酒二年爲仁威將軍城句
容以居之命曰仁威壘陳天嘉初以白衣領太常卿光祿大夫加金章紫綬
弘讓弟弘直字思方幼而聰敏仕梁爲西中郎湘東王外兵記室參軍與東海
鮑泉南陽宗懍平原劉緩沛國劉瑴同掌書記王出鎮江荊二州累除諮議參
軍及承制封湘濱縣侯累遷昌州刺史王琳之舉兵弘直在湘州琳敗乃入陳
位太常卿光祿大夫加金章紫綬弘直方雅敦厚氣調高於次昆或問三周孰
賢人曰若蜂腰矣太建七年卒遺疏氣絕之後便買市中見材小形者斂以時
服古人通制但下見先人必須備禮可著單衣裙衫故履既應侍養宜備紛帨
或逢善友又須香煙棺內唯安白布手巾麤香鑪而已此外無所用卒於家年

七十六有集二十卷子確字士潛美容儀寬大有行檢博涉經史篤好玄言位

都官尚書禎明初卒

論曰文人不護細行古今之所同焉由夫聲裁所知故取忤於人者也觀夫顏

謝之於宋朝非不名高一代靈運既以取斃延之亦躓當年向之所謂貴身翻

成害己者矣士遜援筆數罪陵雖犯難餌彼慈親再之獸吻以此爲忠無聞前

誥夫自忍其親必將忍人之親士遜自忘其孝期以申人之孝自非嚴父之辭

允而義愜則難乎免矣師伯行己縱欲好進忘退既以此始亦以此終宜乎懷

文蹈履之地足以追蹤古烈孔毋致懼中丞其誡深矣周朗始終之節亦倜儻

爲尤顒捨父子文雅不墜弘正兄弟義業幾乎德門者焉

南史卷三十四

南史卷三十四考證

顏竣傳嚴檢盜鑄並禁翦鑿○禁下監本衍私字今從宋書

竣上言禁餳一月息米近萬斛○餳一本作錫

顏師伯傳師伯子舉周旋寒人張奇爲公車令○寒監本誤塞今改正

令史潘道栖諸道惠○諸宋書作褚

沈懷文傳元凶弒立以爲中書侍郎孝武入討呼之使作符檄固辭○呼之上

應從宋書加上字

上方注怒作色○怒應從閣本改弩

周捨傳雖廣夏華堂○夏應改廈

周弘正傳又請釋乾坤二繫○坤監本作巛弘讓傳今乾坤易位句同

南史卷三十四考證

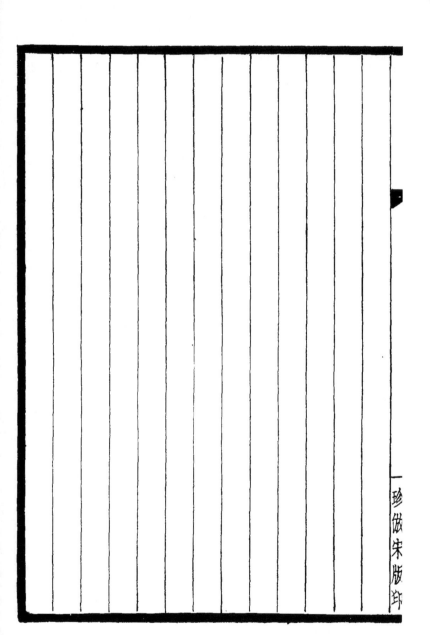

南史卷三十五

唐　李　延　壽　撰

列傳第二十五

劉湛　庾悅　族弟登之　仲文子弘遠　仲文　仲文族孫仲容　顧琛

顧覬之孫憲之

劉湛字弘仁南陽涅陽人也祖耽父柳並晉左光祿大夫開府儀同三司湛出繼伯父淡襲封安衆縣五等男少有局力不尚浮華博涉經傳諳前代舊典弱年便有宰物情常自比管葛不爲文章不喜談議除宋武帝太尉行參軍賞遇甚厚父柳亡於江州府州送故甚豐一無所受時論稱之服闋爲相國參軍謝晦王弘並稱其器幹武帝入受晉命以第四子義康爲冠軍將軍豫州刺史留鎭壽陽以湛爲長史梁郡太守義康弱年未親政府州事悉委湛進號右將軍仍隨府轉義康以本號徙南豫州湛改領歷陽太守爲人剛嚴用法姦吏犯贓百錢以上皆殺之自下莫不震肅廬陵王義眞出爲車騎將軍南豫州刺史湛

又爲長史太守如故義真時居武帝憂使帳下備膳湛禁之義真乃使左右人買魚肉珍羞於齋內別立廚帳會湛入因命臑酒炙車螯湛正色曰公當今不宜有此設義真曰旦甚寒杯酒亦何傷長史事同一家望不爲異酒至湛起曰旣不能以禮自處又不能以禮處人後爲廣州刺史嫡母憂去職服闋爲侍中時王華王曇首殷景仁亦爲侍中文帝於合殿與四人宴飲甚悅華等出帝目送良久歎曰此四賢一時之秀同管喉脣恐後世難繼及撫軍將軍江夏王義恭鎮江陵以湛爲使持節南蠻校尉領撫軍長史行府事王弘輔政而王華王曇首任事居中湛自謂才能不後之不願外出是行也謂爲弘等所斥意甚不平常曰二王若非代邸之舊無以至此可謂遭遇風雲湛負其才氣常慕汲黯崔琰爲人故名長子曰黯字長孺第二子曰琰字季珪琰於江陵病卒湛求自送喪還都義恭亦爲之陳請文帝答義恭曰吾亦得湛啓事爲之酸懷乃不欲苟違所請但汝弱年新涉軍務八州殷曠專斷事重疇諮委杖不可不得其人量算二三未獲便相順許今答湛啓權停彼葬頃朝臣零落相係寄懷轉寡湛

實國器吾乃欲引其令還直以西夏任重要且停此事耳汝慶賞黜罰預得失
者必宜悉相委寄義恭性甚狷隘年又漸大欲專政事每爲湛所裁主佐之間
嫌隙遂搆文帝聞之密遣詰讓義恭義恭陳湛無居下之禮又自以年長未得
行意雖奉詔旨每出怨言上友于素篤欲加酬順乃詔之曰當今之才委受已
爾宜盡相彌縫取其可取棄其可棄先是王華旣亡曇首又卒領軍將軍殷景
仁以時賢零落白文帝徵湛八年召爲太子詹事加給事中與景仁並被任遇
湛云今代宰相何難此正可當我南陽郡漢代功曹耳明年景仁轉尚書僕射
領選護軍將軍湛代爲領軍十二年又領詹事湛與景仁素款又以其建議徵
之甚相感悅及俱被時遇猜隙漸生以景仁專內任謂爲間己時彭城王義康
專執朝權而湛昔爲上佐遂以舊情委心自結欲因宰相之力回主心傾黜景
仁獨當時務義康屢言之於文帝其事不行義康僚屬及湛諸附隸潛相約勒
無敢歷殷氏門者湛黨劉敬文父成未悟其機詣景仁求郡敬文遽謝湛曰老
父悖耄遂就殷鐵干祿由敬文闇淺上負生成合門慚懼無地自處敬文之姦

詔如此義康擅權專朝威傾內外湛愈推崇之無復人臣之禮上稍不能平湛初入朝委任甚重善論政道并諳前代故事聽者忘疲每入雲龍門御者便解駕左右及羽儀隨意分散不夕不出以此爲常及晚節驅煽義康陵轢朝廷上意雖內離而接遇不改上謂所親曰劉班初自西還吾與語常看日早晚慮其當去比入亦看日早晚慮其不去湛小字斑獸故云斑也遷丹陽尹詹事如故十七年所生母亡上與義康形迹既乖釁難將結湛亦知無復全地及至丁艱謂所親曰今年必敗常日賴口舌爭之故得推遷耳今既窮毒無復此望禍至其能久乎伏甲於室以待上臨弔謀又泄竟弗之幸十日詔收付廷尉於獄伏誅時年四十九黯等從誅弟素黃門郎徙廣州湛初被收歎曰便是亂邪又曰不言無我應亂殺我曰自是亂法耳入獄見素曰乃復及汝邪相勸爲惡惡不可爲相勸爲善正見今日如何湛生女輒殺之爲時流所怪

庾悅字仲豫潁川鄢陵人也晉太尉亮之曾孫也祖義吳國內史父淮西中郎將豫州刺史悅仕晉爲司徒右長史桓玄篡位爲中書侍郎宋武平建鄴累遷

建威將軍江州刺史加都督初劉毅家在京口酷貧嘗與鄉曲士大夫往東堂共射時悅爲司徒右長史要府州僚佐出東堂毅已先至遣與悅相聞曰身並貧躓營一遊甚難君如意人無處不可爲適豈不能以此堂見讓悅素豪徑前不答毅時衆人並避唯毅留射如故悅廚饌甚盛不以及毅毅旣不去悅甚不歡毅又相聞曰身今年未得子鵝豈能以殘炙見惠悅又不答至是毅表解悅都督將軍官以刺史移鎮豫章以親將趙恢領千兵守尋陽建威府文武三千人悉入毅將府深相挫辱悅不得志疽發背到豫章少日卒

登之字元龍悅族弟也曾祖冰晉司空祖蘊廣州刺史父廓東陽太守登之少以彊濟自立初爲宋武帝鎮軍參軍預討桓玄功封曲江縣五等男累遷新安太守謝晦爲荆州刺史請爲長史南郡太守仍爲衞軍長史登之與晦俱曹氏壻名位本同一旦爲之佐意甚不愜到廳牋唯言卽日恭到初無感謝之言每入覲見備持箱囊几席之屬一物不具則不肯坐嘗於晦坐誦西征賦云生有脩短之命位有通塞之遇晦雖恨而常優容之晦拒王師欲登之留守登之不

許晦敗登之以無任免官禁錮還家何承天戲之曰因禍爲福未必皆知登之
曰我亦幾與三豎同戮承天爲晦作表云當浮舟東下戮此三豎故登之爲嘲
後爲司徒長史南東海太守府公彭城王義康專覽政事不欲自下厝意而登
之性剛每陳己志義康不悅出爲吳郡太守以贓貨免官後拜豫章太守徵爲
中護軍未拜卒子仲遠初爲宋明帝府佐廢帝景和中明帝疑防賓客故人無
到門者唯仲遠朝謁不替明帝卽位謂曰卿所謂疾風知勁草自軍錄事參軍
擢拜太子中庶子卒於豫章太守贈侍中登之弟仲文
仲文位廣平太守兄登之爲謝晦長史仲文往省之時晦權重朝士並加敬仲
文獨與抗禮後爲彭城王義康驃騎主簿未就徙爲丹陽丞既未到府疑於府
公禮敬下禮官博議中書侍郎裴松之議曰案春秋桓公八年祭公逆王后于
紀公羊傳曰女在國稱女此其稱王后何王者無外其辭成矣推此而言則仲
文爲吏之道定於受敕之日矣名器既正則禮亦從之安可以未到廢其節乎
宜執吏禮從之後始興王濬當鎮湘州以仲文爲司馬濬不之任仍除南梁太

守司馬如故于時領軍劉湛協附大將軍彭城王義康而與僕射殷景仁隙凡
朝士遊殷氏者不得入劉氏之門獨仲文遊二人間密盡忠於朝廷景仁稱疾
不朝見者歷年文帝常令仲文銜命去來湛不疑也義康出蕃湛伏誅以仲文
爲尚書吏部郎與右衞將軍沈演之俱參機密歷侍中吏部尚書領義陽王師
內外歸附勢傾朝野仲文爲人強急不耐煩賓客訴非理者忿罵形於辭色素
無術學不爲衆望所推性好潔士大夫造之者未出戶輒令人拭席洗牀時陳
郡殷沖亦好淨小史非淨浴新衣不得近左右士大夫小不整潔每容接之仲
文好潔反是每以此見譏領選既不緝衆論又頗通貨賄用少府卿劉道錫爲
廣州刺史道錫至鎮餉白檀牽車常自乘焉或以白文帝帝見問曰道錫餉卿
小車裝飾甚麗有之乎仲文懼起謝又仲文請急還家吏部令史錢泰主客令
史周伯齊出仲文宅諮事泰能彈琵琶伯齊善歌仲文因留停宿尚書制令史
諮事不得宿停外雖八座命亦不許爲有司所奏上於仲文素厚將恕之召問
尚書右僕射何尚之具陳仲文得失奏言仲文事如丘山若縱而不糺復何以

爲政晉武不爲明主斷鬲令史遂能奮發華廙見待不輕廢錮累年後起改作城門校尉耳若言仲文有誠於國未知的是何事政當云與殷景仁不失其舊與劉湛亦復不疏且景仁當時意事豈復可蔑縱有微誠復何足掩其惡今買充勳烈晉之重臣雖事業不稱不聞有大罪諸臣進說便卽遠出陛下聖叡反更遲遲於此仲文身上之釁既自過於范曄所少賊一事耳伏願深加三思試以諸聲傳普訪諸可顧問者羣下見陛下顧遇既重恐不敢苦侵傷顧問之日宜布嫌責之旨若不如此亦當不辯有所得失時仲文自理不諳臺制令史並言停外非嫌帝以小事不足傷大臣尙之又陳令史具向仲文說不得停之意仲文了不聽納非爲不解直是苟相留耳雖是令史出乃遠虧朝典又不得謂之小事謝晦望實非今者之疇一事錯誤免侍中官王珣時賢少失桓胤春蒐之謬皆白衣領職況公犯憲制邪孔萬祀居左局言仲文貴要異他尙書令又云不癡不聾不成姑公敢作此言亦爲異也文帝猶優遊使尙之更陳其意尙之備言仲文愆曰臣思張遼之言關羽雖兄弟曹公父子豈得不言觀今人臣

憂國甚寡臣復結舌日月之明或有所蔽然不知臣者豈不謂臣有爭競之心亦追以悵悵臣與仲文周旋俱被恩接不宜復生厚薄太尉昨與臣言說仲文有諸不可非惟一條遠近相崇畏震動四海仲文先與劉德願殊惡德願自持琵琶甚精麗遺之便復款然市令盛馥進數百口材助營宅恐人知作虛買券劉道錫驟有所輸傾南俸之半劉雍自謂得其力助事之如父夏中送甘蔗若新發於州國吏運載樵蘇無輟於道諸見人有物鮮或不求聞劉遵考有材便乞材見好燭盤便復乞之選用不平不可一二太尉又言仲文都無共事之體凡所選舉悉是其意政令太尉知耳論虞秀之作黃門太尉不正答和故得停太尉近與仲文疏欲用德願兒作州西曹仲文乃啓用為主簿即語德願以謝太尉前後漏泄賣恩亦復何極縱不罪故宜出之自從裴劉刑罰已來諸將陳力百倍今日事實好惡可問若赫然發憤顯明法憲陛下便可閑臥紫闥無復一事也帝欲出仲文為丹陽又以問尚之答言仲文蹈罪負恩陛下遲遲舊恩未忍窮法方復有尹京赫赫之授恐悉心奉國之人於此而息貪狠恣意歲月

滋甚如臣所聞天下議論仲文恆壓累日月未見一毫增輝乃更成形勢是老
王雅也古人言無賞罰雖堯舜不能爲政陛下豈可坐損皇家之重迷一凡人
令賈誼劉向重生豈不慷慨流涕於聖世邪臣昔啓范曄當時亦懼犯觸之尤
苟是愚懷所挹政自不能不舒達所謂雖九死而不悔也臣謂仲文且外出若
能修改在職著稱還亦不難而得少明國典粗酬四海之誚今愆釁如山榮任
不損仲文若復有彰大之罪誰敢以聞亦知陛下不能採臣之言故是臣不能
以己之意耳又曰臣見劉伯龍大慷慨仲文所行言有人送張幼緖語人吾雖
得一縣負錢三十萬庾仲遠仍當送至新林見縛束猶未得解手苟萬秋嘗詣
仲文逢一客姓夏侯主人問有好牛不言無問有好馬不又言無政有佳驢耳
仲文便答甚是所欲客出門遂相聞索之劉道錫言仲文所舉就道錫索嫁女
具及祠器乃當百萬數猶謂不然選令史章龍向臣說亦歎其受納之過言實
得嫁女銅鑪四人舉乃勝細葛斗帳等物不可稱數在尚書中令奴酤酈酒利
其百十亦是立臺閣所無不審少簡聖聽不帝乃可有司之奏免仲文官卒于

家帝錄其宿誠追贈本官子弘遠
弘遠字士操清實有士譽仕齊爲江州長史刺史陳顯達舉兵敗斬於朱雀航將刑索帽著之曰子路結纓吾不可以不冠而死謂看者曰吾非賊乃是義兵爲諸君請命耳陳公太輕事若用吾言天下將免塗炭弘遠子子曜年十四抱持父乞代命遂併殺之仲文從弟徽之位御史中丞徽之子漪齊邵陵王記室
漪子仲容
仲容字子仲幼孤爲叔父泳所養及長杜絕人事專精篤學晝夜手不輟卷初爲安西法曹行參軍泳時貴顯吏部尚書徐勉擬泳子晏嬰爲宮僚泳泣曰兄子幼孤人才粗可願以晏嬰所忝回用之勉許焉轉仲容爲太子舍人遷安成王主簿時平原劉峻亦爲府佐並以強學爲王所禮接後爲永康錢唐武康令並無績多被推劾久之除安成王中記室當出隨府皇太子以舊恩降錢賜詩曰孫生陟陽道吳子朝歌縣未若樊林舉置酒臨華殿時輩榮之後爲尚書左丞坐推糺不直免官仲容博學少有盛名頗任氣使酒好危言高論士友以此

少之唯與王籍謝幾卿情好相得二人時亦不調遂相追隨誕縱酣飲不持檢操遇太清亂遊會稽卒仲容抄子書三十卷諸集三十卷衆家地理書二十卷列女傳三卷文集二十卷並行於代

顧琛字弘瑋吳郡吳人晉司空和之曾孫也祖履之父惔並爲司徒左西曹掾琛謹確不尙浮華起家州從事駙馬都尉累遷尙書庫部郎元嘉七年文帝遣到彥之經略河南大敗悉委棄兵甲武庫爲之空虛文帝宴會有歸化人在座上問琛庫中仗猶有幾許琛詭辭答有十萬人仗舊庫仗祕不言多少上既發問追悔失言及琛詭對上甚善之尙書等門有制八坐以下門生隨入者各有差不得雜以人士琛以宗人顧碩寄尙書張茂度門名而與顧碩同席坐明年坐譴出免中正凡尙書官大罪則免小罪譴出譴出者百日無代人聽還本職琛仍爲彭城王義康所請再補司徒錄事參軍十五年出爲義興太守初義康請琛入府欲委以腹心琛不能承事劉湛故尋見斥外十九年徙東陽太守欲使琛防守彭城王義康固辭忤旨廢黜還家積年及元凶弒立分會稽五郡置

州以隨王誕爲刺史卽以琛爲會稽太守誕起義加冠軍將軍事平還吳興太
守孝建元年爲吳郡太守以起義功封永新縣五等侯大明元年吳縣令張闓
坐居母喪無禮下廷尉錢唐令沈文秀判劾違謬應坐被彈琛宣言於衆闓被
劾之始屢相申明又云當啓文秀留縣孝武聞之大怒謂琛賣惡歸上免官琛
母老仍停家琛及前西陽太守張牧並事司空竟陵王誕誕反遣客陸延稔齎
書板琛及子弟官時孝武以琛素結事誕或有異志遣信就吳郡太守王曇生
誅琛父子會延稔先至琛等卽執斬之遣二子送延稔首啓聞孝武所遣誅琛
使其日亦至而獲免琛母孔氏時年百餘歲晉安帝隆安初瑯邪王廞於吳中
作亂以爲貞烈將軍悉以女人爲官屬以孔氏爲司馬及孫恩亂後東土饑荒
人相食孔氏散家糧以賑邑里得活者甚衆生子皆以孔爲名焉琛仍爲吳興
太守明年坐郡人多翦錢及盜鑄免官歷位都官尚書廢帝卽位爲吳郡太守
初琛景平中爲朝請假還東日晚至方山于時商旅數十船悉泊岸側有一人
玄衣介幘執鞭屏諸船云顧吳郡部伍尋至應泊此岸於是諸船各東西俄有

一假裝至事力甚寡仍泊向處人問顧吳郡早晚至船人答無顧吳郡又問何船曰顧朝請耳莫不驚怪琛意竊知爲善徵因誓之曰若得郡當於此立廟至是果爲吳郡乃立廟方山號曰馬廟云明帝泰始初與四方同反兵敗奉母奔會稽臺軍既至歸降後爲員外常侍中散大夫卒次子寶先大明中爲尚書水部郎先是琛爲左丞荀萬秋所劾及寶先爲郎萬秋猶在職自陳不拜孝武詔曰敕違糾慢憲司之職若有不公自當更有釐改而自頃劾無輕重輒致私絕此風難長主者嚴爲其科先是宋世江東貴達者會稽孔季恭子靈符吳興丘深之及琛吳音不變深之字思玄吳興烏程人位侍中都官尚書卒於太常

顧覬之字偉仁吳郡吳人也高祖謙字公讓晉平原內史陸機姊夫祖崇大司農父黃老司徒左西曹掾覬之爲謝晦衛軍參軍晦愛其雅素深相知待歷位尚書都官郎殷劉隙著覬之不欲與殷景仁久接乃辭脚疾免歸每夜常於床上行脚家人竊異之而莫曉其意及義康徙廢朝廷多受禍覬之竟免後爲山陰令山陰劇邑三萬戶前後官長晝夜不得休事猶不舉覬之御繁以約縣用

無事晝日垂簾門階閑寂自宋世爲山陰務簡而事理莫能尚也後爲尚書吏部郎嘗於文帝坐論江東人物言及顧榮袁淑謂顗之曰卿南人怯懦豈辦作賊顗之正色曰卿乃復以忠義笑人淑有愧色孝建中爲湘州刺史以政績稱大明元年徵守度支尚書轉吏部尚書時沛郡相縣唐賜往比村彭家飲酒還因得病吐蠱二十餘物賜妻張從賜臨終言死後親刳腹五藏悉糜碎郡縣以張忍行刳剖賜子副又不禁止論妻傷夫五藏刑子不孝母子棄市並非科例三公郎劉勰議賜妻痛往遵言兒識謝及理考事原心非在忍害謂宜哀矜顗之議以妻子而行忍酷不宜曲通小情謂副爲不孝張同不道詔如顗之議後爲吳郡太守幸臣戴法興權傾人主而顗之未嘗低意左光祿大夫蔡興宗與顗之善嫌其風節過峻顗之曰辛毗有云孫劉不過使吾不爲三公耳後卒於湘州刺史謚曰簡子顗之家門雍穆爲州郡所重子綽私財甚豐鄉里士庶多負責顗之禁不能止及後爲吳郡誘出文券一大廚悉令焚之宣語遠近皆不須還綽懊歎彌日顗之常執命有定分非智力所移唯應恭己守道信天任運

而闇者不達妄意徼倖徒虧雅道無關得喪乃以其意命弟子愿作定命論愿
字子恭父深之散騎侍郎愿好學有才辭卒於太子舍人覬之孫憲之
憲之字士思性尤清直宋元徽中爲建康令時有盜牛者與本主爭牛各稱己
物二家辭證等前後令莫能決憲之至覆其狀乃令解牛任其所去牛逕還本
宅盜者始伏其罪時人號曰神明至於權要請託長吏貪殘據法直繩無所阿
縱性又清儉強力爲政甚得人和故都下飲酒者醇旨輒號爲顧建康謂其清
且美焉仕齊爲衡陽內史先是郡境連歲疾疫死者大半棺槨尤貴悉裹以葦
蓆棄之路傍憲之下車分告屬縣求其親黨悉令殯葬其家人絕滅者憲之出
公祿使紀綱營護之又土俗山人有病輒云先亡爲禍皆開冢剖棺水洗枯骨
名爲除祟憲之曉諭爲陳生死之別事不相由風俗遂改時刺史王奐初至唯
衡陽獨無訟者乃歎曰顧衡陽之化至矣若九郡率然吾將何事後爲東中郎
長史行會稽郡事山陰人呂文度有寵於齊武帝於餘姚立邸頗縱橫憲之至
郡卽日除之文度後還葬郡縣爭赴弔憲之不與相聞文度甚銜之亦卒不能

傷也時西陵戍主杜元懿以吳興歲儉會稽年登商旅往來倍歲西陵牛埭稅官格日三千五百求加至一倍計年長百萬浦陽南北津及柳浦四埭乞爲官領攝一年格外長四百許萬武帝以示會稽使陳得失憲之議曰尋始立牛埭非苟通僦以納稅也當以風濤迅險人力不捷濟急以利物耳既公私是樂故輸直無怨京師航渡卽其例也而後之監領各務己功或禁遏別道人生理會凡如此類不經埭煩牛者上詳被報蒙停格外十條從來喧訴始得暫弭案吳興頻歲失稔今茲尤饉去之從豐良由饑棘舊格新減尚未議登格外加倍將以何術皇慈恤隱振廩蠲調而元懿幸災榷利重增困瘼人而不仁古今共疾且比見加格置市者前後相屬非唯新加無贏並皆舊格有闕愚恐元懿今啓亦當不殊若事不副言懼貽譴詰便百方侵苦爲公貫怨其所欲舉腹心亦當獸而冠耳書云與其有聚斂之臣寧有盜臣言盜公爲損蓋微斂民所害乃大也然掌斯任者應簡廉平則無害於人愚又以便宜者蓋謂便於公宜於人也竊見頃之言便宜者非能於人力之外用天分地者也率皆卽日不宜於人方

來未便於公名與實反有乖政體凡如此等誠宜深察山陰一縣課戸二萬其
人貲不滿三千者殆將居半刻又刻之猶且三分餘一凡有貲者多是士人復
除其貧極者悉皆露戸役人三五屬官並惟正百端輸調又則常然皆衆局檢
校首尾尋續横相質累者亦復不少一人被攝十人相追一緒裁萌千孽互起
蠶事弛而農業廢賤取庸而貴舉責應公贍私日不暇給欲無爲非其可得乎
死且不憚矧伊刑罰身且不愛何況妻子是以前檢未窮後巧復滋綱辟徒峻
猶不能悛竊尋人之多僞實由宋季軍旅繁與役賦殷重不堪勤劇奇巧所優
積習生常遂迷忘反四海之大庶黎之衆心用參差難卒澄一化宜以漸不可
疾責誠存不擾藏疾納洿務詳寛簡則稍自歸淳又被簡符前後累千符旨既
嚴不敢闇信縣簡送郡郡簡呈使殊形詭狀千變萬源聞者忽不經懷見殊刑
者實足傷駭兼親屬里伍流離道路時轉窮涸事方未已其士人婦女彌難厝
衷不簡則疑其有巧欲簡復未知所安愚謂此條宜委縣保舉其綱領略其毛
目乃當有漏不出貯中庶嬰疾沉痼者重荷生造之恩也又永興諸暨離唐㝢

寇擾公私殊燼彌復特甚儻逢水旱實不易思俗諺云會稽打鼓送恤吳興步擔令史會稽舊稱沃壤今猶若此吳興本是塉土事在可知因循餘弊誠宜改張武帝並從之由是深以方直見知遷南中郎巴陵王長史南兗南豫二州事典籤諮事未嘗接以顏色動遵法制時司徒竟陵王於宣城臨成定陵三縣界立屯封山澤數百里禁人樵採憲之固陳不可言甚切直王曰非君無以聞此德音卽命罷屯禁遷給事黃門兼尚書吏部郎中宋時其祖覬之嘗爲吏部於庭列植嘉樹謂人曰吾爲憲之植耳至是憲之果爲此職永明中爲豫章內史在任清簡務存寬惠有貞婦萬晞者少孀居無子事舅姑尤孝父母欲奪而嫁之誓死不許憲之賜以束帛表其節義梁武帝平建鄴爲揚州牧徵憲之爲別駕從事史比至而已受禪憲之風疾漸篤因求還吳就加太中大夫憲之雖累經宰郡資無儋石及歸環堵不免饑寒天監八年卒於家臨終爲制勑其子曰夫出生入死理均晝夜生既不知所從死亦安識所往延陵云精氣上歸于天骨肉下歸于地魂氣則無所不之良有以也雖復茫昧難徵要若非妄百年之

期迅若馳隙吾今預爲終制瞑目之後念並遵行勿違吾志也莊周澹臺達生
者也王孫士安矯俗者也吾進不及達退無所矯常謂中都之制允理愜情衣
周於身示不違禮棺周於衣足以蔽臭入棺之物一無所須載以䡎車覆以麤
布爲使人勿惡也漢明帝天子之尊猶祭以杅水脯糗范史雲列士之高亦奠
以寒水乾飯況吾卑庸之人其可不節衷也喪易寧感自是親親之情禮奢寧
儉差可得由吾意不須常施靈筵可止設香燈使致哀者有憑耳朔望祥忌可
權安小牀蹔施几席唯下素饌勿用牲牢蒸嘗之祠貴賤罔替備物難辦多致
疎怠祠先自有舊典不可有闕自吾已下止用蔬食時果勿同於上世示令子
孫四時不忘其親耳孔子云雖菜羹瓜祭必齋如者本貴誠敬豈求備物哉所
著詩賦銘讚并衡陽郡記數十篇
論曰古人云利令智昏甚矣利害之相傾也劉湛識用才能實包經國之略豈
知移弟爲臣則君臣之道變用兄成主則兄弟之義殊而執數懷姦苟相宗悅
與夫推長戟而犯順何以異哉昔華元敗則以羊羹而取禍觀夫庾悅亦鵝炙

以速尤乾餱以愆斯相類矣登之因禍而福倚伏無常仲文賄而爲災乃狥財之過也顧琛吳郡徵兆於初筮覬之清白之迹見於暮年憲之莅政所在稱美時移三代一德無虧求之古人未爲易遇觀其遺命可謂有始有卒者矣

南史卷三十五

珍傲宋版邱

南史卷三十五考證

劉湛傳博涉經傳○經閣本作史

武帝入受晉命○入監本訛又今改從宋書

第二子曰琰字季珪琰於江陵病卒○第二琰字監本誤毋今從宋書改正

主佐之間嫌隙遂搆○佐監本訛佑今從閣本

又曰不言無我應亂殺我日自是亂法耳○監本作不言無我應亂今從宋書

庾悅傳徑前不答毅時衆人並避○時宋書作語

庾登之傳子仲遠○仲宋書作冲

南史卷三十五考證

南史卷三十六

唐 李延壽 撰

列傳第二十六

羊欣 羊玄保 子戎 兄子希 沈演之 子勃 兄孫顗 演之從祖弟子憲 憲孫浚

江夷 子湛 曾孫斅 斅子蒨 祿 蒨子紑 紑子總 夷弟子智深 江秉之 孫謐

羊欣字敬元，泰山南城人也。曾祖忱，晉徐州刺史。祖權，黃門郎。父不疑，桂陽太守。欣少靖默，無競於人，美言笑，善容止，泛覽經籍，尤長隸書。父不疑為烏程令，欣年十二，時王獻之為吳興太守，甚知愛之。欣嘗夏月著新絹裙晝寢，獻之入縣見之，書裙數幅而去。欣書本工，因此彌善。起家輔國參軍，府解還家。隆安中，朝廷漸亂，欣優遊私門，不復進仕。會稽王世子元顯每使書扇，常不奉命。元顯怒，乃以為其後軍府舍人。此職本用寒人，欣意貌恬然，不以高卑見色，論者稱焉。嘗詣領軍謝混，混拂席改服，然後見之。時混族子靈運在坐，退告族兄瞻曰：「望蔡見羊欣，遂改席易衣。」欣由此益知名。桓玄輔政，以欣為平西主簿，參豫機

要欣欲自踈時漏密事玄覺其此意愈更重之以爲楚臺殿中郎謂曰尙書政
事之本殿中禮樂所出卿昔處股肱方此爲輕欣就職少日稱病自免屏居里
巷十餘年義熙中弟徽被知於武帝帝謂諮議參軍鄭鮮之曰羊徽一時美器
世論猶在兄後卽板欣補右軍劉藩司馬後爲新安太守在郡四年簡惠著稱
除臨川王義慶輔國長史廬陵王義真車騎諮議參軍並不就文帝重以爲新
安太守在郡十三年樂其山水嘗謂子弟曰人生仕宦至二千石斯可矣及是
便懷止足轉義興太守非其好也頃之稱病篤免歸除中散大夫素好黃老常
手自書章有病不服藥飮符水而已兼善醫術撰藥方數十卷欣以不堪拜伏
辭不朝覲自非尋省近親不妄行詣行必由城外未嘗入六門武帝文帝並恨
不識之元嘉十九年卒弟徽字敬猷時譽多欣位河東太守卒
羊玄保太山南城人也祖楷晉尙書都官郎父綏中書侍郎玄保初爲宋武帝
鎭軍參軍少帝景平中累遷司徒右長史府公王弘甚知重之謂左長史庾登
之吏部尙書王淮之曰卿二賢明美朗詣會悟多通然弘懿之望故當共推羊

也頃之入爲黃門侍郎善奕棊品第三文帝亦好奕與賭郡玄保戲勝以補宣
城太守先是劉式之爲宣城立吏人亡叛制一人不禽符伍里吏送州作部能
禽者賞位二階玄保以爲非宜陳之曰臣伏尋亡叛之由皆出於窮逼今立殊
制於事爲苦又尋此制施一邦而已若其是邪則應與天下爲一若其非邪亦
不宜獨行一郡由此制停歷丹陽尹會稽太守太常吳郡太守文帝以玄保廉
素寡欲故頻授名郡爲政雖無殊績而去後常必見思不營財利產業儉薄文
帝嘗曰人仕宦非唯須才亦須運命每有好官缺我未嘗不先憶羊玄保元凶
弒立以爲吏部尚書領國子祭酒及孝武入伐朝士多南奔劭集羣僚橫刀怒
曰卿等便可去矣衆並懼莫敢言玄保容色不異徐曰臣其以死奉朝劭爲解
孝武卽位爲金紫光祿大夫以謹敬見知大明五年加散騎常侍特進玄保自
少至老謹於祭奠四時珍新未得祠薦者口不妄嘗卒謚曰定子子戎少有才
氣而輕薄少行檢語好爲雙聲江夏王義恭嘗設齋使戎布牀須臾王出以牀
狹乃自開牀戎曰官家恨狹更廣八分王笑曰卿豈唯善雙聲乃辯士也文帝

好與玄保棋嘗中使至玄保曰今日上何召我邪戎曰金溝清泚銅池搖颺既佳光景當得劇棋玄保嘗嫌其輕脫云此兒必亡我家位通直郎坐與王僧達謗時政賜死死後孝武帝引見玄保玄保謝曰臣無日磾之明以此上負上矣其言戎二弟文帝並賜名曰咸曰粲謂玄保曰欲令卿二子有林下正始餘風玄保既善棋而何尙之亦雅好其事吳郡褚胤年七歲便入高品及長冠絕當時胤父榮期與臧質同逆胤應從誅何尙之固請曰胤奕棋之妙超古冠今魏犨犯令以材獲免父戮子宥其例甚多特乞與其微命使異術不絕不許時人痛惜之玄保兄子希字泰闡少有才氣爲尙書左丞時揚州刺史西陽王子尙上言山湖之禁雖有舊科人俗相因替而不奉熂山封水保爲家利自頃以來頹弛日甚富彊者兼嶺而占貧弱者薪蘇無託至漁採之地亦又如茲斯實害人之深弊爲政所宜去絕損益舊條更申恆制有司檢壬辰詔書占山護宅彊盜律論贓一丈以上皆棄市希以壬辰之制其禁嚴刻事既難遵理與時弛而占山封水漸染復滋更相因仍便成先業一朝頓去易致嗟怨今更刊革立制

五條凡是山澤先恆熂爈養種竹木雜果爲林芿及陂湖江海魚梁鰌鮆場恆加功修作者聽不追奪官品第一第二聽占山三頃第三第四品二頃五十畝第五第六品二頃第七第八品一頃五十畝第九品及百姓一頃皆依定格條上貲簿若先已占山不得更占先占闕少依限占足若非前條舊業一不得禁有犯者水土一尺以上並計贓依常盜律論停除咸康二年壬辰之科從之時益州刺史劉瑀先爲右衞將軍與府司馬何季穆共事不平季穆爲尚書令建平王宏所親待屢毀瑀於宏會瑀出爲益州奪士人妻爲妾宏使希舉察之瑀坐免官瑀恨希切齒有門生謝元伯往來希間瑀密令訪訊被免之由希曰此奏非我意瑀即日到宏門奉牋陳謝云聞之羊希希坐漏泄免官泰始三年爲寧朔將軍廣州刺史四年希以沛郡劉思道行晉康太守領軍伐俚思道違節失利希遣收之思道不受命率所領襲州希踰城走思道獲而殺之希子崇字伯遠尚書主客郎丁母憂哀毀過禮及聞廣州亂即日便徒跣出新亭不能步涉頓伏江渚門義以小船致之父葬畢乃不勝哀而卒

沈演之字臺真吳興武康人也高祖充晉車騎將軍吳國內史曾祖勁冠軍陳祐長史戍金墉爲燕將慕容恪所陷不屈見殺贈東陽太守祖赤黔廷尉卿父叔任少有幹質朱齡石伐蜀爲齡石建威府司馬平蜀之功亞於元帥以功封寧新縣男後拜益州刺史卒演之年十一尚書僕射劉柳見而知之曰此童終爲令器沈氏家世爲將而演之折節好學讀老子百徧以義理業尚知名襲父別爵吉陽縣五等侯舉秀才爲嘉興令有能名元嘉中累遷尚書吏部郎先是劉湛劉斌等結黨欲排廢尚書僕射殷景仁演之雅杖正義與景仁素善盡心朝廷文帝甚嘉之及彭城王義康出蕃誅劉湛等以演之爲右衞將軍景仁尋卒乃以後軍長史范曄爲左衞將軍與演之對掌禁旅同參機密尋加侍中文帝謂之曰侍中領衞望實優顯此蓋宰相便坐卿其勉之上欲伐林邑朝臣多不同唯廣州刺史陸徽與演之贊成上意及林邑平賜羣臣黃金生口銅器等物演之所得偏多上謂曰廟堂之謀卿參其力平此遠夷未足多建茅土廓清舊都鳴鑾東岱不憂山河之不開也二十一年詔以演之爲中領軍太子詹事

范曄懷逆謀演之覺其有異言之文帝曄尋伏誅歷位吏部尚書領太子右衞
率素有心氣寢病歷年上使臥疾理事性好舉才申濟屈滯而謙約自持上賜
女伎不受暴卒文帝痛惜贈金紫光祿大夫謚曰貞子睦位黃門侍郎與弟西
陽王文學勃忿鬩坐徙始興郡勃輕薄好利位太子右衞率加給事中坐贓賄
徙梁州後還結事阮佃夫王道隆等位司徒左長史爲後廢帝所誅演之兄子
坦之仕齊位都官郎坦之子顗

顗字處默幼清靜有至行慕黃叔度徐孺子之爲人讀書不爲章句著述不尚
浮華常獨處一室人罕見其面從叔勃貴顯每還吳與賓客塡咽顗不至其門
勃就之顗送迎不越閾勃歎曰吾乃今知貴不如賤也顗內行甚修事母兄孝
友兄昂一名顒亦退素以家貧仕爲始安令兄弟不能分離相隨之任齊永明
年中徵拜著作郎太子舍人通直郎並不赴文惠太子嘗擬古詩云磊磊落落
玉山崩顗聞之曰此讖言也既而太子薨至秋武帝崩鬱林海陵相次黜辱顗
素不事家產及昂卒逢齊末兵荒與家人幷日而食或有饋其粱肉者閉門不

受唯採蓴荇根供食以樵採自資怡怡然恆不改其樂梁天監四年大舉北侵
南陽樂藏爲武康令以顗從役到建鄴揚州別駕陸任以書與吳興太守柳惲
責之不能甄善別賢惲大慚即表停之卒家所著文章數十篇
憲字彥章演之從祖弟子也祖說道巴西梓潼二郡太守父璞之北中郎行參
軍憲少有幹局爲駕部郎宋明帝與憲棋謂曰卿廣州刺史材也補烏程令甚
著政績太守褚彥回歎美以爲方圓可施少府管掌煩冗材幹者並更其職憲
以吏能累遷少府卿武陵王曄爲會稽以憲爲左軍司馬齊高帝以山陰戶衆
欲分爲兩縣武帝啓曰縣豈不可御但用不得人耳乃以憲帶山陰令政聲大
著孔珪請假東歸謂人曰沈令料事特有天才後爲晉安王後軍長史廣陵太
守西陽王子明代爲南兗州憲仍留爲冠軍長史太守如故永明八年子明典
籤劉道濟贓私百萬爲有司所奏賜死憲坐不糾免官後除散騎常侍未拜卒
當時稱爲良吏憲同郡丘仲起先是爲晉平郡清廉自立褚彥回歎曰目見可
欲心能不亂此楊公所以遺子孫也仲起字子震位至廷尉卒

憲孫淩字叔源少涉學有才幹仕梁歷山陰吳建康三縣並有能名太清二年累遷御史中丞時臺城爲侯景所圍外援並至景表請和求解圍還江北詔許之遣右衞將軍柳津對景盟歃景知城內疾疫稍無守備因緩去期城內知其背盟復舉烽鼓譟後數日景復進表請和簡文使淩往景所景曰卽日向熱非復行時政欲立效求停君可見爲申聞淩曰大將軍此意意在得城下風所聞久已乏食城內雖困尚有兵糧朝廷恐和好乖貳已密勑外軍若臺城傾覆勿以二宮爲念當以死雪恥若不能決戰當深壁自守大將軍十萬之衆將欲何資景橫刀於膝瞋目叱之淩乃正色責景曰河南王人臣而舉兵向闕今朝廷已赦王罪結盟口血未乾而復翻背沈淩六十之年且天子使也奉命而行何用見脅徑去不顧景歎曰是真司直也然密銜之又勸張嵊立義後得殺之

江夷字茂遠濟陽考城人也祖晉護軍將軍父敳驃騎諮議參軍夷少自藻厲爲後進之美宋武帝板爲鎮軍行參軍豫討桓玄功封南郡州陵縣五等侯累遷大司馬武帝命大司馬府琅邪國事一以委焉武帝受命歷位吏部尚書吳

郡太守營陽王於吳縣見害夷臨哭盡禮以兄疾去官後爲右僕射夷美風儀善舉止歷任以和簡著稱出爲湘州刺史加散騎常侍未之職卒遺令薄斂蔬奠務存儉約子湛

湛字徽深居喪以孝聞愛文義善彈棋鼓琴兼明算術爲彭城王義康司徒主簿太子中舍人司空檀道濟爲子求娶湛妹不許義康有命又不從時人重其立志義康之盛人競求自昵唯湛自踈固求外出乃以爲武陵內史隨王誕爲北中郎將南徐州刺史以湛爲長史南東海太守委以政事元嘉二十五年徵爲侍中任以機密遷左衞將軍時改選學職以太尉江夏王義恭領國子祭酒湛領博士轉吏部尚書家甚貧不營財利餉饋盈門一無所受無兼衣餘食嘗爲上所召遇澣衣稱疾經日衣成然後起牛餓御人求草湛良久曰可與飲在選職頗有刻覈之譏而公平無私不受請謁論者以此稱焉初上大舉北侵舉朝謂爲不可唯湛贊成之及魏太武至瓜步以湛兼領軍軍事處分一以委焉魏遣使求昏上召太子劭以下集議衆並謂宜許湛謂許之無益劭怒謂湛曰

今三王在阨詎宜苟執異議聲色甚厲坐散俱出劭使班劍及左右推排之殆於傾倒劭後宴集未嘗命湛上乃爲劭長子偉之娉湛第三女欲以和之上將廢劭使湛具詔草劭之入殺湛直上省聞叫乃匿傍小屋劭遣求之舍吏紿云不在此兵卽殺舍吏乃得見湛湛據窗受害意色不撓五子恁恕懃愻法壽皆見殺初湛家數見怪異未敗少日所眠牀忽有數斗血孝武卽位追贈左光祿大夫開府儀同三司謚曰忠簡公恁位著作佐郎恁子斅

斅字叔文母宋文帝女淮陽長公主幼以戚屬召見孝武謂謝莊曰此小兒方當爲名器少有美譽尙孝武女臨汝公主拜駙馬都尉爲丹陽丞時袁粲爲尹見斅歎曰風流不墜政在江郎數與宴賞留連日夜還中書郎斅庶祖母王氏老疾斅視膳嘗藥七十餘日不解衣及累居內官每以侍養陳請朝廷優其朝直初湛娶褚秀之女大義不終褚彥回爲衞軍重斅爲人先通意引爲長史隨府轉司空長史領臨淮太守轉齊高帝太尉從事中郎齊臺建爲吏部郎高帝卽位斅以祖母久疾啓求自解初宋明帝勑斅出繼其叔愻爲從祖淳後於是

僕射王儉啓禮無後小宗之文近代緣情皆由父祖之命未有既孤之後出繼宗族也雖復臣子一揆而義非天屬江忠簡胤嗣所寄唯斆一人傍無朞屬斆宜還本若不欲江愻絕後可以斆小兒繼愻爲孫尚書參議謂閒世立後禮無其文荀顗無子立孫墜禮之始何琦又立此論義無所據於是斆還本家詔使自量立後者出爲豫章內史還除太子中庶子未拜門客通贓利武帝遣使檢覆斆藏此客而躬自引咎上甚有怪色王儉從容啓上曰江斆若能臨郡此便是具美耳上意乃釋永明中爲竟陵王司馬斆好文辭圍棊第五品爲朝貴中最還侍中歷五兵尚書東陽吳二郡太守復爲侍中轉都官尚書領驍騎將軍王晏啓武帝曰江斆今重登禮閣兼掌六軍慈渥所覃實有優忝但語其事任殆同閑輩天旨既欲升其名位愚謂以侍中領驍騎望實清顯有殊納言上曰斆常啓吾爲其鼻中惡今既以何胤王瑩還門下故有此回換耳先是中書舍人紀僧真幸於武帝稍歷軍校容表有士風謂帝曰臣小人出自本縣武吏邀逢聖時階榮至此爲兒昏得荀昭光女即時無復所須唯就陛下乞作士大夫

帝曰由江斆謝瀹我不得措此意可自詣之僧真承旨詣斆登榻坐定斆便命左右曰移吾牀讓客僧真喪氣而退告武帝曰士大夫故非天子所命時人重斆風格不爲權倖降意隆昌元年爲侍中領國子祭酒鬱林廢朝臣皆被召入宮斆至雲龍門方知廢立託散動醉吐車中而去明帝卽位改領祕書監又改領晉安王師卒遺令不受賻贈詔賻錢三萬布百疋子蒨啓遵斆命不受詔嘉美之從其所請贈散騎常侍太常卿謚曰敬子子蒨

蒨字彥標幼聰警讀書過口便誦選爲國子生舉高第起家祕書郎累遷廬陵王主簿居父憂以孝聞廬于墓側明帝起兵遣寧朔將軍劉譏之爲郡蒨拒之及建鄴平蒨坐禁錮俄被原歷太尉臨川王長史尙書吏部郎領右軍方雅有風格僕射徐勉權重唯蒨及王規與抗禮不爲之屈勉因蒨門客翟景爲子繇求昏於蒨女不答景再言之乃杖景四十由此與勉忤勉又爲子求蒨弟葺及王泰女二人並拒之葺爲吏部郎坐杖曹中幹免官泰以疾假出宅乃遷散騎常侍皆勉意也初天監六年詔以侍中常侍並侍帷幄分門下二局入集書其

宮品視侍中而非華胄所悅故勉斥泰爲之蒨尋遷司徒左長史初王泰出閤
武帝謂勉云江蒨資歷應居選部勉曰蒨有眼患又不悉人物乃止遷光祿大
夫卒諡肅蒨好學尤悉朝儀故事撰江左遺典三十卷未就卒文集十五卷蒨
弟曇字彥德少學涉有器度位侍中太子詹事承聖初卒曇弟祿
祿字彥遐幼篤學有文章工書善琴形貌短小神明俊發位太子洗馬湘東王
錄事參軍以氣陵府王王深憾焉廬陵威王續代爲荊州留爲驃騎諮議參軍
獻書告別王答書乃致恨祿先爲武寧郡頗有資產積錢於壁壁爲之倒迮銅
物皆鳴人戲之曰所謂銅山西傾洛鍾東應者也湘東王恨之既深以其名祿
改字曰榮財以志其忿後爲唐侯相卒撰列仙傳十卷行於世及井絜皐木人
賦敗船詠並以自喻子徽亦有文采而清狂不慧常以父爲戲蒨子紑
紑字含絜幼有孝性年十三父蒨患眼紑侍疾將朞月衣不解帶夜夢一僧云
患眼者飲慧眼水必差及覺說之莫能解者紑第三叔祿與草堂寺智者法師
善往訪之智者曰無量壽經云慧眼見真能度彼岸蒨乃因智者啓捨同夏縣

界牛屯里舍爲寺乞賜嘉名勑答云純臣孝子往往感應晉時顏含遂見冥中送藥又近見智者以卿第二息夢云飲慧眼水慧眼則五眼之一號可以慧眼爲名及就創造泄故井井水清洌異於恆泉依夢取水洗眼及煑藥稍覺有瘳因此遂差時人謂之孝感南康王爲徐州召爲迎主簿紑性沉靜好莊老玄言尤善佛義不樂進仕及父卒紑廬于墓終日號慟不絕聲月餘乃卒子揔

揔字揔持七歲而孤依于外氏幼聰敏有至性元舅吳平侯蕭勱名重當世特所鍾愛謂曰爾神采英拔後之知名當出吾右及長篤學有文辭仕梁爲尚書殿中郎武帝撰正言始畢製述懷詩揔預同此作帝覽揔詩深見嗟賞轉侍郎尚書僕射范陽張纘度支尚書琅邪王筠都官尚書南陽劉之遴竝高才碩學揔時年少有名纘等雅相推重爲忘年友會之遴嘗酬揔詩深相欽挹累遷太子中舍人侯景寇建鄴詔以揔權兼太常卿守小廟臺城陷避難會稽郡憩於龍華寺乃製脩心賦揔第九舅蕭勃先據廣州又自會稽往依焉及元帝平侯景徵爲始興內史會魏剋江陵不行自此流寓嶺南積歲陳天嘉四年以中書

侍郎徵還累遷左戸尚書轉太子詹事揔性寬和溫裕尤工五言七言溺於浮
靡及爲宮端與太子爲長夜之飲養良娣陳氏爲女太子亟微行遊揔家宣帝
怒免之後又歷侍中左戸尚書後主卽位歷吏部尚書僕射尚書令加扶既當
權任宰不持政務但日與後主遊宴後庭多爲豔詩好事者相傳諷翫于今不
絕唯與陳暄孔範王瑳等十餘人當時謂之狎客由是國政日頹綱紀不立有
言之者輒以罪斥之君臣昏亂以至于滅禎明三年陳亡入隋拜上開府開皇
十四年卒於江都年七十六其爲自序云太建之時權移羣小諂嫉作威屢被
摧黜奈何命也識者譏其言跡之乖有文集三十卷長子溢頗有文辭性傲誕
驕物雖近屬故友不免詆欺歷中書黃門侍郎太子中庶子入隋爲秦王文學
卒
江智深夷之弟子也父僧安宋太子中庶子夷有盛名夷子湛又有清譽父子
竝貴達智深父少無名問湛禮敬甚簡智深常以爲恨自非節歲不入湛門及
爲隨王誕後軍參軍在襄陽誕待之甚厚時諮議參軍謝莊主簿沈懷文與智

深友善懷文每稱曰人所應有盡有所應無盡無者其江智深乎元嘉末除尚書庫部郎時高流官序不爲臺郎智深門孤援寡獨有此選意甚不悅固辭不拜後爲竟陵王誕司空主簿記室參軍領南濮陽太守遷從事中郎誕將爲逆智深悟其機請假先反誕事發即除中書侍郎智深愛好文雅辭采清贍孝武深相知待恩禮冠朝上宴私甚數多命羣臣五三人遊集智深常爲其首同侶未及前輒獨蒙引進每以越衆爲慚未嘗有喜色每從遊幸與羣僚相隨見傳詔馳來知常呼己聳動愧恧形於容貌論者以此多之遷驍騎將軍尚書吏部郎上每酣宴輒詆羣臣并使自相嘲訐以爲歡笑智深素方退漸不會旨上嘗使王僧朗戲其子景文智深正色曰恐不宜有此戲上怒曰江僧安癡人癡人自相惜智深伏席流涕由是恩寵大衰出爲新安王子鸞北中郎長史南東海太守行南徐州事初上寵姬宣貴妃殷氏卒使羣臣議謚智深上議曰懷上以不盡嘉號甚銜之後車駕幸南山乘馬至殷氏墓羣臣皆騎從上以馬鞭指墓石柱謂智深曰此柱上不容有懷字智深益惶懼以憂卒子恁太子洗馬早卒

後廢帝皇后筠之女也廢帝卽位以后父追贈金紫光祿大夫筠妻王平望鄉君智深兄子槪早孤智深養之如子槪歷黃門吏部郎侍中武陵王贊北中郎長史

江秉之字玄叔濟陽考城人也祖逌晉太常父纂給事中秉之少孤弟妹七人並幼撫育姻娶盡其心力宋少帝時爲永世烏程令以善政著名東土徵爲建康令爲政嚴察部下肅然後爲山陰令人戸三萬政事繁擾訟訴殷積階庭常數百人秉之御繁以簡常得無事宋世唯顧覬之亦以省務著績其餘雖復刑政脩理而未能簡事以在縣有能出補新安太守元嘉十二年轉在臨海並以簡約見稱卒於官所得秩悉散之親故妻子常飢寒人有勸其營田秉之正色答曰食祿之家豈可與農人競利在郡作書案一枚去官留以付庫秉之宗人邃之字玄遠頗有文義撰文釋傳於世位司徒記室參軍秉之之子徽尚書都官郎吳令元凶殺徐湛之子徽以黨與見誅子謐

謐字令和父徽遇禍謐繫尚方宋孝武平建鄴乃得出爲于湖令彊濟稱職宋

明帝爲兗州謐傾身奉事爲帝所待卽位以爲驃騎參軍弟蒙貌醜帝常召見
狎侮之謐再遷右丞兼比部郎太始四年江夏王義恭第十五女卒年十九未
笄禮官議從成人服諸王服大功左丞孫夐重奏禮記女子十五而笄鄭玄云
應年許嫁者也其未許嫁者則二十而笄射慈云十九猶爲殤禮官違越經典
於理無據太常以下結免贖論謐坐杖督五十奪勞百日謐又奏夐先不研辯
混同謬議準以事例亦宜及咎夐又結免贖論詔可出爲建平王景素冠軍長
史長沙內史行湘州事政教苛刻僧遵道又與謐情款隨謐莅郡犯小事餓繫
郡獄僧遵道裂三衣食之盡而死爲有司奏徵還明帝崩遇赦免齊高帝領南
兗州謐爲鎮軍長史廣陵太守入爲遊擊將軍性疏俗善趨時利元徽末朝野
咸屬意建平王景素謐深自委結景素事敗僅得免禍蒼梧王廢後物情尙懷
疑貳謐獨竭誠歸事齊高帝昇明元年爲黃門侍郎領尙書左丞沈攸之事起
議加高帝黃鉞謐所建也事寧遷吏部郎齊建元元年位侍中旣而驃騎豫章
王嶷領湘州以謐爲長史封永新縣伯三年爲左戶尙書諸皇子出閤用文武

主帥悉以委謐尋勑選曰江謐寒士誠當不得競等華儕然甚有才幹可遷掌
吏部謐才長刀筆所在幹職高帝崩謐稱疾不入衆頗疑其怨不預顧命武帝
即位謐又不遷官以此怨望時武帝不預謐詣豫章王嶷請閒曰至尊非起疾
東宮又非才公今欲何計武帝知之出謐爲鎮北長史南東海太守未發憂甚
乃以弈棋占卦云有客南來金椀玉杯上使御史中丞沈沖奏謐前後罪惡請
收送廷尉詔賜死果以金罌盛藥鴆之子介建武中爲吳令政亦深苛人門榜
死人髑髏爲謐首介棄官而去
論曰敬元夷簡歸譽玄保弘懿見推其取重於世豈虛名也然玄保時隆帝念
雖命稟於玄天跡其恩寵蓋亦猶賢之助沈氏世傳武節而演之以業尚見知
綢繆帷幄遂參機務處默保閑篤素叔源節見臨危懿德高風所謂世有人矣
茂遠自晉及陳雅道相係弈世載德斯之謂焉而揔溺於寵狎反以文雅爲敗
然則士之成名所貴彬彬而已玄叔清介著美足以追蹤古烈令和窺覘成性
終取躓於險塗宜矣

南史卷三十六

南史卷三十六考證

羊玄保傳祖楷○楷監本作揩今從閣本

江秉之傳元凶殺徐湛之子徽以黨與見誅○上云秉之子徽則此子字疑衍

南史卷三十六考證

南史卷三十七

唐　李延壽撰

列傳第二十七

沈慶之 孫昭略　子文季　弟子文秀　從父兄子攸之　攸之從孫僧昭　宗愨 從子夬

沈慶之字弘先吳興武康人也少有志力晉末孫恩作亂使其衆寇武康慶之未冠隨鄉族擊之屢捷由是以勇聞荒擾之後鄉邑流散慶之躬耕壟畝勤苦自立年四十未知名兄敞之爲趙倫之征虜參軍監南陽郡擊蠻有功遂卽真慶之往襄陽省兄倫之見而賞之命子竟陵太守伯符板爲寧遠中兵參軍竟陵蠻屢爲寇慶之爲設規略每擊破之伯符由此致將帥之稱永初二年慶之除殿中員外將軍又隨伯符隸到彥之北侵伯符病歸仍隸檀道濟道濟白文帝稱慶之忠謹曉兵上使領隊防東掖門稍得引接出入禁省領軍劉湛知之欲相引接謂曰卿在省年月久遠比當相論慶之正色曰下官在省十年自應得轉不復以此仰累尋轉正員將軍及湛被收之夕上開門召慶之慶之戎服

履韎縛袴入上見而驚曰卿何意乃爾急裝慶之曰夜半喚隊主不容緩服遣
收吳郡太守劉斌殺之元嘉十九年雍州刺史劉道產卒羣蠻大動征西司馬
朱修之討蠻失利以慶之爲建威將軍率衆助修之失律下獄慶之專軍進討
大破緣沔諸蠻後爲孝武撫軍中兵參軍孝武以本號爲雍州隨府西上征蠻
寇屢有功還都復爲廣陵王誕北中郎中兵參軍加建威將軍南濟陰太守雍
州蠻又爲寇慶之以將軍太守復隨王誕入沔及至襄陽率後軍中兵參軍柳
元景隨郡太守宗慤等伐沔北諸山蠻大破之威震諸山羣蠻皆稽顙慶之患
頭風好著狐皮帽羣蠻惡之號曰蒼頭公每見慶之軍輒畏懼曰蒼頭公已復
來矣慶之引軍出前後破降甚衆又討犬羊諸山蠻緣險築重城施門櫓甚峻
慶之連營山下營中開門相通又令諸軍各穿池於營內朝夕不外汲兼以防
蠻之火頃之風甚蠻夜下山人提一炬燒營火至輒以池水灌滅之蠻被圍守
日久並飢乏自後稍出歸降慶之前後所獲蠻並移都下以爲營戶二十七年
遷太子步兵校尉其年文帝將北侵慶之諫曰道濟再行無功彥之失利而反

今料王玄謨等未踰兩將恐重辱王師上曰王師再屈別有所由道濟養寇自
資彥之中塗疾動虜所恃唯馬夏水浩大泛舟濟河碻磝必走滑臺小戍易可
覆拔剋此二戍館穀弔人虎牢洛陽自然不固慶之固陳不可時丹陽尹徐湛
之吏部尚書江湛並在坐上使湛之等難慶之慶之曰爲國譬如家耕當問奴
織當訪婢陛下今欲伐國而與白面書生輩謀之事何由濟上大笑及軍行慶
之副玄謨玄謨進圍滑臺慶之與蕭斌留守碻磝仍領斌輔國司馬玄謨攻滑
臺積旬不拔魏太武大軍南向斌遣慶之將五千人救玄謨慶之曰少軍輕往
必無益也會玄謨退還斌將斬之慶之諫乃止蕭斌以前驅敗績欲絕死固碻
磝慶之以爲不可會制使至不許退諸將並宜留斌復問計於慶之慶之曰閫
外之事將所得專制從遠來事勢已異節下有一范增而不能用空議何施斌
及坐者並笑曰沈公乃更學問慶之厲聲曰衆人雖見古今不如下官耳學也
玄謨自以退敗求戍碻磝斌乃還歷城申坦垣護之共據清口慶之奔驛馳歸
二十九年師復行慶之固諫不從以立議不同不使北出是時亡命司馬黑石

盧江叛吏夏侯方進在西陽五水讙動羣蠻自淮汝閒至江沔咸離其患乃遣慶之督諸將討之制江豫荊雍並遣軍受慶之節度三十年孝武出次五洲總統羣帥慶之從巴水出至五洲諮受軍略會孝武典籤董元嗣自建鄴還陳元凶殺逆孝武遣慶之引諸軍慶之謂腹心曰蕭斌婦人不足數其餘將帥並易與耳今輔順討逆不憂不濟也時元凶密與慶之書令殺孝武慶之入求見孝武稱疾不敢見慶之突前以元凶手書呈閱孝武泣求入內與母辭慶之曰下官受先帝厚恩常願報德今日之事唯力是視殿下是何疑之深帝起再拜曰家國安危在於將軍慶之卽勒內外處分府主簿顏竣聞慶之至馳入見帝曰今四方尚未知義師之舉而劭據有天府首尾不相應赴此危道也宜待諸鎮脣齒然後舉事慶之厲聲曰今方與大事而黃頭小兒皆參預此禍至矣宜斬以徇衆帝曰竣何不拜謝竣起再拜慶之曰君但當知筆札之事於是處分旬日內外整辦時皆謂神兵百姓欣悅衆軍既集假慶之爲武昌內史領府司馬孝武至尋陽慶之及柳元景等並勸卽大位不許賊劭遣慶之門生錢無忌齎

書說慶之解甲慶之執無忌白之孝武踐阼以慶之爲領軍將軍尋出爲南兗州刺史加都督鎮盱台封南昌縣公孝建元年魯爽反遣慶之與薛安都等往討之安都臨陣斬爽進慶之號鎮北大將軍尋與柳元景俱開府儀同三司固辭改封始興郡公慶之以年滿七十固請辭事以爲侍中左光祿大夫開府儀同三司固讓乃至稽顙自陳言輒泣涕上不能奪聽以郡公罷就第月給錢十萬米百斛二衞史五十人大明三年司空竟陵王誕據廣陵反復以慶之爲車騎大將軍開府儀同三司固讓南兗州刺史加都督率衆討之誕遣客沈道愍齎書說慶之餉以玉環刀慶之遣道愍反數以罪惡慶之至城下誕登樓謂曰沈公君白首之年何爲來此慶之曰朝廷以君狂愚不足勞少壯故使僕來耳慶之塞壍造攻道立行樓土山幷諸攻具時夏雨不得攻城上使御史中丞庾徽之奏免慶之官以激之制無所問誕餉慶之食提挈者百餘人慶之不開悉焚之誕於城上投函表令慶之爲送慶之曰我奉制討賊不得爲汝送表每攻城慶之輒身先士卒上戒之曰卿爲統任當令處分有方何須身受矢石邪自

四月至七月乃屠城斬誕進慶之司空又固讓爵於是與柳元景並依晉密陵
侯鄭袤故事朝會慶之位次司空元景在從公之上給卹吏五十人門施行馬
初慶之嘗夢引鹵簿入廁中慶之甚惡入廁之鄙時有善占夢者爲解之曰君
必大富貴然未在旦夕問其故答云鹵簿固是富貴容廁中所謂後帝也知君
富貴不在今主及中興之功自五校至是而登三事四年西陽五水蠻復爲寇
慶之以郡公統諸軍討平之慶之居清明門外有宅四所室宇甚麗又有園舍
在婁湖慶之一夜攜子孫徙居之以宅還官悉移親戚中表於婁湖列門同閈
焉廣開田園之業每指地語人曰錢盡在此中與身享大國家素富厚產業累
萬金奴僮千計再獻錢千萬穀萬斛以始與封優近求改封南海郡不許妓妾
十數人並美容工藝慶之優游無事盡意歡愉自非朝賀不出門每從游幸及
校獵據鞍陵厲不異少壯太子妃上孝武金鏤七筯及杅杓上以賜慶之曰觴
酌之賜宜以大夫爲先也上嘗歡飲普令羣臣賦詩慶之粗有口辯手不知書
每將署事輒恨眼不識字上逼令作詩慶之曰臣不知書請口授師伯上即令

顏師伯執筆慶之口授之曰微生遇多幸得逢時運昌朽老筋力盡徒步還南岡辭榮此聖世何愧張子房上甚悅衆坐並稱其辭意之美孝武晏駕慶之與柳元景等並受顧命遺制若有大軍旅及征討悉委慶之前廢帝即位加慶之几杖給三望車一乘慶之每朝賀常乘猪鼻無幰車左右從者不過三五騎履行田園每農桑劇月無人從行遇之者不知三公也及加三望車謂人曰我每游履田園有人時與馬成三無人則與馬成二今乘此車安所之乎及賜几杖並固讓柳元景顏師伯嘗詣慶之會其游田元景等鳴笳列卒滿道慶之獨與左右一人在田見之悄然改容曰夫貧賤不可居富貴亦難守吾與諸公並出貧賤因時際會榮貴至此唯當共思損挹之事老子八十之年目見成敗者已多諸君炫此車服欲何爲乎於是插杖而耘不爲之顧元景等徹侍褰裳從之慶之乃與相對爲歡慶之既通貴鄉里老舊素輕慶之者後見皆膝行而前慶之歎曰故是昔時沈公視諸沈爲劫首者數十人士悉患之慶之詭爲置酒大會一時殺之於是合境肅清人皆喜悅廢帝狂悖無道衆勸之廢立及柳元景

等連謀以告慶之慶之與江夏王義恭不厚發其事帝誅義恭元景等以慶之爲侍中太尉及義陽王昶反慶之從帝度江總統衆軍帝凶暴日甚慶之猶盡言諫爭帝意稍不悅及誅何邁慮慶之不同量其必至乃閉清溪諸橋以絶之慶之果往不得度而還帝又忌之乃遣其從子攸之齎藥賜死時年八十是歲旦慶之夢有人以兩疋絹與之謂曰此絹足度寤而謂人曰老子今年不免矣兩疋八十尺也足度無盈餘矣及死贈賻甚厚遣贈侍中太尉如故給鸞輅輼輬車前後羽葆鼓吹謚曰忠武公未及葬帝敗明帝即位追贈侍中司空謚曰襄公太始七年改封蒼梧郡公慶之羣從姻戚由慶之在列位者數十人長子文叔位侍中慶之之死也不肯飲藥攸之以被掩殺之文叔密取藥藏錄或勸文叔逃避文叔見帝斷截江夏王義恭支體慮奔亡之日帝怒容致義恭之變乃飲藥自殺文叔子昭明位祕書郎聞父死曰何忍獨生亦自縊死元徽元年還復先封時改始興爲廣興昭明子曇亮襲廣興郡公齊受禪國除昭明弟昭略

昭略字茂隆性狂儁不事公卿使酒杖氣無所推下嘗醉晚日負杖攜家賓子弟至婁湖苑逢王景文子約張目視之曰汝是王約邪何乃肥而癡約曰汝沈昭略邪何乃瘦而狂昭略撫掌大笑曰瘦已勝肥狂已勝癡奈何王約奈汝癡何昇明末爲相國西曹掾齊高帝賞之及卽位謂王儉曰南士中有沈昭略何職處之儉以擬前軍將軍上不欲違乃可其奏尋爲中書郎累遷侍中王晏嘗戲昭略曰賢叔可謂吳興僕射昭略曰家叔晚登僕射猶賢於尊君以卿爲初蔭永元中與叔父文季俱被召入華林省茹汝珍等進藥酒昭略怒罵徐孝嗣曰廢昏立明古今令典宰相無才致有今日以甌投其面曰使爲破面鬼死時言笑自若了無懼容徐孝嗣謂曰見卿使人想夏侯泰初答曰明府猶憶夏侯便是方寸不能都豁下官見龍逢比干欣然相對霍光脫問明府今日之事何辭答之邪昭略弟昭光聞收兵至家人勸逃去昭光不忍捨母入執母手悲泣遂見殺時昭明子曇亮已得逃去聞昭光死乃曰家門屠滅獨用生何爲又絕吭而死時人歎其累世孝義中興元年贈昭略太常昭光廷尉

文季字仲達文叔弟也以寬雅正直見知尤善塞及彈碁在宋封山陽縣五等伯位中書郎父慶之遇害諸子見收文叔謂之曰我能死爾能報遂自殺文季揮刀馳馬去收者不敢追遂免明帝立爲黃門郎領長水校尉明帝宴會朝臣以南臺御史賀咸爲柱下史糾不醉者又季不肯飲被驅下殿晉平王休祐爲南徐州帝就褚彥回求幹事人爲上佐彥回舉文季轉驃騎長史南東海太守休祐被殺雖用薨禮僚佐多不敢至文季獨往墓展哀元徽初自祕書監出爲吳興太守文季飲酒至五斗妻王氏飲亦至三斗嘗對飲竟日而視事不廢昇明元年沈攸之反齊高帝加文季冠軍將軍督吳興錢唐軍事初慶之之死也攸之求行至是文季收攸之弟新安太守登之誅其宗族以復舊怨親黨無吹火焉君子以文季能報先恥齊國建爲侍中領祕書監建元元年轉太子右衛率侍中如故改封西豐縣侯文季風采稜岸善於進止司徒褚彥回當時貴望頗以門戶裁之文季不爲之屈武帝在東宮於玄圃宴朝臣文季數舉酒勸彥回彥回甚不平啓武帝曰沈文季謂彥回經爲其郡依然猶有故情文季曰惟桑

與梓必恭敬止豈如明府亡國失土不識枌榆遂言及魏軍動事彥回曰陳顯達沈文季當今將略足委以邊事文季諱稱將門因是發怒啓武帝曰褚彥回遂品藻人流臣未知其身死之日何面目見宋明帝武帝笑曰沈率醉也中丞劉休舉其事見原後豫章王北宅後堂集會文季與彥回並善琵琶酒闌彥回取樂器爲明君曲文季便下席大唱曰沈文季不能作伎兒豫章王嶷又解之曰此故當不損仲容之德彥回顏色無異終曲而止永明中累遷領軍將軍文季雖不學發言必有辭采武帝謂文季曰南士無僕射多歷年所文季對曰南風不競非復一日當世善其對明帝輔政欲以文季爲江州遣左右單景儁宣旨文季陳讓稱老不願外出因問右執法有人未景儁還具言之延興元年以爲尚書右僕射明帝卽位加領太子詹事尚書令王晏嘗戲文季爲吳興僕射文季答曰琅邪執法似不出卿門建武二年魏軍南伐明帝以爲憂制文季鎭壽春文季入城門嚴加備守魏軍尋退百姓無所損永元元年轉侍中左僕射始安王遙光反其夜遣於宅掩取文季欲以爲都督而文季已還臺明日與尚

書令徐孝嗣共坐南掖門上時東昏已行殺戮孝嗣深懷憂慮欲與文季論時
事文季輒引以佗辭終不得及事寧加鎮軍將軍署府史文季以時方昏亂託
老疾不豫朝機兄子昭略謂文季曰阿父年六十爲員外僕射欲求免乎文季
笑而不答未幾見害先被召便知敗舉動如常登車顧曰此行恐往而不返於
華林省死年五十八朝野寃之中興元年贈司空諡曰忠憲公
文秀字仲遠慶之弟子也父邵之南中郎行參軍文秀宋前廢帝時累遷青州
刺史將之鎮部曲出次白下文秀說慶之以帝狂悖禍在難測欲因此衆力圖
之慶之不從及行慶之果見殺又遣直閤江方興領兵誅文秀未至而明帝已
定亂時晉安王子勛據尋陽文秀與徐州刺史薛安都並同子勛反尋陽平定
明帝遣其弟召之便歸命請罪即安本任四年封新城縣侯先是冀州刺史崔
道固亦據歷城同反文秀遣信引魏魏遣慕容白曜援之及至而文秀已受朝
命文秀善於撫御被魏圍三載無叛者五年爲魏所剋終于北
攸之字仲達慶之從父兄子也父叔仁爲宋衡陽王義季征西長史兼行參軍

領隊佽之少孤貧元嘉二十七年魏軍南攻朝廷發三吳之衆佽之亦行及至建鄴詣領軍將軍劉遵考求補白丁隊主遵考以爲形陋不堪佽之歎曰昔孟嘗君身長六尺爲齊相今求士取肥大者哉因隨慶之征討二十九年征西陽蠻始補隊主巴口建義授南中郎府板長兼行參軍新亭之戰身被重創事寧爲太尉行參軍封平洛縣五等侯隨府轉大司馬行參軍晉時都下二岸揚州舊置都部從事分掌二縣非違永初以後罷省孝建三年復置其職佽之掌北岸會稽孔璪掌南岸後又罷佽之遷員外散騎侍郎又隨慶之征廣陵屢有功被箭破骨孝武以其善戰配以仇池步矟事平當加厚賞爲慶之所抑遷太子旅賁中郎佽之甚恨之前廢帝景和元年除豫章王子尚車騎中兵參軍直閤與宋越譚金等並爲廢帝所寵誅戮羣公佽之等皆爲之用命封東興縣侯明帝即位以例削封尋告宋越譚金等謀反復召直閤會四方反叛南賊已次近道以佽之爲寧朔將軍尋陽太守率軍據虎檻時王玄謨爲大統未發前鋒有五軍在虎檻五軍後又駱驛繼至每夜各立姓號不相稟受佽之謂軍吏曰今

衆軍同舉而姓號不同若有耕夫漁父夜相呵叱便致駭亂此敗道也請就一軍取號衆咸從之殷孝祖爲前鋒都督失夫人情收之內撫將士外諧羣帥衆並安之時殷孝祖中流矢死軍主范潛率五百人投賊人情震駭並謂佽之宜代孝祖爲統時建安王休仁屯虎檻總統衆軍聞孝祖死遣寧朔將軍江方興龍驤將軍劉靈遺各率三千人赴赭圻佽之以爲孝祖既死賊有乘勝之心明日若不更攻則示之以弱方興名位相亞必不爲己下軍政不一致敗之由乃率諸軍主詣方興推重弁慰勉之方興甚悅佽之既出諸軍主並尤之佽之曰卿忘廉藺寇賈事邪吾本以濟國活家豈計此之升降明旦進戰自寅訖午大敗賊于赭圻尋進號輔國將軍代孝祖督前鋒諸軍事薛常保等在赭圻食盡南賊大帥劉胡屯濃湖以囊盛米繫流查及船腹陽覆船順風流下以餉赭圻佽之疑其有異遣人取船及流查大得囊米尋尅赭圻遷寧蠻校尉雍州刺史加都督袁顗復率大衆來入鵲尾相持既久軍主張興世越鵲尾上據錢溪劉胡自攻之佽之率諸將攻濃湖錢溪信至大破賊佽之悉以錢溪所送胡軍耳

鼻示之顗駭懼急追胡還攸之諸軍悉力進攻多所斬獲胡於是棄衆而奔顗亦奔走赭圻濃湖之平也賊軍委棄資財珍貨山積諸軍各競收斂唯攸之張興世約勒所部不犯毫芥諸將以此多之攸之進平尋陽還中領軍封貞陽縣公時劉遵考爲光祿大夫攸之在御坐謂遵考曰形陋之人今何如帝問之攸之依實對帝大笑累遷郢州刺史爲政刻暴或鞭士大夫上佐以下有忤意輒面加詈辱而曉達吏事自強不息士庶畏憚人莫敢欺聞有猛獸輒自圍捕往無不得一日或得兩三若逼暮不禽則宿昔圍守賦斂嚴苦徵發無度繕修船舸營造器甲自至夏口便有異圖進監豫司之二郡軍事進號鎮軍將軍泰豫元年明帝崩攸之與蔡興宗並在外蕃同預顧命會巴西人李承明反蜀土搔擾時荊州刺史建平王景素被徵新除荊州刺史蔡興宗未之鎮乃遣攸之權行荊州事會承明已平乃以攸之爲鎮西將軍荊州刺史加都督聚斂兵力養馬至二千餘匹皆分賦邏將士使耕田而食廩財悉充倉儲荊州作部歲送數千人仗攸之割留之簿上云供討四山蠻裝戰艦數百千艘沉之靈溪裏錢帛

器械巨積漸懷不臣之心朝廷制度無所遵奉富貴擬於王者夜中諸廂廊然燭達旦後房服珠玉者數百人皆一時絶貌江州刺史桂陽王休範密有異志欲以微旨動攸之使道士陳公昭作天公書一函題言沈丞相送攸之門者攸之不開書推檢得公昭送之朝廷後廢帝元徽二年休範舉兵襲都攸之謂僚佐曰桂陽今逼朝廷必聲言吾與之同若不顛沛勤王必增朝野之惑於是遣使受郢州刺史晉熙王燮節度會休範平使乃還進號征西大將軍開府儀同三司固讓開府攸之自擅閫外朝廷疑憚之累欲徵入慮不受命乃止四年建平王景素據京城反攸之復應朝廷景素尋平時有臺直閤高道慶家在江陵攸之初至州道慶在家牒其親戚十餘人求州從事西曹攸之爲用三人道慶大怒自入州取教毀之而去道慶素便馬攸之與宴飲於聽事前合馬槊道慶槊中攸之馬鞍怒索刃槊道慶馳馬而出還都說攸之反狀請三千人襲之朝議慮其事難濟高帝又保持不許楊運長等常相疑畏乃與道慶密遣刺客齎廢帝手詔以金餅賜攸之州府佐吏進二階級時有象三頭至江陵城北數里

攸之自出格殺之忽有流矢集攸之馬鄣泥其後刺客事發廢帝既殞順帝卽位加攸之車騎大將軍開府儀同三司齊高帝遣攸之子司徒左長史元琰齎廢帝刳斮之具以示之攸之曰吾寧爲王陵死不作賈充生尚未得卽起兵乃上表稱慶幷與齊高帝書推功攸之有素書十數行常韜在兩襠角云是宋明帝與己約誓又皇太后使至賜攸之燭十挺割之得太后手令曰國家之事一以委公明日遂舉兵其妾崔氏許氏諫曰官年已老那不爲百口作計攸之指兩襠角示之攸之素畜士馬資用豐積至是戰士十萬鐵馬三千將發江陵使沙門釋僧粲筮之云不至都當自郢州回還意甚不悅初發江津有氣狀如塵霧從西北來正蓋軍上齊高帝遣衆軍西討攸之盡銳攻郢州行事柳世隆屢破之昇明二年還向江陵未至城已爲雍州刺史張敬兒所據無所歸乃與第三子中書侍郎文和至華容之鱣頭林投州吏家此吏嘗爲攸之所鞭待攸之甚厚不以往罰爲怨殺豘薦食既而村人欲取之攸之於櫟林與文和俱自經死村人斬首送之都或割其腹心有五竅征西主簿荀昭先以家財葬攸之攸

之晚好讀書手不釋卷史漢事多所記憶嘗歎曰早知窮達有命恨不十年讀書及攻郢城夜嘗風浪米船沉沒倉曹參軍崔靈鳳女先適柳世隆子攸之正色謂曰當今軍糧要急而卿不以在意由與城內婚姻邪靈鳳答曰樂廣有言下官豈以五男易一女攸之歡然意解攸之招集才力之士隨郡人雙泰真有幹力召不肯來攸之遣二十人被甲追之泰真射殺數人欲過家將母去事迫不獲單身走入蠻追者既失之錄其母去泰真既失母乃自歸攸之不罪曰此孝子也賜錢一萬轉補隊主其抑情待士如此初攸之賤時與吳郡孫超之全景文共乘一小船出都三人共上引埭有一人止而相之曰君三人皆當至方伯攸之曰豈有是事相者曰不驗便是相書誤耳後攸之爲郢荊三州超之廣州刺史景文南豫州刺史景文字弘達齊永明中卒於光祿大夫攸之初至郢州有順流之志府主簿宗儼之勸攻郢城功曹臧寅以爲攻守勢異非旬日所拔若不時舉挫銳損威攸之不從既敗諸將帥皆奔散或呼寅俱亡寅曰我委質事人豈可幸其成而責其敗乃投水死又倉曹參軍金城邊榮爲府錄事所

尋攸之爲榮鞭殺錄事攸之自江陵下以榮爲留府司馬守城張敬兒將至人或說之使詣敬兒降榮曰受沈公厚恩一朝緩急便改易本心不能也城敗見敬兒敬兒問曰邊公何爲同人作賊不早來榮曰沈荊州舉義兵匡社稷身雖可滅要是宋世忠臣天下尙有直言之士不可謂之爲賊身本不蘄生何須見問敬兒曰死何難命斬之榮歡笑而去容無異色太山程邕之者素依隨榮至是抱持榮謂敬兒曰君入人國不聞仁惠之聲而先戮義士三楚之人寧蹈江漢而死豈肯與將軍同日以生敬兒曰求死甚易何爲不許先殺邕之然後及榮三軍莫不垂泣曰奈何一日殺二義士比之臧洪及陳容廢帝之殞攸之欲起兵問知星人葛珂之珂之曰起兵皆候太白太白見則成伏則敗昔桂陽以太白伏時舉兵一戰授首此近世明驗今蕭公廢昏立明正逢太白伏時此與天合也且太白尋出東方利用兵西方不利故攸之止不下及後舉兵珂之又曰今歲星守南斗其國不可伐攸之不從果敗攸之表檄文疏皆其記室南陽宗儼之辭也事敗責之答曰士爲知己豈爲君輩所識遂伏誅攸之景和中與

齊高帝同直殿省申以歡好帝以長女義興憲公主妻攸之第三子文和生二女並養之宮中恩禮甚厚及嫁皆得素舊公家營遣焉齊武帝制以攸之弟雍之孫僧昭爲義興公主後僧昭別名法朗少事天師道士常以甲子及甲午日夜著黃巾衣褐醮於私室時記人吉凶頗有應驗自云爲太山錄事幽司中有所收錄必僧昭署名中年爲山陰縣梁武陵王紀爲會稽太守宴坐池亭蛙鳴聒耳王曰殊廢絲竹之聽僧昭呪厭十許口便息及日晚王又曰欲其復鳴僧昭曰王歡已闌今恣汝鳴卽便喧聒又嘗校獵中道而還左右問其故答曰國家有邊事須還處分問何以知之曰向聞南山虎嘯知耳俄而使至復謂人曰吾昔爲幽司所使實爲煩碎今已自解乃開匣出黃紙書上有一大字字不可識曰教分判如此及太清初謂親知曰明年海內喪亂生靈十不一存乃苦求東歸旣不獲許及亂百口皆殲僧昭位廷尉卿太清三年卒

宗慤字元幹南陽涅陽人也叔父少文高尚不仕慤年少問其所志慤答曰願乘長風破萬里浪少文曰汝若不富貴必破我門戶兄泌娶妻始入門夜被劫

慤年十四挺身與劫相拒十餘人皆披散不得入室時天下無事士人並以文義爲業少文既高尚諸子羣從皆愛好墳典而慤任氣好武故不爲鄉曲所知江夏王義恭爲征北將軍南兗州刺史慤隨鎮廣陵時從兄綺爲征北府主簿與慤同住綺妾與給吏牛泰私通綺入直而泰潛來就綺妾慤知之入殺牛泰然後白綺義恭壯其意不罪也後以輔國上軍將軍元嘉二十二年伐林邑慤自奮願行義恭舉慤有膽勇乃除振武將軍爲安西參軍蕭景憲軍副隨交州刺史檀和之圍區粟城林邑遣將范毗沙達來救區粟和之遣偏軍拒之爲賊所敗又遣慤慤乃分軍爲數道偃旗潛進討破之仍攻拔區粟入象浦林邑王范陽邁傾國來逆以具裝被象前後無際慤以爲外國有獅子威服百獸乃製其形與象相禦象果驚奔衆因此潰亂遂剋林邑收其珍異皆是未名之寶其餘雜物不可稱計慤一毫無犯唯有被梳枕刷此外蕭然文帝甚嘉之三十年孝武伐逆以慤爲南中郎諮議參軍領中兵及事平功次柳元景孝武即位以爲左衛將軍封洮陽侯孝建中累遷豫州刺史監五州諸軍事先是鄉人庾業

家富豪侈侯服玉食與賓客相對膳必方丈而爲慤設粟飯菜菹謂客曰宗軍人串噉麤食慤致飽而退初無異辭至是業爲慤長史帶梁郡慤待之甚厚不以昔事爲嫌大明三年竟陵王誕據廣陵反慤表求赴討乘驛詣都面受節度上停輿慰勉慤聳躍數十左右顧盼上壯之及行隸車騎大將軍沈慶之初誕誑其衆云宗慤助我及慤至躍馬繞城呼曰我宗慤也事平入爲左衛將軍五年從獵墮馬腳折不堪朝直以爲光祿大夫加金章紫綬有佳牛堪進御官買不肯賣坐免官明年復先職廢帝即位爲寧蠻校尉雍州刺史加都督卒贈征西將軍謚曰肅侯配食孝武廟庭子羅雲卒子元寶嗣

慤從子夬字明揚祖少文名列隱逸傳父繁西中郎諮議參軍夬少勤學有局幹仕齊爲驃騎行參軍時竟陵王子良集學士於西邸並見圖畫夬亦預焉齊鬱林之爲南郡王居西州使夬管書記以筆札貞正見許故任焉時與魏和通勑夬與尚書殿中郎任昉同接魏使皆時選也及文惠太子薨王爲皇太孫夬仍管書記太孫即位多失德夬頗自疎得爲秣陵令遷尚書都官郎少帝見誅

舊寵多被其災唯夬與傅昭以清正免齊明帝以爲郢州中從事以父老去官南康王爲荊州刺史引爲別駕梁武帝起兵還西中郎諮議時西土位望唯夬與同郡樂藹劉坦爲州人所推服故領軍蕭穎冑深相委仗武帝受禪歷太子右衛率五兵尙書參掌大選天監三年卒子曜卿嗣

論曰沈慶之以武毅之姿屬殷憂之日驅馳戎旅所在見推其戡難定功蓋亦宋之方邵及勤王之業克舉台鼎之位已隆年致懸車官成名立而卒至顚覆倚伏豈易知也諸子才氣並有高風將門有將斯言得矣攸之地處上流聲稱義舉專威擅命年且逾十終從諸葛之夢代德其有數乎宗慤氣概風雲竟成其志夬蹈履清正用升顯級亦各志能之士也

南史卷三十七

唐　李　延　壽　撰

列傳第二十八

柳元景元景弟子世隆　世隆子惔　惔弟惲　惲子偃　偃子昐　惲弟憕　憕弟忱　世隆從弟慶遠　慶遠子津　津子仲禮　敬禮

柳元景字孝仁河東解人也高祖純位平陽太守不拜曾祖卓自本郡遷於襄陽官至汝南太守祖恬西河太守父憑馮翊太守元景少便弓馬數隨父伐蠻以勇稱寡言語有器質荊州刺史謝晦聞其名要之未及往而晦敗雍州刺史劉道產深愛其能會荊州刺史江夏王義恭復召之道產謂曰久規相屈今貴王有召難輒相留乖意以爲罔罔服闋累遷義恭司徒太尉城局參軍文帝見又知之先是劉道產在雍州有惠化遠蠻歸懷皆出緣沔爲村落戶口殷盛及道產死羣蠻大爲寇暴孝武西鎮襄陽義恭薦元景乃以爲武威將軍隨郡太守及至廣設方略斬獲數百郡境肅然隨王誕鎮襄陽元景徙爲後軍中兵參

軍及朝廷大舉北侵使諸鎮各出軍二十七年八月誕遣尹顯祖出貲谷魯方平薛安都龐法起入盧氏田義仁出魯陽加元景建威將軍總統軍帥後軍外兵參軍龐季明三秦冠族求入長安招懷關陜乃自貲谷入盧氏盧氏人趙難納之元景率軍係進以前鋒深入懸軍無繼馳遣尹顯祖入盧氏以爲諸軍聲援元景以軍食不足難可曠日相持乃束馬懸車引軍上百丈崖出温谷以入盧氏法起諸軍進次方伯堆去弘農城五里元景引軍度熊耳山安都頓軍弘農法起進據潼關季明率方平趙難諸軍向陜十一月元景率衆至弘農營於關方口仍以元景爲弘農太守初安都留住弘農而諸軍已進陜元景既到謂安都曰卿無坐守空城而令龐公孤軍深入宜急進軍衆軍並造陜下列營以逼之並大造攻具魏城臨河爲固恃險自守季明安都方平顯祖趙難諸軍頻三攻未拔安都方平各列陣於城東南以待之魏兵大合輕騎挑戰安都瞋目橫矛單騎突陣四向奮擊左右皆辟易殺傷不可勝數於是衆軍並鼓譟俱前魏多縱突騎衆軍患之安都怒甚乃脫兜鍪解所帶鎧唯著絳衲兩當衫馬亦

去具裝馳入賊陣猛氣咆勃所向無前當其鋒者無不應刃而倒如是者數四每入衆無不披靡魏軍之將至也方平遣驛騎告元景時諸軍糧盡各餘數日食元景方督義租幷上驢馬以爲糧運之計遣軍副柳元怙簡步騎二千以赴陝急卷甲兼行一宿而至詰朝魏軍又出列陣於城外方平諸軍並成列安都幷領馬軍方平悉勒步卒左右掎角之餘諸義軍方於城西南列陣方平謂安都曰今勍敵在前堅城在後是吾取死之日卿若不進我當斬卿我若不進卿當斬我也安都曰卿言是也遂合戰安都不堪其憤橫矛直前殺傷者甚多流血凝肘矛折易之復入副譚金率騎從而奔之自詰旦戰至日晏魏軍大潰面縛軍門者二千餘人諸將欲盡殺之元景以爲不可乃悉釋而遣之皆稱萬歲而去時北略諸軍王玄謨等敗退魏軍深入文帝以元景不宜獨進且令班師諸軍乃自狐關度白楊嶺出于長州安都斷後宋越副之法起自潼關向商城與元景會季明亦從胡谷南歸並有功而入誕登城望之以鞍下馬迎元景時魯爽向虎牢復使元景率安都等北出爽退乃還再出北侵威信著於境外孝

武入討元凶以爲諮議參軍配萬人爲前鋒宗慤薛安都等十三軍皆隸焉時義軍船乘小陋慮水戰不敵至蕪湖元景大喜倍道兼行至新亭依山建壘柵東西據險令軍中曰鼓繁氣易衰叫數力易竭但各銜枚疾戰一聽吾營鼓音元景察賊衰竭乃命開壘鼓譟以奔之賊衆大潰劭更率餘衆自來攻壘復大破之劭僅以身免上至新亭卽位以元景爲侍中領左衞將軍尋轉寧蠻校尉雍州刺史監雍梁南北秦四州荆之竟陵隨二郡諸軍事始上在巴口問元景事平何所欲對曰願還鄉里故有此授初臧質起義以南譙王義宣闇弱易制欲相推奉潛報元景使率所領西還元景卽以質書呈孝武語其信曰臧冠軍當是未知殿下義舉耳方應伐逆不容西還質以此恨之及元景爲雍州質慮其爲荆州後患稱爪牙不宜遠出上重違其言更以元景爲領軍將軍加散騎常侍封曲江縣公孝建元年正月魯爽反遣左衞將軍王玄謨討之加元景撫軍將軍假節置佐係玄謨後以爲領南蠻校尉雍州刺史加都督臧質義宣並反王玄謨南據梁山垣護之薛安都度據歷陽元景出屯采石玄謨求益兵上

使元景進屯姑孰元景悉遣精兵助王玄謨以羸弱居守所遣軍多張旗幟梁山望之如數萬人皆謂都下兵悉至由是剋捷與沈慶之俱以本號加開府儀同三司改封晉安郡公固讓開府復爲領軍太子詹事加侍中大明三年爲尚書令太子詹事侍中中正如故以封在嶺南改封巴東郡公又命左光祿大夫開府儀同三司侍中中正如故又讓開府乃與沈慶之俱依晉密陵侯鄭袤不受司空故事六年進司空侍中中書令中正如故又固讓乃授侍中驃騎大將軍南兗州刺史留衞都下孝武晏駕與太宰江夏王義恭尚書僕射顏師伯並受遺詔輔幼主遷尚書令領丹陽尹侍中將軍如故加開府儀同三司給班劍二十人固辭班劍元景少時貧苦嘗下都至大雷日暮寒甚頗有羈旅之歎岸側有一老父自稱善相謂元景曰君方大富貴位至三公元景以爲戲之曰人生免飢寒幸甚豈望富貴老父曰後當相憶及貴求之不知所在元景起自將率及當朝理務雖非所長而有弘雅之美時在朝勳要多事產業惟元景獨無所營南岸有數十畝菜園守園人賣菜得錢三萬送還宅元景怒曰我立此園

種菜以供家中啖耳乃復賣以取錢奪百姓之利邪以錢乞守園人孝武嚴暴無常元景雖荷寵遇恆慮及禍太宰江夏王義恭及諸大臣莫不重足屏氣未嘗敢私相往來孝武崩義恭元景等並相謂曰今日始免橫死義恭與義陽等諸王元景與顏師伯等常相馳逐聲樂酣飲以夜繼晝前廢帝少有凶德內不能平殺戴法興後悖情轉露義恭元景憂懼乃與師伯等謀廢帝立義恭持疑未決發覺帝親率宿衛兵自出討之稱詔召元景左右奔告兵刃非常元景知禍至整朝服乘車應召出門逢弟車騎司馬叔仁戎服左右壯士數千人欲拒命元景苦禁之及出巷軍士大至下車受戮容色恬然長子慶宗有幹力而情性不倫孝武使元景送還襄陽於道賜死次子嗣宗紹宗茂宗孝宗文宗仲宗成宗秀宗至是並遇禍元景六弟僧景僧珍叔宗叔政叔珍叔仁僧珍叔仁及子姪在都下襄陽死者數十人元景少子承宗嗣宗子蓁並在孕獲全明帝即位贈太尉給班劍三十人羽葆鼓吹一部謚曰忠烈公元景從父兄元怙大明末同晉安王子勛逆事敗歸降元景從祖弟光世留鄉里仕魏爲河北太守封

西陵男與司徒崔浩親浩被誅光世南奔明帝時位右衞將軍順陽太守子欣
慰謀反光世賜死

世隆字彥緒元景弟子也父叔宗字雙驎位建威參軍事早卒世隆幼孤挺然
自立不與衆同雖門勢子弟獨修布衣之業及長好讀書折節彈琴涉獵文史
音吐溫潤元景愛賞異於諸子言於宋孝武得召見帝謂元景曰此兒將來復
是三公一人爲西陽王撫軍法曹行參軍出爲武威將軍上庸太守帝謂元景
曰卿昔以武威之號爲隨郡今復以授世隆使卿門世不乏公也元景爲前廢
帝所殺世隆以在遠得免太始初四方反叛世隆於上庸起兵以應宋明帝爲
孔道存所敗衆散逃隱道存購之甚急軍人有貌相似者斬送之時世隆母郭
妻閻並見繫襄陽獄道存以所逆首示之母見首悲情小歇而妻閻號叫方甚
竊謂郭曰今見不悲爲人所覺唯當大慟以滅之世隆竟以免後爲太子洗馬
與張緒王延之沈琰爲君子之交累遷晉熙王安西司馬加寧朔將軍時齊武
帝爲長史與世隆相遇甚懽齊高帝之謀度廣陵也令武帝率衆同會都下世

隆與長流參軍蕭景先等戒嚴待期事不行時朝廷疑憚沈攸之密爲之防府州器械皆有素蓄武帝將下都劉懷珍白高帝曰夏口是兵衝要地宜得其人高帝納之與武帝書曰汝既入朝當須文武兼資人委以後事世隆其人也武帝乃舉世隆自代轉爲武陵王前軍長史江夏內史行郢州事昇明元年冬攸之反遣輔國將軍中兵參軍孫同等以三萬人爲前驅又遣司馬冠軍劉攘兵等二萬人次之又遣輔國將軍中兵參軍王靈秀等分兵出夏口據魯山攸之乘輕舸從數百人先大軍下住白螺州坐胡牀以望其軍有自驕色既至郢以郢城弱小不足攻攸之將去世隆遣軍於西渚挑戰攸之果怒晝夜攻戰世隆隨宜拒應衆皆披却武帝初下與世隆別曰攸之一旦爲變雖留攻城不可卒拔卿爲其內我爲其外乃無憂耳至是武帝遣軍主桓敬陳胤叔苟元賓等八軍據西塞令堅壁以待賊疲慮世隆危急遣腹心胡元直潛使入郢城通援軍消息內外並喜郢城既不可攻而平西將軍黃回軍至西陽乘三層艦作羌胡伎泝流而進攸之素失人情本逼以威力初發江陵已有叛者至此稍多攸之

大怒於是一人叛遣十人追並去不返劉攘兵射書與世隆請降開門納之攸之怒銜鬚咀之收攘兵兄子天賜女壻張平虜斬之軍旅大散世隆乃遣軍副劉僧驎緣道追之攸之已死徵爲侍中仍遷尚書右僕射封貞陽縣侯出爲吳郡太守居母憂寒不衣絮齊高帝踐阼起爲南豫州刺史加都督進爵爲公上子詔司徒褚彥回甚傷美之彥回曰世隆事陛下在危盡忠居憂杖而後起立人之本二理同極加榮增寵足以敦厲風俗建元二年授右僕射不拜性愛涉獵啓高帝借祕閣書上給二千卷三年出爲南兗州刺史加都督武帝卽位加散騎常侍世隆善卜別龜甲價至一萬永明初世隆曰永明九年我亡亡後三年丘山崩齊亦於此季矣屏人命典籤李黨取筆及高齒屐題簾箔旌曰永明十一年因流涕謂黨曰汝當見吾不見也還護軍而衞軍王儉修下官敬甚謹世隆止之儉曰將軍雖存弘眷如王典何其見重如此性清廉唯盛事墳典張緒問曰觀君舉措當以清名遺子孫邪答曰一身之外亦復何須子孫不才將爲爭府如其才也不如一經光祿大夫韋祖征州里宿德世隆雖已貴重每爲

之拜人或勸祖征止之答曰司馬公所爲後生楷法吾豈能止之哉後授尚書
左僕射湘州蠻動遣世隆以本官總督伐蠻衆軍仍爲湘州刺史加都督至鎮
以方略討平之在州立邸興生爲御史中丞庾杲之所奏詔不問復入爲尚書
左僕射不拜乃轉尚書令世隆少立功名晚專以談義自業善彈琴世稱柳公
雙瑣爲士品第一常自云馬矟第一清談第二彈琴第三在朝不干世務垂簾
鼓琴風韻清遠甚獲世譽以疾遜位拜左光祿大夫侍中永明九年卒詔給東
園祕器贈司空班劒二十人謚曰忠武世隆曉數術於倪塘創墓與賓客踐履
十往五往常坐一處及卒墓工圖墓正取其坐處焉所著龜經祕要二卷行於
世長子悅字文殊少有清致位中書郎早卒謚曰恭世隆次子惔
惔字文通好學工製文尤曉音律少與長兄悅齊名王儉謂人曰柳氏二龍可
謂一日千里儉爲尚書左僕射嘗造世隆宅世隆謂爲詣己徘徊久之及至門
唯求悅及惔遣謂世隆曰賢子俱有盛才一日見顧今故報禮若仍相造似非
本意恐年少窺人嘗預齊武烽火樓宴帝善其詩謂豫章王嶷曰惔非徒風韻

清爽亦屬文遒麗後爲巴東王子響友子響爲荊州惔隨之鎭子響昵近小人
惔知將爲禍稱疾還都及難作竟以得免累遷新安太守居郡以無政績免建
武末爲梁南秦二州刺史及梁武帝起兵惔舉漢中以應梁武受命爲太子詹
事加散騎常侍武帝之鎭襄陽惔祖道帝解茅土玉環贈之天監二年元會帝
謂曰卿所佩玉環是新亭所贈邪對曰旣而瑞感神衷臣謹服之無斁帝因勸
之酒惔時未卒爵帝曰吾常比卿劉越石近辭巵酒邪罷會封曲江縣侯帝因
宴爲詩貽惔曰爾實冠羣后惟余實念功帝又嘗謂曰徐元瑜違命嶺南周書
父子兄弟罪不相及朕已放其諸子何如惔曰罰不及嗣賞延于後今復見之
聖朝時以爲知言尋遷尙書左僕射年六十卒於湘州刺史諡曰穆惔度量寬
博家人未嘗見其喜慍甚重其婦頗成畏憚性愛音樂女伎精麗略不敢視僕
射張稷與惔狎密而爲惔妻賞敬稷每詣惔必先相聞夫人惔每欲見妓恆因
稷請奏其妻隔幔坐妓然後出惔因得留目惔著仁政傳及諸詩賦粗有辭義
子昭位中書郎襲爵曲江侯

惔弟惲字文暢少有志行好學善尺牘與陳郡謝瀹隣居深見友愛瀹曰宅南柳郎可爲表儀初宋時有嵇元榮羊蓋者並善琴云傳戴安道法惲從之學惲特窮其妙齊竟陵王子良聞而引爲法曹行參軍唯與王暕陸杲善每歎曰暕雖名家猶恐累我也雅被子良賞狎子良嘗置酒後園有晉太傅謝安鳴琴在側援以授惲惲彈爲雅弄子良曰卿巧越嵇心妙臻羊體良質美手信在今夜豈止當今稱奇亦可追蹤古烈爲太子洗馬父憂去官著述先頌申其罔極之心文甚哀麗後試守鄱陽相聽吏屬得盡三年喪禮署之文教百姓稱焉還除驃騎從事中郎梁武帝至建鄴惲候謁石頭以爲征東府司馬上牋請城平之日先收圖籍及遵漢高寬大之義帝從之徙爲相國右司馬天監元年除長兼侍中與僕射沈約等共定新律惲立性貞素以貴公子早有令名少工篇什爲詩云亭皋木葉下壠首秋雲飛琅邪王融見而嗟賞因書齋壁及所執白團扇武帝與宴必詔惲賦詩嘗和武帝登景陽樓篇云太液滄波起長楊高樹秋翠華承漢遠彫輦逐風游深見賞美當時咸共稱傳歷平越中郎將廣州刺史祕

書監右衛將軍再爲吳興太守爲政清靜人吏懷之於郡感疾自陳解任父老十餘人拜表陳請事未施行卒初惲父世隆彈琴爲士流第一惲每奏其父曲常感思復變體備寫古曲嘗賦詩未就以筆捶琴坐客過以筯扣之惲驚其哀韻乃製爲雅音後傳擊琴自於此惲常以今聲轉棄古法乃著清調論具有條流齊竟陵王嘗宿晏明旦將朝見惲投壺梟不絕停輿久之進見遂晚齊武帝遲之王以實對武帝復使爲之賜絹二十匹嘗與琅邪王瞻博射嫌其皮闊乃摘梅帖烏珠之上發必命中觀者驚駭梁武帝好奕棋使惲品定棋譜登格者二百七十八人第其優劣爲棋品三卷惲爲第二焉帝謂周捨曰吾聞君子不可求備至如柳惲可謂具美分其才藝足了十人惲著十杖龜經性好醫術盡其精妙少子偃字彥游年十二梁武帝引見詔問讀何書對曰尚書又問有何美句對曰德唯善政政在養民衆咸異之詔尚武帝女長城公主拜駙馬都尉都亭侯位鄱陽內史卒子盼尚陳文帝女富陽公主拜駙馬都尉後主即位以帝舅加散騎常侍盼性愚戇使酒因醉乘馬入殿門爲有司劾免卒於家贈侍

中中護軍后從祖弟莊清警有鑒識自盼卒後太后宗屬唯莊爲近兼素有名望深被恩禮位度支尚書陳亡入隋爲岐州司馬惲弟憕

憕字文深少有大意好玄言通老易梁武帝舉兵至姑熟憕與兄惲及諸友朋於小郊候接時道路猶梗憕與諸人同憩逆旅食俱去行里餘憕曰寧我負人不人負我若復有追堪憩此客命左右燒逆旅舍以絕後追當時服其善斷歷位給事黃門侍郎與琅邪王峻齊名俱爲中庶子時人號爲方王後爲鎮北始興王長史王移鎮益州復請憕帝曰柳憕風標才氣恐不能久爲少王臣王祈請數四不得已以爲鎮西長史蜀郡太守在蜀廉恪爲政益部懷之憕弟忱

忱字文若年數歲父世隆及母閻氏並疾忱不解帶經年及居喪以毀聞仕齊爲西中郎主簿東昏遣巴西太守劉山陽由荊州襲梁武帝于雍州西中郎長史蕭穎胄計未定召忱及其所親席闡文等夜入議之忱及闡文並勸同武帝穎胄從之以忱爲寧朔將軍累遷侍中郢州平穎胄議遷都夏口忱以巴峽未賓不宜輕捨根本搖動人心不從俄而巴東兵至峽口遷都之議乃息論者以

爲見機及梁受命封州陵伯歷五兵尚書祕書監散騎常侍改授給事中光祿大夫疾篤不拜卒謚曰穆忱兄弟十五人多少亡唯第二兄惔第三兄惲第四兄憕及忱三兩年間四人迭爲侍中復居方伯當世罕比子範嗣

慶遠字文和元景弟子也父叔珍義陽內史慶遠仕齊爲魏興太守郡遭暴水人欲移於杞城慶遠曰吾聞江河長不過三日命築土而已俄而水退百姓服之後爲襄陽令梁武帝之臨雍州問京兆人杜惲求州綱紀惲言慶遠武帝曰文和吾已知之所問未知者耳因辟爲別駕慶遠謂所親曰天下方亂定霸者其吾君乎因盡誠協贊及起兵慶遠常居帷幄爲謀主從軍東下身先士卒武帝行營見慶遠頓舍嚴整每歎曰人人若是吾又何憂建康城平爲侍中帶淮陵齊昌二郡太守城內嘗夜火衆並驚懼武帝時居宮中悉斂諸門籥閉柳侍中何在慶遠至悉付之其見任如此霸府建爲從事中郎武帝受禪封重安侯位散騎常侍改封雲杜侯出爲雍州刺史加都督帝餞於新亭謂曰卿衣錦還鄉朕無西顧憂矣始武帝爲雍州慶遠爲別駕謂曰昔羊公語劉弘卿後當居

吾處今相觀亦復如是曾未十年而慶遠督府談者以爲逾於魏詠之累遷侍
中領軍將軍給扶出爲雍州刺史慶遠重爲本州頗厲清節士庶懷之卒官贈
開府儀同三司諡曰忠惠侯喪還都武帝親出臨之初慶遠從父兄世隆嘗謂
慶遠曰吾昔夢太尉以褥席見賜吾遂亞台司適又夢以吾褥席與汝汝必光
我門族至是慶遠亦繼世隆焉

子津字元舉雖乏風華性甚強直人或勸之聚書津曰吾常請道士上章驅鬼
安用此鬼名邪歷散騎常侍太子詹事襲封雲杜侯侯景圍城旣急帝召津問
策對曰陛下有邵陵臣有仲禮不忠不孝賊何由可平太清三年城陷卒子仲
禮勇力兼人少有膽氣身長八尺眉目疎朗初簡文帝爲雍州刺史津爲長史
及簡文入居儲宮津亦得侍從仲禮留在襄陽馬仗軍人悉付之撫循故舊甚
得衆和起家著作佐郎稍遷電威將軍陽泉縣侯中大通中西魏將賀拔勝來
逼樊鄧仲禮出擊破之除黃門郎稍遷司州刺史武帝思見其面使畫工圖之
初侯景濳圖反噬仲禮先知之屢啓求以精兵三萬討景朝廷不許及景濟江

朝野便望其至兼蓄羅司精卒與諸藩赴援見推總督景素聞其名甚憚之仲禮亦自謂當世英雄諸將莫己若也韋粲見攻仲禮方食投箸被練馳之騎能屬者七十比至粲已敗仲禮因與景戰於青塘大敗之景與仲禮交戰各不相知仲禮矟將及景而賊將支伯仁自後斫仲禮再斫仲禮中肩馬陷于淖賊聚矟刺之騎將郭山石救之以免自此壯氣外衰不復言戰神情傲佷凌蔑將帥邵陵王綸亦鞭策軍門每日必至累刻移時仲禮亦弗見也綸既忿歎怨隙遂成而仲禮常置酒高會日作優倡毒掠百姓汙辱妃主父津登城謂曰汝君父在難不能盡心竭力百代之後謂汝爲何仲禮聞之言笑自若晚又與臨城公大連不協景嘗登朱雀樓與之語遺以金環是後閉營不戰衆軍日固請皆悉拒焉南安侯駿謂曰城急如此都督不復處分如脫不守何面以見天下義士仲禮無以應之及臺城陷侯景矯詔使石城公大款以白虎幡解諸軍仲禮召諸將軍會議邵陵王以下畢集王曰今日之命委之將軍仲禮熟視不對裴之高王僧辯曰將軍擁衆百萬致宮闕淪沒正當悉力決戰何所多言仲禮竟無

一言諸軍乃隨方各散時湘東王繹遣王琳送米二十萬石以饋軍至姑熟聞臺城陷乃沉米於江而退仲禮及弟敬禮羊鴉仁王僧辯趙伯超並開營降賊時城雖淪陷援軍甚衆軍士咸欲盡力及聞降莫不歎憤論者以爲梁禍始於朱异成於仲禮仲禮等入城並先拜景而後見帝帝不與言旣而景留柳敬禮羊鴉仁而遣仲禮僧辯西上各復本位餞於後渚景執仲禮手曰天下之事在將軍耳郢州巴西並以相付及至江陵會岳陽王詧南寇湘東王以仲禮爲雍州刺史襲襄陽仲禮方觀成敗未發及南陽圍急杜岸請救仲禮乃以別將夏侯強爲司州刺史守義陽自帥衆如安陸使司馬康昭如竟陵討孫暠暠執魏戍人以降仲禮命其將王叔孫爲竟陵太守副軍馬岫爲安陸太守置孥於安陸而以輕兵師于漴頭將侵襄陽岳陽王詧告急于魏魏遣大將楊忠援之仲禮與戰于漴頭大敗并弟子禮沒于魏魏相安定公待仲禮以客禮西魏於是盡得漢東

仲禮弟敬禮少以勇烈聞麤暴無行檢恆略賣人爲百姓所苦故襄陽有柳四

郎歌起家著作佐郎稍遷扶風太守侯景度江敬禮率馬步三千赴援至都與景頻戰甚著威名臺城陷與兄仲禮俱見景景遣仲禮經略上流留敬禮質以爲護軍將軍景餞仲禮於後渚敬禮謂仲禮曰景今來會敬禮抱之兄便可殺雖死無恨仲禮壯其言許之及酒數行敬禮目仲禮仲禮見備衞嚴不敢動遂不果會景征晉熙敬禮與南康王會理謀襲其城剋期將發建安侯蕭賁告之遂遇害臨死曰我兄老婢也國敗家亡實余之責今日就死豈非天乎

論曰柳元景行己所資豈徒武毅當朝任職實兼雅道卒至覆族遭逢亦有命乎世隆文武器業殆人望也諸子門素所傳俱云克構仲禮始終之際其不副也何哉豈應天方喪梁不然何斯人而有斯迹也

南史卷三十八

南史卷三十八考證

柳元景傳時魯爽向虎牢復使元景率安都等北出爽退乃還○還當係還字之訛

給班劍三十人○班監本訛斑今改正

柳惔傳周書父子兄弟罪不相及○梁書無父子兄弟四字

柳惔弟惲傳唯與王暕陸果善○果應作杲

柳忱傳忱以巴峽未賓○峽梁書作硤誤

柳慶遠傳俄而水退○退梁書作過

問京北人杜惲求州綱紀○梁書少紀字

柳仲禮弟敬禮傳將發建安侯蕭賁告之○侯監本訛俟今改正又告之梁書作知而去之

南史卷三十八考證

南史卷三十九

唐 李延壽 撰

列傳第二十九

殷孝祖 族子琰 劉勔 子悛 悛弟子苞 悛子孺 悛弟繪 孺弟覽 繪子孝綽 覽弟遵 孝綽子諒 孝綽弟潛 繪弟瑱

殷孝祖陳郡長平人也曾祖羨晉光祿勳父祖官並不達孝祖少誕節好酒色有氣幹宋孝武時以軍功仕至積射將軍前廢帝景和元年爲兗州刺史明帝初即位四方反叛孝祖外甥司徒參軍潁川荀僧韶建議銜命徵孝祖入朝上遣之時徐州刺史薛安都遣薛索兒等屯據津徑僧韶閒行得至說孝祖曰景和凶狂開闢未有朝野憂危假命漏刻主上曾不浹辰夷凶翦暴國亂朝危宜立長主公卿百辟人無異議而羣迷相扇構造無端貪利幼弱競懷希幸舅少有立功之志長以氣節成名若能控濟河義勇還奉朝廷非唯匡主靜亂乃可以垂名竹帛孝祖即日棄妻子率文武二千人隨僧韶還都時普天同逆朝廷

唯保丹陽一郡孝祖忽至衆力不少人情於是大安進孝祖號冠軍將軍假節督前鋒諸軍事御仗先有諸葛亮筩袖鎧鐵帽二十五石弩射之不能入上悉以賜孝祖孝祖負其誠節陵轢諸將時賊據赭圻孝祖將進攻之與大將王玄謨别悲不自勝衆並駭怪泰始二年三月三日與賊合戰每戰常以鼓蓋自隨軍中人相謂曰殷統軍可謂死將矣今與賊交鋒而以羽儀自標顯若射者十手攢射欲不斃得乎是日中流矢死追贈建安縣侯謚曰忠

琰字敬珉孝祖族子也父道鸞宋衡陽王義季右軍長史琰少爲文帝所知見遇與琅邪王景文相埒前廢帝永光元年累遷黄門侍郎出爲山陽王休祐右軍長史南梁郡太守休祐入朝琰乃行府州事明帝泰始元年以休祐爲荊州會晉安王子勛反即以琰爲豫州刺史土人前右軍杜叔寶等並勸琰同逆琰素無部曲無以自立受制於叔寶二年正月帝遣輔國將軍劉勔西討之築長圍創攻道於東南角并作大蝦蟇車載土牛皮蒙之三百人推以塞壍十二月琰乃始降時琰有疾以板自輿諸將帥面縛請罪勔並撫宥之無所誅戮後除

少府加給事中卒官琰性和雅靜素寡嗜慾諳前世舊事事兄甚謹少以名行見稱在壽陽被攻圍積時爲城內所懷附揚州刺史王景文征西將軍蔡興宗司空褚彥回並相與友善

劉勔字伯猷彭城安上里人也祖懷義父頴之位並郡守勔少有志節兼好文義家貧仕宋初爲廣州增城令稍遷鬱林太守大明初還都徐州刺史劉道隆請爲寧朔司馬竟陵王誕據廣陵爲逆勔隨道隆受沈慶之節度事平封金城縣五等侯除西陽王子尚撫軍參軍入直閤先是費沈伐陳檀不剋乃除勔龍驤將軍西江督護鬱林太守勔既至隨宜翦定大致名馬幷獻珊瑚連理樹上甚悅前廢帝即位爲屯騎校尉又入直閤明帝即位江州刺史晉安王子勛爲逆四方響應勔以本官領建平王景素輔國司馬進據梁山會豫州刺史殷琰反叛召勔還都復兼山陽王休祐驃騎司馬致討時琰嬰城固守自始春至于末冬勔內攻外禦戰無不捷善撫將帥以寬厚爲衆所依將軍王廣之求勔所自乘馬諸將並忿廣之貪冒勸勔以法裁之勔懽笑即解馬與廣之及琰請降

勔約令三軍不得妄動城內士庶感悅咸曰來蘇還都拜太子右衛率封鄱陽縣侯遷右衛將軍行豫州刺史加都督後徵拜散騎常侍中領軍勔以世路糾紛有懷止足經始鍾嶺之南以爲栖息聚石蓄水髣髴丘中朝士雅素者多往游之明帝臨崩顧命以爲守尚書右僕射中領軍廢帝卽位加兵五百人元徽初月犯右執法太白犯上將或勸勔解職勔曰吾執心行己無愧幽明若才輕任重災眚必及天道密微避豈能免桂陽王休範爲亂奄至建鄴加勔使持節鎭軍將軍置佐鎭扞石頭既而賊衆屯朱雀航南右軍將軍王道隆率宿衛向朱雀聞賊已至急信召勔勔戰敗死之事平贈司空謚曰昭公子悛

悛字士操隨父征竟陵王誕於廣陵以功拜駙馬都尉後爲桂陽王征北中兵參軍與齊武帝同直殿內並爲宋明帝所親待由是與武帝款好悛本名忱宋明帝多忌反語劉忱爲臨讎改名悛焉齊武帝嘗至悛宅晝臥覺悛自捧金澡罐受四升水以沃盥因以與帝前後所納稱此後還安遠護軍武陵內史郡南古江堤久廢悛修未畢而江水忽至百姓棄役奔走悛親率厲之於是乃立漢

壽人邵榮興六世同爨悛表其門閭悛強濟有世調善於流俗蠻王田僮在山中年垂百餘歲南譙王義宣爲荆州僮出謁至是又謁悛明帝崩表求奔赴敕帶郡還都吏人送者數千萬人悛人人執手係以涕泣百姓感之贈送甚厚桂陽之難加寧朔將軍助守石頭父勔於大航戰死悛時遇疾扶伏路次號哭求勔屍勔屍頂復傷缺悛割髮補之持喪墓側冬日不衣絮齊高帝代勔爲領軍素與勔善書譬悛殷勤抑勉建平王景素反高帝總衆悛初免喪高帝召悛及弟愃入省欲使領支軍及見皆羸削改貌乃止霸業初建悛先致誠節沈攸之事起加輔國將軍後爲廣州刺史襲爵鄱陽縣侯武帝自尋陽還遇悛讌宴敘舊停十餘日乃下遣文惠太子及竟陵王子良攝衣履備父友之敬齊受禪國除平西記室參軍夏侯恭叔上書以柳元景中興功臣劉勔殞身王事宜存封爵詔以與運隆替不容復厝意也初蒼梧廢高帝集議中華門見悛謂曰君昨直邪悛曰僕昨正直而之急在外至是上謂悛曰功名之際人所不忘卿昔在中華門答我何其欲謝世事悛曰臣世受宋恩門荷齊眷非常之勳非臣所及

敢不以實仰答遷太子中庶子領越騎校尉時武帝在東宮每幸悛坊閑言至夕賜屛風帷帳武帝卽位改領軍將軍後拜司州刺史悛父勔討殷琰平壽陽無所犯害百姓德之爲立碑記悛步道從壽陽之鎭過勔碑拜敬涕泣於州下立學校得古禮器銅罍甑甗山銅罍罇銅豆鍾各二口獻之遷長兼侍中車駕數幸悛宅宅盛修山池造甕牖武帝著鹿皮冠披悛菟皮衾於牖中宴樂以冠賜悛至夜乃去後從駕登蔣山上數歎曰貧賤之交不可忘糟糠之妻不下堂顧謂悛曰此況卿也世言富貴好改其素情吾雖有四海今日與卿盡布衣之適悛起拜謝累遷始興王前軍長史平蠻校尉蜀郡太守行益州府州事初高帝輔政有意欲鑄錢以禪讓之際未及施行建元四年奉朝請孔顗上鑄錢均貨議辭證甚博其略以爲食貨相通理勢自然李悝曰糴甚貴傷人甚賤傷農人傷則離散農傷則國貧甚賤與甚貴其傷一也三吳國之關奥比歲時被水潦而糴不貴是天下錢少非穀穰賤此不可不察也鑄錢之弊在輕重屢變重錢患難用而難用爲累輕輕錢弊盜鑄而盜鑄爲禍深人所盜鑄嚴法不禁者

由上鑄錢惜銅愛工也惜銅愛工謂錢無用之器以通交易務欲令輕而數多使省工而易成不詳慮其為患也自漢鑄五銖至宋文帝歷五百餘年制度世有廢興而不變五銖錢者明其輕重可法得貨之宜以為開置泉府方牧貢金大與鎔鑄錢重五銖一依漢法若官鑄已布於人使嚴斷翦鑿輕小破缺無周郭者悉不得行官錢細小者稱合銖兩銷以為大利貧良之人塞姦巧之路錢貨既均遠近若一百姓樂業市道無爭衣食滋殖矣時議多以錢貨輕轉少宜更廣鑄重其銖兩以防人姦高帝使諸州郡大市銅炭會晏駕事寢永明八年悛啓武帝曰南廣郡界蒙山下有城可二頃地有燒鑪四所高一丈廣一丈五尺從蒙城度水南百許步平地掘土深二尺得銅又有古掘銅坑深二丈幷居宅處猶存鄧通南安人漢文帝賜通嚴道縣銅山鑄錢今蒙山近在青衣水南青衣左側並是故秦之嚴道地青衣縣文帝改名漢嘉且蒙山去南安二百里案此必是通所鑄近喚蒙山獠出云甚可經略此議若立潤利無極幷獻蒙山銅一片又銅石一片平州鑄鐵刀一口上從之遣使入蜀鑄錢得千餘萬功費

多乃止悛仍代始與王鑑爲益州刺史監益寧二州諸軍事悛既藉舊恩尤能
承迎權貴賓客閨房供費奢廣罷廣司二州領資貢獻家無留儲在蜀作金浴
盆餘金物稱是罷任以本號還都欲獻之而武帝晏駕鬱林新立悛奉獻減少
鬱林知之諷有司收悛付廷尉將加誅戮明帝啓救之見原禁錮終身雖見廢
黜而賓客日至海陵卽位以白衣除兼左戶尙書尋除正明帝立加領驍騎將
軍復故官駙馬都尉悛歷朝見恩遇高帝爲鄱陽王鏘納悛妹爲妃明帝又爲
晉安王寶義納悛女爲妃自此連姻帝室王敬則反悛出守琅邪城轉五兵尙
書悛兄弟以父死朱雀航終身不行此路明帝崩東昏卽位改授散騎常侍領
驍騎將軍尙書如故衞送山陵路經朱雀航感慟至曲阿而卒贈太常常侍都
尉如故諡曰敬子

子孺字孝稚幼聰敏七歲能屬文年十四居喪毀瘠骨立宗黨咸異之叔父瑱
爲義與郡攜以之官常置坐側謂賓客曰此吾家明珠也及長美風采性通和
雖家人不見其喜愠本州召迎主簿起家中軍法曹行參軍時鎭軍沈約聞其

名引爲主簿恆與游宴賦詩大爲約所嗟賞累遷太子中舍人孺少好文章性
又敏速嘗在御坐爲李賦受詔便成文不加點梁武帝甚稱賞之後侍宴壽光
殿詔羣臣賦詩時孺與張率並醉未及成帝取孺手板題戲之曰張率東南美
劉孺洛陽才攬筆便應就何事久遲回其見親愛如此遷中書郎兼中書通事
舍人歷太子中庶子尚書吏部郎累遷散騎常侍左戶尚書大同五年守吏部
尚書出爲晉陵太守在郡和理爲吏人所稱入爲侍中後復爲吏部尚書母憂
以毀卒諡曰孝子孺少與從兄苞孝綽齊名苞早卒孝綽數坐免黜位並不高
唯孺貴顯有文集二十卷孺弟覽
覽字孝智十六通老易位中書郎以所生母憂廬于墓常再期不嘗鹽酪食麥
粥而已隆冬止著單布衣家人慮不勝喪中夜竊置炭於牀下覽因暖得寐及
覺知之號慟歐血梁武帝聞其至性數使省視服闋除尚書左丞性聰敏尚書
令史七百人一見並記名姓當官清正無所私從兄吏部郎孝綽在職頗通贓
貨覽劾奏免官孝綽怨之常謂人曰犬噬行路覽噬家人出爲始興內史居郡

尤勵清節復爲左丞卒官覽弟遵
遵字孝陵少清雅有學行工屬文爲晉安王綱宣惠雲麾二府記室甚見賓禮
王立爲皇太子仍除中庶子遵自隨蕃及在東宮以舊恩偏蒙寵遇時輩莫及
卒官皇太子深悼惜之與遵從兄陽羨令孝儀令曰賢從弟中庶奄至殞逝痛
可言乎其孝友淳深立身貞固內含玉潤外表瀾清言行相符終始如一文史
該富琬琰爲心辭章博贍玄黃成采既以鳴謙表性又以難進自居吾昔在漢
南連翩書記及忝朱方從容坐首鷁舟乍動朱鷺徐鳴未嘗一日而不追隨一
時而不會遇益者三友此實其人及弘道下邑未申善政而能使人結去思野
多馴雉此亦威鳳一羽足以驗其五德其見愛賞如此
苞字孝嘗一字孟嘗悛弟子也父愷位太子中庶子苞三歲而孤至六七歲見
諸父常泣時伯父悛繪等並顯貴其母謂其畏憚怒之苞曰早孤不及有識聞
諸父多相似故心中悲耳因而歔欷母亦悲慟初苞父母及兩兄相繼亡歿悉
假瘞焉苞年十六始移墓所經營改葬不資諸父奉君母朱夫人及所生陳氏

並扇席溫枕叔父繪常歎服之少好學能屬文家有舊書例皆殘蠹手自編輯筐篋盈滿梁初以臨川王妃弟故自征虜主簿遷右軍功曹累遷太子洗馬掌書記侍講壽安殿及從兄孝綽等並以文藻見知多預宴坐受詔詠天泉池荷及採菱調下筆卽成天監十年卒臨終呼友人南陽劉之遴託以喪事從儉苞居官有能名性和直與人交面折其非退稱其美士友咸以此歎惜之

繪字士章愃弟也初爲齊高帝行參軍帝歎曰劉公爲不亡也及豫章王嶷鎮江陵繪爲鎮西外兵參軍以文義見禮時琅邪王綱爲功曹以吏能自進嶷謂僚佐曰吾雖不能得應嗣陳蕃然閤下自有二驥也性通悟出爲南康相郡人有姓賴所居名穢里刺謁繪繪戲嘲之曰君有何穢而居穢里此人應聲曰未審孔丘何闕而居闕里繪嘿然不答亦無忤意歎其辯速後歷位中書郎掌詔誥敕助國子祭酒何胤撰修禮儀永明末都下人士盛爲文章談義皆湊竟陵西邸繪爲後進領袖時張融以言辭辯捷周顒彌爲清綺而繪音采不贍麗雅有風則時人爲之語曰三人共宅夾清漳張南周北劉中央言其處二人閒也

魚復侯子響誅後豫章王嶷欲求葬之召繪爲表言其事繪須臾便成嶷歎曰禰衡何以過此唯足八字云提攜鞠養俯見成人後魏使至繪以辭辯被敕接使事畢當撰語辭繪謂人曰無論潤色未易但得我語亦難矣隆昌中兄悛坐事將見誅繪伏闕請代兄死明帝輔政救之乃免死明帝即位爲太子中庶子安陸王寶晊爲湘州以繪爲冠軍長史長沙內史行湘州事寶晊妃悛女也寶晊愛其侍婢繪奪取具以啓聞寶晊以爲恨與繪不協遭母喪去官有至性服闋爲晉安王征北長史南海太守行南徐州事及梁武起兵朝廷以繪爲雍州刺史固讓不就衆以朝廷昏亂爲之寒心繪終不受乃改用張欣泰轉繪建安王車騎長史行府國事及東昏見殺城內遣繪及國子博士范雲等齎其首詣梁武帝於石頭轉大司馬從事中郎卒子孝綽

孝綽字孝綽本名冉幼聰敏七歲能屬文舅齊中書郎王融深賞異之與同載以適親友號曰神童融每曰天下文章若無我當歸阿士阿士即孝綽小字也父繪齊時掌詔誥孝綽時年十四繪常使代草之父黨沈約任昉范雲等聞其

名命駕造焉昉尤相賞好范雲年長繪十餘歲其子孝才與孝綽年並十四五及雲遇孝綽便申伯季乃命孝才拜之兼善草隸自以書似父乃變爲別體梁天監初起家著作佐郎爲歸沐詩贈任昉昉報曰彼美洛陽子投我懷秋作詎慰耋嗟人徒深老夫託直史兼褒貶轄司專疾惡九折多美疹匪報庶良藥其爲名流所重如此後還兼尚書水部郎奉啓陳謝手敕答曰美錦未可便製簿領亦宜稍習頃之卽真武帝時因宴幸令沈約任昉等言志賦詩孝綽亦見引嘗侍宴於坐作詩七首武帝覽其文篇篇嗟賞由是朝野改觀累遷祕書丞武帝謂舍人周捨云第一官當知用第一人故以孝綽居此職後爲太子僕掌東宮管記時昭明太子好士愛文孝綽與陳郡殷芸吳郡陸倕琅邪王筠彭城到洽等同見禮太子起樂賢堂乃使先圖孝綽太子文章羣才咸欲撰錄太子獨使孝綽集而序之遷兼廷尉卿初孝綽與到溉兄弟甚狎溉少孤宅近僧寺孝綽往溉許適見黃臥具孝綽謂僧物色也撫手笑溉知其旨奮拳擊之傷口而去又與洽同游東宮孝綽自以才優於洽每於宴坐嗤鄙其文洽深銜之及孝

綽爲廷尉攜妾入廷尉其母猶停私宅洽尋爲御史中丞遣令史劾奏之云攜
少妹於華省棄老母於下宅武帝爲隱其惡改妹字爲姝孝綽坐免官諸弟時
隨藩皆在荊雍乃與書論共洽不平者十事其辭皆訴到氏又寫別本封至東
宮昭明太子命焚之不開視孝綽免職後武帝數使僕射徐勉宣旨慰撫之每
朝宴常預焉及武帝爲籍田詩又使勉先示孝綽時奉詔作者數十人帝以孝
綽詩工卽日起爲西中郎湘東王諮議參軍遷黃門侍郎尚書吏部郎坐受人
絹一束爲餉者所訟左遷信威臨賀王長史晚年忽忽不得志後爲祕書監初
孝綽居母憂冬月飲冷水因得冷癖以大同五年卒官年五十九孝綽少有盛
名而仗氣負才多所陵忽有不合意極言詆訾領軍臧盾大府卿沈僧旻等竝
被時遇孝綽尤輕之每於朝集會同處公卿間無所與語反呼騶卒訪道途間
事由此多忤於物前後五免孝綽辭藻爲後進所宗時重其文每作一篇朝成
暮徧好事者咸傳誦寫流聞河朔亭苑柱壁莫不題之文集數十萬言行於時
兄弟及羣從子姪當時有七十人竝能屬文近古未之有也其三妹一適琅邪

王叔英一適吳郡張嵊一適東海徐悱並有才學悱妻文尤清拔所謂劉三娘者也悱爲晉安郡卒喪還建鄴妻爲祭文辭甚悽愴悱父勉本欲爲哀辭及見此文乃閣筆

孝綽子諒字求信小名春少好學有文才尤悉晉代故事時人號曰皮裹晉書位中書宣城王記室爲湘東王所善王嘗游江濱歎秋望之美諒對曰今日可謂帝子降於北渚王有目疾以爲刺己應曰卿言目眇眇以愁予邪從此嫌之

孝綽弟潛字孝儀幼孤與諸兄弟相勗以學並工屬文孝綽嘗云三筆六詩三即孝儀六謂孝威也舉秀才累遷尚書殿中郎敕令製雍州平等寺金像碑文甚宏麗晉安王綱鎮襄陽引爲安北功曹史及王爲皇太子仍補洗馬遷中舍人出爲陽羨令甚有稱績後爲中書郎以公事左遷安西諮議參軍兼散騎常侍使魏還除中書郎累遷尚書左丞長兼御史中丞在職多所彈糾無所顧望當時稱之出爲臨海太守時政綱疎闊百姓多不遵禁孝儀下車宣下條制勵精綏撫境內翕然風俗大變入遷都官尚書太清元年出爲豫州內史侯景寇

建鄴孝儀遣子勵帥郡兵三千隨前衡州刺史韋粲入援及宮城不守孝儀爲
前歷陽太守莊鐵所逼失郡卒孝儀爲人寬厚內行尤篤第二兄孝態早卒孝
儀奉寡嫂甚謹家內巨細必先諮決與妻子朝夕供事未嘗失禮時人以此稱
之有文集二十卷行於世第五弟孝勝位尚書右丞兼散騎常侍聘魏還爲安
西武陵王紀長史蜀郡太守紀僭號於蜀以爲尚書僕射隨紀出峽口兵敗被
執元帝宥之以爲司徒右長史第六弟孝威氣調爽逸風儀俊舉初爲安北晉
安王法曹後爲太子洗馬中舍人庶子率更令並掌管記大同中白雀集東宮
孝威上頌甚美太清中遷中庶子兼通事舍人及侯景寇亂隨司州刺史柳仲
禮至安陸卒第七弟孝先位武陵王主簿與兄孝勝俱隨紀軍出峽口兵敗元
帝以爲黃門郎遷侍中
瑱字士溫繪弟也少有行業文藻篆隸丹靑並爲當世所稱時有滎陽毛惠遠
善畫馬瑱善畫婦人並爲當世第一瑱妹爲齊鄱陽王妃伉儷甚篤王爲齊明
帝所誅妃追傷遂成痼疾醫所不療有陳郡殷蒨善寫人面與眞不別瑱令蒨

畫王形像并圖王平日所寵姬共照鏡狀如欲偶寢瑱乃密使媼嫗示妃妃視
畢仍唾之因罵云故宜其早死於是恩情即歇病亦除差寵姬亦被廢苦因即
以此畫焚之瑱仕齊歷尚書吏部郎義與太守先繪卒

論曰當太始之際二殷去就不同原始要終各以名節自立孝祖翫敵而亡蓋
其宜也劉勔出征久撫所在流譽行己之節赴蹈爲期雖古之忠烈亦何以加
此悛至性過人繪辭義克舉諸子各擅雕龍當年方駕文采之盛殆難繼乎孝
綽中冓爲尤可謂人而無儀者矣

南史卷三十九

珍做朱版印

南史卷三十九考證

殷琰傳司空褚彦回○監本缺褚字今增正

劉悛子孺傳字孝稚○孝一本作季今從梁書

劉孝綽弟潛傳第二兄孝能○能梁書作能

劉瑱傳寵姬亦被廢苦○寵一本作此

南史卷三十九考證

西元二〇二〇年十一月一日重製一版

南史（附考證）冊二（唐李延壽撰）

平裝四冊基本定價貳仟柒佰元正
（郵運匯費另加）

發行人　張敏君
發行處　中華書局
臺北市內湖區舊宗路二段一八一巷
八號五樓（5FL., No. 8, Lane 181,
JIOU-TZUNG Rd., Sec 2, NEI HU,
TAIPEI, 11494, TAIWAN)
客服電話：886-2-8797-8396
公司傳真：886-2-8797-8909
匯款帳戶：華南商業銀行西湖分行
179100026931
印　刷：維中科技有限公司
海瑞印刷品有限公司

No. N1051-2

國家圖書館出版品預行編目(CIP)資料

南史/(唐)李延壽撰. -- 重製一版. -- 臺北市 :
中華書局, 2020.11
冊 ; 公分
ISBN 978-986-5512-31-6(全套 : 平裝)

1.南史

623.501 109016723